AS IDÉIAS FUNDAMENTAIS
DE
TAVARES BASTOS

Copyright © Evaristo de Moraes Filho, 2001

Composição e fotolitos
Art Line Produções Gráficas Ltda.

Revisão
Nair Dametto

Capa
Victor Burton

Todos os direitos reservados pela
TOPBOOKS EDITORA E DISTRIBUIDORA DE LIVROS LTDA.
Rua Visconde de Inhaúma, 58 / gr. 203 — Rio de Janeiro — RJ
CEP 20091-000   Tel.: (021) 233-8718 e 283-1039
topbooks@topbooks.com.br

Impresso no Brasil

EVARISTO DE MORAES FILHO

AS IDÉIAS FUNDAMENTAIS DE TAVARES BASTOS

2ª edição
revista e aumentada

TOPBOOKS

Para minha neta Laura, nascida em 3 de outubro de 1994, única menina no meio de seis netos, com carinho.

Para José Mario Pereira, autor de autores, com a amizade de vinte anos.

Rio, 22 de junho de 1999
Evaristo de Moraes Filho

SUMÁRIO

Cronologia 11
Fontes 17
Apresentação 19

TÍTULO I — IDÉIAS GERAIS

Atitude dialética 55
A sociedade como um todo — Reformas globais 57
A realidade — Os fatos 63
Mudança social — Transformação e revolução 64
Política de idéias e de princípios 72
Estudos práticos e úteis — Pragmatismo político 76
Utopias — Preconceitos — Passado e futuro 82
Estatística 85
Atividade — Trabalho 89
Liberdade — Progresso 92
Doutrina liberal — Estado e economia........................... 99
Povo livre, governo forte — Iniciativa do Estado................. 104
Raça — Psicologia, igualdade, miscegenação 109

Direitos da mulher 113
História 114
Justiça — Garantias do cidadão — Humanismo 115
Poderes — Partidos — Oligarquias 118
Administração — Burocracia — Empregocracia 122
Pena de morte 124

TÍTULO II — TEMAS ESPECIAIS

Males do Brasil 129
Escravidão — Emancipação e trabalho livre 141
Questões sociais — Classes e miséria — Defesa dos pobres —
    Imposto de renda 165
Educação 174
Liberdade de cabotagem 186
Ligação marítima com os Estados Unidos 193
Vias de comunicação — Linhas telegráficas 199
Livre navegação do Amazonas 209
Descentralização — Federação 226
Imigração 239
Liberdade religiosa (Igreja e Estado, ensino, casamento de
    acatólicos, imigração, etc.) 244
Reforma agrária 258
Reforma eleitoral, institucional e territorial — Magistratura . 266
Monarquia e república 287
O índio no Amazonas 296

TÍTULO III

O social-liberalismo de Tavares Bastos 303

CRONOLOGIA

1839 — 20 de abril: Nasce Aureliano Cândido Tavares Bastos na cidade das Alagoas, hoje Marechal Deodoro, capital da Província das Alagoas, filho do Bacharel José Tavares Bastos, futuro Magistrado, Conselheiro, Presidente da Província de São Paulo, e de D. Rosa Cândida de Araújo.

1846/1850 — Primeiros estudos com o pai, latinista e professor de Filosofia.

1854 — Concluídos os preparatórios em Olinda, com 15 anos de idade incompletos, matricula-se, mediante licença especial, na Academia de Direito, no ano mesmo em que esta se transfere para Recife.

1855 — Acompanha o pai em sua remoção para São Paulo como Juiz de Direito e se matricula na Academia local, onde já encontra Lafaiete Rodrigues Pereira, Silveira Martins, Paulino de Souza, Ferreira Viana, Afonso Celso (pai), Andrade Figueira, Antônio Carlos (o segundo), com a chegada, pouco depois, de Tomaz Coelho, Couto de Magalhães, Macedo Soares, Pedro Luiz, Bitencourt Sampaio, entre outros.
— Participa ativamente das sociedades acadêmicas e colabora em revistas literárias e filosóficas, fazendo de Hegel o seu pensador predileto em matéria de estética.

1858 — Funda o Instituto Acadêmico Paulistano, cuja sessão inaugural se realizou a 23 de outubro de 1858, sob a presidência do Conselheiro Amaral Gurgel. Cola grau de Bacharel em Direito, com 19 anos de idade.

1859 — Recebe o grau de Doutor em Direito, com exposição e debate dos seguintes temas: *Sobre quem recaem os impostos lançados sobre os gêneros produzidos no país? Sobre o produtor ou sobre o consumidor? O que sucede quanto aos gêneros importados e exportados?*

1860 — Passa a residir na Corte (Rio de Janeiro) e é nomeado Oficial de Secretaria da Marinha.
— Lança manifesto aos seus comprovincianos em 18 de outubro, candidatando-se à Assembléia Geral Legislativa.

1861 — Apoiado por Cansanção de Sinimbu, antigo antagonista de seu pai, elege-se, pelo Partido Liberal, já pela Lei dos Círculos (nº 1.082, de 18/8/60), deputado pela Província das Alagoas para a Undécima Legislatura (1861/1864), vindo a ser o mais jovem deputado no Parlamento. Chegavam com ele, pela primeira vez, ao Congresso: José de Alencar, João Alfredo, Amaro da Silveira, José Bonifácio, o moço, Félix da Cunha, Pedro de Calazans, entre outros.
— Faz sua estréia na Câmara em 1º de maio de 1861.
— Aparece o panfleto *Os Males do Presente e as Esperanças do Futuro*, com o pseudônimo de *Um Excêntrico*, dedicado a José Bonifácio, o moço, seu colega de Partido Liberal, deputado por São Paulo.
— É exonerado do cargo de Oficial de Secretaria da Marinha, no dia seguinte ao encerramento da sessão legislativa, em 16 de setembro, em represália contra o discurso que proferira a 17 de agosto sobre os negócios da Marinha, em discordância com o Ministro da Pasta.
— Inicia a publicação das *Cartas* sob o pseudônimo de *O Solitário*, no *Correio Mercantil*, de Francisco Otaviano, trazendo a primeira delas a data de 19 de setembro.

— Escreve uma série de artigos no mesmo *Mercantil* sobre a *Exposição Nacional,* que então se realizava.

— Inicia em *A Atualidade* uma série de artigos sob o título de *Libelo Inédito,* em tom polêmico, contra o Ministro da Marinha, que o demitira, Joaquim José Inácio, futuro Visconde de Inhaúma. Ataca severamente todo o Ministério, conservador, sob a chefia de Luís Alves de Lima e Silva, do qual José da Silva Paranhos era Ministro da Fazenda, tendo passado também pela Pasta de Estrangeiros.

1862 — maio: 1ª edição das *Cartas do Solitário.*

— 3 de junho: Discurso de José Maria da Silva Paranhos, então deputado por Sergipe, justificando a política do ex-Ministério Conservador e o ato de demissão de Tavares Bastos em 1861 pelo Ministro da Marinha.

1863 — Dissolução da Câmara por Decreto de 12 de maio.

— Reeleição para a Duodécima Legislatura (1864/1866) pela mesma Província.

— 2ª edição das *Cartas do Solitário.*

1864 — Participa da Missão Saraiva às Províncias do Prata, como Secretário, o que deu motivo a grandes polêmicas na Câmara.

1865 — Setembro: parte para o Amazonas, em viagem de estudos e observação. Lá se encontra, a bordo do *Ibicuí,* com Louis Agassiz e William James, que participava, como discípulo, da expedição do sábio suíço.

1866 — 27 de janeiro: casa-se com D. Maria Teodora Alves Barbosa, filha de casal abastado.

— Apóia o Ministério Conservador, o Gabinete Olinda (Pedro de Araújo Lima).

— Março: vê vitoriosa a sua campanha de liberdade da cabotagem, para navios estrangeiros, em portos alfandegados.

— Participa da fundação da Sociedade Internacional de Imigração.
— Reeleito deputado, pela mesma Província, para a Décima Terceira Legislatura (1867 1870), a última da qual participara.
— Publica O *Vale do Amazonas*.
— 7 de dezembro: decreto concedendo a abertura do Amazonas à livre navegação.
— Aparece *Exposição dos Verdadeiros Princípios sobre que se baseia a Liberdade Religiosa demonstrando ser a Separação entre a Igreja e o Estado uma medida de Direito Absoluto e de Suma Utilidade*, sob o pseudônimo de Melasporos, cuja autoria é por alguns atribuída a Tavares Bastos.

1867 — Oposição ao Gabinete Zacarias, liberal.
— Publica *Reflexões sobre a Imigração*.
— Outubro: empreende a 1ª viagem à Europa, adoecendo gravemente, ele e a mulher, com tifo.

1868 — 18 de julho: dissolução da Câmara, deixando Tavares Bastos de ser deputado.
— 8 de setembro: Manifesto dos liberais pela abstenção eleitoral.
— 20 de novembro: *Circular*, pelo abandono definitivo de participar das eleições a realizarem-se em janeiro de 1869.
— Dirige com Lafaiete O *Diário do Povo*.

1869 — Fundação do *Clube da Reforma* e do jornal A *Reforma*, que aparece a 12 de maio.

1870 — Publica *A Província*, o seu livro mais sistemático.

1872 — Aparece *A Situação e o Partido Liberal*, escrito em dezembro do ano anterior.
— Escreve a Cotegipe, desinteressando-se de se candidatar mais uma vez. É pela abstenção do Partido Liberal.

1873 — Vem à luz *Reforma Eleitoral e Parlamentar e Constituição da Magistratura*.

1874 — 23 de abril: segunda e última viagem à Europa, com a esposa e a filha.

1875 — 20 de abril: de Paris escreve ao pai: "Meu pai, fiz hoje os meus 36 anos, e longe de V. Mercês!"
— 26 de novembro, data do aniversário da filha, é acometido de pneumonia.
— 3 de dezembro: morre em Nice, no sul da França.

1876 — 30 de abril: seu corpo chega ao Rio de Janeiro, a bordo do navio francês *Henri IV.*
— 2 de maio: realiza-se o enterro no Cemitério de São João Batista.

FONTES

Na antologia, que se vai ler, extraímos trechos das seguintes obras, assim identificadas:

Os Males do Presente e as Esperanças do Futuro, 2ª ed., vol. 151 da Brasiliana, São Paulo, 1939 .... M

Cartas do Solitário, 3ª ed., vol. 115 da Brasiliana, São Paulo, 1938 C

O Vale do Amazonas, 2ª ed., vol. 106 da Brasiliana, São Paulo, 1937 V

Reflexões sobre a Imigração, 2ª ed., incluída no mesmo volume 151 da Brasiliana.. I

A Província, 2ª ed., vol. 105 da Brasiliana, São Paulo, 1937 .... P

A Situação e o Partido Liberal, 2ª ed., incluída também no volume 151 .... S

Reforma Eleitoral e Parlamentar e Constituição da Magistratura, 2ª ed., incluída igualmente no volume 151 .... R

Discursos Parlamentares, Ed. do Senado Federal, Brasília, 1977 .... D

Manuscritos, Biblioteca Nacional...................................... Ms

Preferimos não inserir na antologia textos de dois panfletos, cuja autoria é atribuída por alguns a Tavares Bastos, e ambos do mesmo ano de 1866: *Exposição dos verdadeiros Princípios sobre que se baseia a Liberdade Religiosa demonstrando ser a Separação entre a Igreja e o Estado uma Medida de Direito Absoluto e de Suma*

Utilidade, sob o pseudônimo de Melasporos, de 37 páginas, editado pela Tip. Universal Laemmert; e *A Revolução e o Imperialismo,* de 30 páginas, sem autor nem editor declarados.

A primeira poderia realmente ser de sua autoria, pois repete as idéias anticlericais e contra o ultramontanismo correntes na época, sustentadas também em outros locais por Tavares Bastos, e nada acrescenta à sua obra. Quanto à segunda, duvidamos que seja de sua autoria, pois as opiniões expostas não coincidem com as suas doutrinas, além de diverso o estilo. Nada mais oposto ao pensamento do ilustre alagoano do que o apelo que faz ao Imperador às páginas finais do panfleto: "É indispensável que o poder se concentre, que simplifique o seu mecanismo e que retempere a sua força na confiança das massas populares, em nova consagração nacional". Concentração de poder e Tavares Bastos repelem-se violentamente.

Blake e Macedo atribuem-lhe ainda, erroneamente, *A Opinião e a Coroa,* de 1861, sob o pseudônimo de Philemon, quando não há mais dúvida alguma, hoje, de que o seu autor é Quintino Bocaiúva.

APRESENTAÇÃO

1. Para bem se poder compreender o pensamento político de Tavares Bastos é necessário partir das suas bases. Nenhum pensador foi mais coerente entre nós, das premissas às conclusões, sem nenhuma contradição, verdadeiramente inteiriço. Já no seu primeiro livro, *Os Males*, de 1861, apontava ele nas origens portuguesas e no regime colonial a fonte primordial de todos os nossos males. Para ele o Brasil teria sido um filho temporão de pai velho e decadente, cheio de achaques, e que só lhe teria transmitido suas mazelas. "Portugal brilhou um dia, no século XV, e morreu para sempre." Quando descobriu esta parte da América, encontrava-se em pleno regime absolutista, como, ademais, todos os povos da raça latina, absolutismo este que é "a expressão da guerra e da fome, da tirania e do fanatismo, da tortura e da fogueira, símbolos da maior miséria social".

Aí a origem dos nossos males; tal metrópole, tal colônia. A idade heróica já ficara para trás. O absolutismo a tudo envenenava e corrompia, fechando o Brasil ao mundo, já que recebíamos "o ar vivificante da Europa através de Portugal empestado". Duas foram as notas características do sistema colonial: ausência de espírito público e falta de liberdade do indivíduo, virtudes essas presentes nos povos da Nova Inglaterra. Enquanto isso, Portugal nos jungia "à imobilidade chinesa".

Neste contraste assenta-se todo o edifício lógico do pensamento político de Tavares Bastos. Vai ser ele uma constante em todos os momentos da sua obra. Decorrem daí outras conseqüências, que também estarão sempre presentes nas análises do pensador brasileiro: a criação de uma política americana e a renegação de tudo que seja sobrevivência do passado colonial; só o futuro nos interessa. Dirá no *Vale* que somente com o fumo das batalhas da Guerra do Paraguai "se está desvanecendo a tradição portuguesa, que impedia os movimentos da nossa diplomacia". Neste mesmo *Vale* — para ficar só num livro, nada panfletário — encontram-se numerosas outras passagens desse seu sentimento antiportuguês e a favor de uma opção decididamente americana. Desabafa, em certo passo: "Neste país, nesta nossa sociedade constituída sob a influência do estúpido despotismo português, e dos prejuízos e usos da metrópole, ainda mais estúpidos e detestáveis, não é só o governo o único culpado; talvez não seja o mais culpado." Refere-se ao "mau gosto e brutalidade com que os portugueses edificaram esses ridículos montões de casaria, a que chamavam cidades nas colônias, estragando quanta situação linda lhes oferecia a natureza".

Esta a convicção fundamentadora de toda a atitude política da obra de Tavares Bastos. E só com ela poderão ser compreendidos, explicados e justificados alguns possíveis exageros, de boa fé, a que possa ter chegado, em nome de um ponto de partida e da meta que desejava atingir: o abandono do absolutismo, da centralização, do ultramontanismo, do passado colonial, enfim; com vistas a uma sociedade futura, livre e aberta, construída na América, com os povos americanos, do Norte ao Sul, segundo o modelo de uma democracia política, social e econômica. Foi coerente, sempre coerente, expondo-se, não raro, a mal-entendidos e acusações soezes.

2. Daí a afirmativa seguinte: o Brasil não tinha como se orgulhar do seu passado e das heranças que dele recebeu; só lhe restava aproveitar-se da lição, para, com os dados do presente, construir um futuro melhor. Como na filosofia de Ernst Bloch, nunca lhe faltou a capacidade de sonhar e de manter viva a esperança no futuro da sua Pátria, crendo numa utopia factível, que o sustentasse e o fizesse possível.

Eis aí outra característica do pensamento de Tavares Bastos: viveu sempre debruçado sobre o futuro do Brasil, numa ânsia incontida de perscrutar na escuridão sinais de coisa nova. Escreve no prefácio das *Cartas:* "A miséria moral, como a pobreza material, não as compramos com a independência: herdamolas. Colônia alguma recebeu de um povo europeu mais rico legado. Seja embora! As heranças veneram-se. Nós veneramos os nossos prejuízos. Nossa miséria histórica é a nossa riqueza. O passado instalou-se no presente, acompanha-o, excede-o, esconde-o, cobre-o, ele uma sombra! O passado é a idéia inata dos governos e o critério da população. Aquele não ousa feri-lo de frente. Esta afere tudo pela medida das máximas consagradas." Escreve na *Carta VIII*: "Ocupemo-nos dos interesses permanentes do país. Cuidemos do futuro, alongando os olhos através do presente." E na Carta *XV*: "Um prejuízo histórico é, com efeito, o que sustenta no mundo a antigualha que procuro combater. As recordações do sistema colonial ainda estão vivas; e muitos estadistas as volvem e revolvem nas suas sapientíssimas cabeças, mirando-as através dos prismas fascinadores da poesia clássica. O seu ideal ainda pareceria ser conquistas 'De África as terras, e do Oriente os mares'. Felizmente, porém, se eles se atrasam, o mundo caminha."

Estas citações são bem claras. Ninguém neste país foi mais prospectivo do que Tavares Bastos. Se, segundo a psicologia, é próprio e característico da consciência humana essa intencionalidade prospectiva, pela necessidade da síntese do real e do desenvolvimento da ação subseqüente, em ninguém esteve ela mais presente. Sua concepção da vida política e social foi sempre dinâmica, como a flecha lançada em direção ao alvo. Tão certo estava ele do futuro que antevia e desejava, que quase se poderia inverter a ordem das fases: futuro, presente e passado. Fecundava o presente e julgava o passado pelos valores que se colocava; não era um neutro nem um indiferente. Num dos apêndices das *Cartas,* escreve: "Não aspiro à pretensão de profeta de desgraças. Forcejo por enxergar no futuro como direito de exame que pertence a todos."

Daí a sua atitude dialética, que encadeia num *continuum* os três momentos da vida social, que se negam e continuam, fazendo um brotar do outro em permanentes negações. Mas se o presente estava carregado do passado, estava também prenhe do futuro, bastava ter olhos para enxergá-lo, e Tavares Bastos, mais do que ninguém, quis ser esse parteiro do tempo. Como em Hegel, caberá à História o julgamento final. O *dies irae* chegará para todos, e cada um terá de dar conta dos seus atos, do que fez e, principalmente, do que deixou de fazer pelo seu país. O desânimo, o desengano, o pessimismo, o desalento devem ser abandonados; nada de fatalismo muçulmano. Nada está escrito, o homem pode e deve libertar-se do passado, construindo o futuro com suas próprias mãos. Outra característica do pensamento político de Tavares Bastos: o voluntarismo. É na ação, na prática, que o homem se conhece e conhece a realidade, transformando-a. Começa a *Carta XII*: "Conservador e liberal, monarquista e democrata, católico e protestante, eu tenho por base de todas as minhas convicções a *contradição;* não a contradição mais palavrosa do que inteligível das antinomias de Proudhon, porém a contradição entre duas idéias que na aparência se repelem, mas na realidade se completam, a contradição, finalmente, que se resolve na harmonia dos contrastes."

Na *Carta XXII* escreve: "Com efeito, qual o caminho por onde chegamos ao labirinto do presente? Estude-se o passado e tudo se esclarece." Na *Província:* "Estamos bem longe, portanto, de 'declarar um povo para sempre incapaz em razão de uma enfermidade orgânica e incurável'. Fora negar o progresso ou afirmar a imutabilidade dos destinos; fora esquecer a grande data da iniciação da liberdade e da igualdade. 1789. Desde então, em política, como em tantas coisas, já não há impossíveis." Em novembro de 1862 dizia no *Correio Mercantil:* "E, quando se medita no sucesso e na evolução dos tempos, e quando se serve a essa causa sagrada do progresso e do bem-estar dos povos — pode-se bem descansar sossegado e afrontar os despeitos dos poderosos de hoje, que não serão talvez os poderosos da história." Indolente, desatento, incapaz, não estava o governo à altura das exigências do presente; e pior ainda, não se preparara para o futuro. E noutro trecho, da *Carta XII*: "Creio no futuro, e ninguém resistirá às exigências do futuro." E mais incisivo ainda, na última *Carta*: "Eis aí, meu amigo, a marcha do presente: ai daqueles que ousarem desviá-lo do caminho do futuro!"

3. Imbuído desta certeza de um futuro inevitável, que deveria ser apressado, como o parto do tempo, pela mão do homem, faz Tavares Bastos da imprensa, da tribuna e do livro os seus instrumentos de pregação das reformas necessárias, mas o faz com espírito prático e tanto quanto possível objetivo. O seu método é o admitido por muitos cientistas sociais contemporâneos, o método reiterativo, no qual se empregam, ao mesmo tempo, a análise sincrônica e a análise diacrônica. Como no circunlóquio didático, vai e volta sobre o mesmo ponto, aprofundando-o cada vez mais e o considerando sob ângulos diversos até esgotá-lo. É uma repetição necessária, esclarecedora. O fato a ser exposto é analisado em sua formação histórica (diacronia), para logo depois ser estruturalmente analisado na sua contemporaneidade (sincronia). O velho e o novo se cruzam e se chocam, na contemporaneidade dos não coetâneos, daí a presença constante do *ainda*, do *aqui* e do *agora* na sua análise. Bastam dois trechos bem significativos dessa sua perspectiva: "Como todas as grandes idéias, essa faz o seu giro à roda do mundo: pertence-lhe o futuro." E depois, antecipando-se a uma frase que viria a constituir um dos preceitos da Escola de Recife, em Tobias e Sílvio: "Estamos caminhando para a época da análise, que é idade viril das nações."

E esta análise ele a faria, tanto quanto possível, nos termos e segundo o instrumental de um autêntico cientista social. Lançada a meta valorativa a ser atingida, entregava-se à sua demonstração com rigorismo e objetividade, sem considerar as pessoas nem os partidos. No *Males*, procurava "estudar com imparcialidade o meio social" em que vivia. Para bem conhecer e compreender o Amazonas, viaja para aquelas regiões, realizando o seu próprio ensinamento: "Para julgar conscienciosamente de um país, é mister percorrê-lo e viver com o povo que o habita."

Mais ainda, exige inquéritos sociais para estudar a situação do país e as necessidades do povo: "Enviam-se sábios do país a estudar a língua dos autóctones, a entomologia das borboletas e a geologia dos sertões; mas não se manda explorar o mundo em que vivemos, não se observam os entes que nos rodeiam, não se abrem inquéritos acerca da sorte do povo", registra em 28 de outubro de 1861.

Não satisfeito com esses critérios, serve-se abundantemente da estatística, verdadeira história do presente, segundo frase de Schloezer, que cita. Reclama a criação de serviços estatísticos no país, capazes de elaborarem e fornecerem dados verídicos, para a orientação do governo em todos os setores da administração pública: "A ninguém escapa, pondera no *Vale*, a multidão de embaraços e de incertezas que cercam o legislador e o governo na falta de dados positivos sobre a população livre e escrava, nacional e estrangeira, etc. Conhecida exatamente a população urbana ainda quando a rústica só o possa vir a ser mais tarde, teremos uma base importante para os cálculos aproximativos acerca da totalidade dos habitantes do Império, cálculos que hoje não assentam senão em induções vagas e em fantasias pouco sérias."

4. Pela sua análise sincrônica, pela sua perspectiva reiterativa, observa Tavares Bastos que os fenômenos sociais são interdependentes, num processo dinâmico de concausalidade. Não há uma causa única explicativa dos fatos sociais; vivem eles numa permanente interação, de ações e reações mútuas, de uns sobre os outros. Não há fenômeno social isolado, assim as condições materiais e morais (na sua linguagem) se condicionam e determinam reciprocamente. Em várias passagens de suas obras e em todas elas vem este ponto de vista sempre repetido, admitindo-se a sociedade como um todo complexo, exigindo uma compreensão global para futuras reformas, também globais.

Expressões tais como: "cadeia de elementos", "tudo se prende nesta longa série de idéias", "a solidariedade que prende certas questões sociais", "uma lei da divina harmonia que preside o mundo prende as grandes questões sociais", "o problema político dos nossos dias não reside em uma questão única", encontram-se por toda a parte em seus livros, de diferentes épocas. Em seus discursos, na Câmara, nunca enfrentou ou indicou uma medida isolada, via sempre o conjunto da sociedade global, como um todo. Em longo discurso de 1º. de junho de 1865, tratando do desenvolvimento da marinha mercante, dizia: "Vedes, pois, que a este assunto se prende o da imigração espontânea para o Brasil, condição essencial de sua prosperidade e das medidas de emancipação dos negros. Formulemos votos ardentes para que o país se identifique com a solidariedade de todas essas medidas salvadoras; aí está o futuro, e cumpre renunciar à esterilidade do passado!"

Como já havia dito Proudhon antes dele: só o ideal é simples, a realidade é complexa por natureza. Daí o seu critério de estudo da sociedade e de reformas subseqüentes também gerais, complexas e totais. A temática de Tavares Bastos, como num sistema de ponto e contraponto, está presente desde o seu primeiro ensaio, mais panfletário, de 1861. Lá encontramos: eleição direta; sistema representativo verdadeiro; Câmaras fortes e independentes; descentralização administrativa e política; reforma de toda a instrução (superior, secundária e elementar); organização da magistratura; independência da política judiciária; redução dos orçamentos da marinha e do exército, com redução ou extinção da guarda nacional; incremento da exportação e fomento da livre empresa; consolidação do meio circulante; livre cabotagem; abertura do Amazonas ao comércio e a imigração estrangeira; emancipação gradual da escravatura, reconstituindo sobre bases naturais a organização do trabalho; a imigração; a liberdade religiosa; contra a burocracia e a empregocracia (palavra sua).

Eis aí, em resumo, a pauta dos temas que irão sendo extensamente expostos e desdobrados por Tavares Bastos. E sempre num sentido de ardente modernidade, com abandono do arcaico e da rotina. Esta é uma constante no pensamento do autor das *Cartas*. A expressão *idéias novas*, que iria invadir o Brasil nas décadas de setenta e de oitenta, é encontradiça em diversos passos dos seus escritos. A modernização do Brasil em tudo e por tudo era a sua meta, capaz de colocá-lo à altura das luzes do século. Combatia as velhas instituições e os preconceitos que fossem ou pudessem vir a ser obstáculos à mudança. Não se tratava de cortar a tradição nem de aniquilar o passado, como dizia, mas de "desarraigar a rotina, parasita do movimento; substituir à imobilidade do prejuízo de raça o incitamento humano do progresso indefinido".

5. Essa modernização tinha como objetivo primordial a qualidade de vida do povo brasileiro; todas as reformas propostas partiam das condições de vida do povo e para elas se voltavam sempre. É esta a nota constante nas meditações de Tavares Bastos, iterativamente repetida, como no *Prefácio* das *Cartas*: "Não, nós, os filhos da grande revolução moral do século XIX, assentamos as tendas de viagem sobre a montanha que domina a planície estreita ocupada pelos prejuízos. Para nós, só há uma política possível, um dever, um culto: melhorar a sorte do povo. Mas como? Observando a lei da natureza, isto é, fecundando as fontes vivas do trabalho, instrumento divino do progresso humano; isto é, restituindo à indústria a sua liberdade, a liberdade, sim! porque ela quer dizer a concorrência universal, a multiplicidade das transações, a barateza dos serviços, a facilidade dos transportes, a comodidade da vida. Falemos hoje da baixa dos impostos, do limite nas despesas, do comércio livre, da navegação desimpedida, a questão de vida e de morte que já foram outrora o processo público, o julgamento pelo júri, o direito eletivo, as liberdades políticas. Tudo se prende nessa longa série de idéias. *Sua fórmula geral, a liberdade. Seu resultado final, o bem do povo.* Alumiamos as escrabosidades dos nossos destinos com os esplendores do Evangelho."

Assim, quer na emancipação do trabalho servil e na sua substituição pelo trabalho livre; quer na reforma da educação em todos os seus níveis; quer na descentralização administrativa e política; quer na liberdade de cabotagem; quer na abertura do Amazonas ao livre trânsito das nações amigas; quer no incremento da imigração; quer no incentivo de novas vias de comunicação; quer nas reformas da polícia, da guarda nacional; quer nas reformas do processo eleitoral e da magistratura; quer, inclusive, na pregação da liberdade religiosa — o que se visa é libertar o homem brasileiro das peias que o impedem de produzir muito e barato, de desenvolver-se e ser feliz, de ter livre acesso aos meios de produção e de consumo. Em uma palavra, o consumidor era sempre o seu objetivo último. Não esquecer que já sobre este tema versava a sua tese de doutorado, aos vinte anos de idade. A 25 de julho de 1863, dizia na Câmara: "Eu acreditava, Sr. Presidente, que nas atuais circunstâncias, em dia de calma, durante o armistício entre os partidos, no abandono da eterna questão ministerial, era oportuno dirigir o espírito do parlamento para o estudo de tão grave assunto, como de todos quantos se prendem ao desenvolvimento material do país; quero dizer, à barateza e abundância dos recursos, à comodidade da vida para as diversas classes do povo brasileiro."

E dois anos depois, a 1º de junho de 1865: "Pergunto: esta carestia não é um objeto que deve inspirar cuidados? Não é dever do parlamento removê-la? Não está nisso empenhado o desenvolvimento moral do país, que só pode crescer com a modicidade dos artigos de geral consumo em favor das classes necessitadas?"

Mas, para concluir, dando bem a medida da firmeza dos seus propósitos, valor supremo de toda a sua doutrinação, veja-se este pequeno trecho da *Carta XXV:* "O que distingue o grande século democrata, em que vivemos, é essa tendência de todos os espíritos para acharem a pedra filosofal do bem-estar. Produzir muito, comprar barato, eis a economia das sociedades contemporâneas, eis a ciência do bom homem Ricardo, protótipo do povo, eis o fim de toda a atividade."

6. Convencido destes propósitos, verdadeira pedra de toque de toda a sua existência como pensador e como político, duas normas impõe Tavares Bastos a si próprio: ser útil ao país e exercer a sua atividade em termos de apostolado e de missão. Só aceitava uma idéia, tida às vezes por muitos como utopia, quando podia equacioná-la, reduzi-la a problema concreto, com solu-

ção prática à vista e objetivamente defensável. Numa geração de românticos, foi talvez o primeiro realista brasileiro. Entre José Bonifácio, o Moço, e ele, coloca-se toda uma nova concepção do mundo e da vida. Partem dos mesmos ideais, mas deles se aproveita Tavares Bastos para a sua realização concreta. Nunca tecnocrata, foi o político alagoano um perfeito estadista sem pasta nem postos no governo.

Ao contrário do que afirma Oliveira Viana, não é entre os idealistas utópicos que deve ser classificado, e sim entre os idealistas orgânicos, sempre voltado para a realidade, atento, objetivo, observador. O próprio Oliveira Viana vai se socorrer dele, várias vezes, das suas opiniões, do seu testemunho, para bem caracterizar a sociedade imperial. Constitui uma contradição chamar alguém de sonhador, e depois servir-se de seus "sonhos" como testemunhos e documentos históricos de fonte primária. Num dos seus primeiros discursos na Câmara, a 18 de julho de 1861, anotava: "A tendência para os interesses materiais, e os desgostos das abstrações políticas, que esterilizam e até desacreditam o parlamento, constituem a meu ver o sinal mais saliente da nova ordem de idéias; porque revelam distintamente que desejamos libertar-nos do passado e protestar contra sua esterilidade, penetrando no mundo dos interesses reais, dos grandes melhoramentos, das liberdades práticas, da administração verdadeira."

Em carta a Saraiva, de 6 de janeiro de 1869, dizia: "Acho essencial discutir tudo, tudo, preparar o espírito público no sentido de reformas *refletidas, mediante severo exame prévio das questões, sem palavras ocas.* É o que faço." (Grifos de TB.)

Pragmatista *avant la lettre*, fez da utilidade o critério da verdade. Vozes tais como *fecundo, fértil, útil, prático* encontram-se nele por toda a parte. Também, como no pragmatismo, concebia o universo e a sociedade como algo pluralístico, aberto, daí as suas atitudes contra a rotina, o imobilismo, a uniformidade, a simetria, verdadeiras fontes de morte, e não de vida. As verdades valiam se pudessem ser úteis, praticáveis, executáveis, se melhorassem as condições de vida, materiais e morais, da sociedade e do indivíduo; valiam, afinal, pelos resultados que produzissem *a posteriori*. Em diferentes *Cartas*, estes passos bem significativos: "Desejo completar o quadro do processo administrativo, certo de que voltarei a esse ponto para indicar o meio, que se me afigura praticável, de realizar no centro uma reforma fértil de resultados práticos"..."Desejo ser, não parecer, útil"... "Essas questões, intimamente ligadas, foram expostas com mais largueza, atenta a importância prática dos seus resultados"... "Em um século destes o direito vale a utilidade."

Inspirado nesse pragmatismo de pensamento e de atitude, Tavares Bastos, se sempre foi coerente, como dissemos, nunca foi dogmático nem intransigente. Fiel às suas metas, distinguia com nitidez a teoria da sua aplicação às circunstâncias do país, cedendo, conciliando, desde que caminhasse sempre na mesma direção, sem recuos nem desvios. *Fortiter in re, suaviter in modo* poderia ter sido a sua divisa, como, à mesma época, era seguida por um grande reformador social europeu.

Moderado, nada extremado nem radical, voltava-se o seu espírito normalmente para a conciliação, ao contrário do que se tem admitido até hoje no estudo da sua vida e da sua obra, quando o dão como um visionário romântico e sonhador. Como Durkheim, poderia ele dizer que entre o real e o ideal não há antinomia, desde que este surja naturalmente e se constitua de materiais do primeiro. Muitos serão os tópicos apresentados, na antologia a seguir, no capítulo geral sobre o seu pragmatismo.

Prende-se ainda ao pensamento pragmatista pelo culto da ação, da vontade, da atividade, do trabalho, enfim. Voluntarista e pluralista, era contra as medidas que adotavam uma simetria e uma uniformidade artificiais e rígidas, forçadas, que sufocavam e impediam as livres manifestações da sociedade. Essa simetria e essa uniformidade existiam no governo e não no povo: "Então se cria um país oficial diferente do país real em sentimentos, em opiniões, em interesses." Ou: "O governo é tudo, o povo é nada."

7. No prefácio do *Vale*, encontra-se uma frase isolada que nos vai levar a um outro tópico da nossa tratação, já insinuado acima: "A sua missão (do livro) resume-se em uma palavra: ser

útil." O espírito de missão, de cumprimento do dever, é outra constante na vida de Tavares Bastos. Para sua plena realização utilizava-se de todos os instrumentos a seu alcance: o panfleto, o livro, a tribuna, a imprensa, em permanente compromisso com o futuro. Só a este devia contas, em tom quase apostolar, de pregação. Assim compreendia ele o patriotismo, embora contrariando as idéias dominantes, o governo e os interesses constituídos. Nas *Cartas* são inúmeras as expressões "salvação pública", "missão"; na *Imigração* refere-se à "fé e missão"; no *Vale* alude à "fé viva", sendo que o cumprimento do dever aparece em numerosas outras passagens. Dois ou três exemplos mais característicos: "Ponhamos o nosso dever acima do nosso sucesso" (*Males*)... "Cumpra cada um o seu dever; seja cada qual fiel à sua bandeira"... "como estou seguro da sinceridade com que me empenharei no cumprimento do meu dever" (*Vale*).

No cumprimento desse dever, segundo o que lhe parecia melhor para o Brasil, consistia o seu patriotismo. Pouco lhe importava que fosse acoimado de estrangeirado, cosmopolita ou pouco patriota. Interessava-lhe, dizia, um patriotismo verdadeiro, sincero, realista, e não um patriotismo meramente balofo e lírico, de convenção.

8. Antiportuguês, de certa forma antieuropeu, contra o espírito arcaico e colonial, e tudo que lho recordasse, procurava Tavares Bastos no futuro o modelo de sociedade e de governo que lhe parecia mais apto a dar ao Brasil a possibilidade de se tornar uma grande nação democrática. O modelo estava diante dos seus olhos: os Estados Unidos. Dele só não aceitava a república nem o racismo, o qual denunciou ao retratar a selvageria da escravidão em seus estados do Sul. Sem se referir a Monroe, sentia-se totalmente convencido de que a salvação do Brasil e dos países americanos em geral consistia em fundar uma política puramente americana, livre dos preconceitos coloniais e do absolutismo. O passado das colônias foi nocivo devendo ser emendado para o advento de um futuro de liberdade e de progresso, e esse futuro, de certo modo, já se encontrava diante dos seus olhos, na grande nação do Norte.

"À ausência de peias, quais aquelas com que fomos jungidos à imobilidade chinesa de Portugal, deveram os povos da Nova Inglaterra a sua nobre independência e rápida prosperidade." Essa afirmativa de 1861 nunca mais o abandonará; será reforçada, escandida, cercada de outros argumentos a favor de uma política americana, não-européia. Nas *Cartas* pregava, em locais diversos, "a idéia americana", "uma política americana para um governo americano". Ao comentar a abertura dos portos fluviais pela Argentina, exclamava, no *Vale:* "Não é este o verdadeiro espírito de uma política americana?" Na *Província* escreve, em diferentes passagens: "Homens sem fé nos destinos da democracia e na missão providencial da América." "O Novo Mundo, fugindo do ídolo imperial a que o Velho sacrificara a liberdade, fez a federação paládio da democracia"... "lembremos-lhe que estamos no século XIX, e no novo mundo; agitemos em face desse governo retardado os problemas audazes de uma política verdadeiramente americana; discutamos os princípios de uma profunda reforma econômica, sem os quais não podem prosperar as ex-colônias dos reis da Europa."

E o exemplo dessa prosperidade e dessa liberdade eram os Estados Unidos, como já vinham sendo de outros brasileiros, igualmente patriotas, desde o último quartel do século XVIII. Abundantemente citados na Independência, na Constituinte e nas reformas de 1831 e 1834, nunca mais deixaram os Estados Unidos de perturbar e envolver o espírito de muitos brasileiros, que colocavam neles o seu padrão de vida social e política. Afinal, era a primeira colônia da América que se transformava rapidamente em grande potência, superando e contrariando as suas origens européias. Numa nota na *Carta XXX*, apontava Tavares Bastos uma das fontes da sua admiração pela República do Norte: "Seja lícito ao autor comemorar aqui o nome do falecido Dr. José Tell Ferrão, professor da Faculdade de São Paulo entre os anos de 1856 e 60, que nunca cessava de comunicar aos íntimos o seu profundo entusiasmo pelos Estados Unidos, aonde fizera a sua educação literária." Na *Carta XVI*, não escondia "as tendências da sua (minha) natureza americana"; desejava "ardentemente que acabássemos com todos os nossos prejuízos europeus (e são tantos e tantos!), que despíssemos a nossa veste portuguesa..."

Para abreviar esta parte, basta este trecho, nas *Cartas:* "A União norte-americana é o verdadeiro *rendez-vous* do mundo civilizado... Sou um entusiasta frenético da Inglaterra, mas só compreendo bem a grandeza deste povo quando contemplo a da república que ele fundou na América do Norte. Não basta que estudemos a Inglaterra; é preciso conhecer os Estados Unidos. É deste último país justamente que nos pode vir mais experiência prática a bem de nossa agricultura, de nossas circunstâncias econômicas, que têm com as da União a mais viva semelhança. A meu ver, o Brasil caminha para a sua regeneração moral e econômica tanto quanto mais se aproxima da Inglaterra, da Alemanha e dos Estados Unidos. No meu cosmopolitismo, pois, entra uma grande parte de interesse pelo país, o verdadeiro patriotismo que eu conheço."

Empolgavam-no as qualidades de energia e iniciativa do povo americano, e a sua forma democrática de vida. A 8 de julho de 1862, profetizava na Câmara: "Estou convencido de que, mesmo sob o ponto de vista político, as relações com os Estados Unidos da América do Norte são aquelas que mais convêm ao Brasil. Devemos cultivá-las e desenvolvê-las, sobretudo porque, depois da presente luta, luta gloriosa, porque é da liberdade contra a servidão, do progresso contra a barbaria, está reservado à grande república de Washington um papel incalculável nos destinos do Mundo."

Mas acima de tudo estavam o interesse e o bom nome do Brasil. Quando do incidente com o cruzador confederado americano *Sunter*, em 1861, como anota Hélio Lobo — *O Brasil e seus princípios de neutralidade*, Rio, 1914, pág. 32) — "profligou o procedimento do agente americano", J. Watson Webb, em discurso de 8 de julho de 1862: "... uma questão bem desagradável para nós, e que não provocou de parte do Governo passado palavras bastante firmes e enérgicas. E eram as palavras, friamente corteses, e que encerram um protesto do Sr. Webb, o que tínhamos direito a esperar da cordura do gabinete de Washington, quando seu representante nesta Corte, esquecendo os deveres de seu posto, desprezando as conveniências políticas, calcando os princípios os mais comuns do direito das gentes, pretendia impor-nos a teoria que se contém nas suas notas..."

Mas, diz mais ainda Tavares Bastos, não referido por Hélio Lobo: "E pode a Câmara esquecer a linguagem inconveniente do general Webb? Não sou suspeito, Sr. Presidente, para com os Estados Unidos; exprimindo-me assim, não me determino por afeição, que nunca tive, à causa dos separatistas. Mas não posso aplaudir a continuação dessa política fraca de genuflexões às primeiras potências. Sei que é loucura pensar em guerra com certos países; mas também se pode guerrear com a palavra, e um protesto enérgico e digno contra o arbítrio do poderoso vale às vezes uma vitória."

É com esse esquema doutrinário — de aversão ao colonialismo português, ao absolutismo, à centralização, ao ultramontanismo, ao atraso, ao nosso isolamento do mundo; de criação de uma mentalidade nova, de uma política americana, baseada na liberdade e no progresso, material e moral — que Tavares Bastos enfrenta todas as questões econômicas, sociais e políticas do seu tempo. A doutrina que o informava, política e economicamente, era a liberal.

9. O pensador alagoano não era livresco, como virá a ser mais tarde o seu grande continuador em tantos assuntos e seu confessado admirador, Rui Barbosa. A sua cultura histórica, econômica, política e jurídica é vasta, mas utilizada, ao correr da pena, sem exibições de erudição. As suas fontes mais próximas e imediatas encontram-se em autores franceses, americanos e ingleses. O seu conhecimento dos clássicos é bom, com absoluto domínio do latim. Em economia, as suas predileções são para Bastiat, Molinari, Guillaumin, Chevalier, Cobden, Bright; o *Journal des Economistes* comparece com alguma familiaridade. Em direito público baseia-se muito em Barrot, Vivien, Montalembert, Béchard, Laboulaye, Prevost Paradol, Guizot, Benjamin Constant. Para o direito americano socorre-se de May, Paschal, Tocqueville,

Kent, além de *O Federalista*. Com completo domínio da história constitucional inglesa e de alguns de seus publicistas, como Stuart Mill e Bentham, era-lhe familiar a crônica dos seus grandes políticos liberais. Quanto ao Amazonas, sua história e sua problemática, praticamente conhecia tudo existente àquela época, concordando, em termos, com a tese de Maury, mas firmando-se sobretudo no relatório, mais objetivo, de Gibbon. É óbvio que os publicistas nacionais eram de sua completa intimidade.

Os livros para Tavares Bastos representavam simples instrumentos de trabalho, importando-lhe mais o conhecimento direto das coisas e dos fatos. Colhia nos livros o que lhe interessava, pró ou contra, mas sem abandonar nunca a sua linha de raciocínio e a sua convicção profunda.

10. A sua concepção do chamado trabalho servil nunca foi isolada em sua mente, sempre o tratou como um dos aspectos da sociedade arcaica em que vivia. Era uma das questões sociais, como as denominava, mas não a única. Desde os 17 anos de idade, ainda acadêmico em São Paulo, era este o seu ponto de vista. Em 1856, em artigo sobre o poeta Pedro Calazans afirmava que a poesia e a filosofia haveriam de, cedo, nos dar a emancipação do negro. Dois anos mais tarde, em 1858, ao prefaciar o livro do professor José Tell Ferrão, referia-se à escravidão como "enxerto estéril, erva parasita, que deixa por toda a parte um vestígio de sua negra passagem". Via nas aspirações por um futuro melhor, baseadas na educação, o principal instrumento para que caíssem em ruínas "as derradeiras muralhas do tempo colonial", e "a escravidão soltará os últimos arrancos da hora extrema".

Depois, em todos os seus livros, jamais deixou o tema de ser tratado, sob todos os seus ângulos: pela efetiva extinção do tráfico, pela abolição imediata nas entidades governamentais, nas províncias fronteiriças, nos centros urbanos, em determinadas províncias, pela gradual extinção nos meios rurais de maior concentração escravista, pela fiel aplicação da lei de 71, protegendo-se o ingênuo, o liberto e os africanos livres em seus direitos. A par de todas essas medidas, deveria ser difundida a instrução elementar como obrigação do governo central, das províncias e dos municípios, e também dos senhores rurais, para todos, crianças e adultos, livres ou escravos. Além dessa extinção imediata ou gradual e da instrução elementar obrigatória e gratuita, seria incrementada a imigração, a qual, com o braço livre, iria substituindo o trabalho escravo. Funda para este fim a Sociedade Internacional de Imigração, para a qual escreve uma memória com a indicação de medidas práticas para o bom êxito dos seus propósitos. Corresponde-se com a *Anti-Slavery Society*, de Londres, em 1865; resume o que já se havia feito e aponta novas medidas a serem tomadas. Ao casar-se, em 1866, alforria todos os escravos que lhe haviam chegado pelo matrimônio.

Embora tais fatos e atos sejam notórios, convém dar testemunho alheio, já histórico e consagrado. Registra Perdigão Malheiro: "Digna de nota nessa época foi a *Carta* dirigida pelo distinto Dr. A.C. Tavares Bastos em resposta ao Sr. Chamerovoz, ilustre secretário da sociedade abolicionista inglesa —*Anti-Slavery Society* — publicada em 1865 no *Jornal do Commercio*. Fazendo uma resenha dos diversos expedientes e projetos para a emancipação no Brasil, conclui acrescentando idéias suas." *(A Escravidão no Brasil,* Parte III, Rio de Janeiro, 1867, pág. 97.)

Registra Nabuco que, de 1866 a 1871, alguns espíritos prepararam os Partidos no sentido de "vencer o poder da escravidão", destacando-se, entre os liberais, Nabuco de Araújo, Souza Franco, Otaviano e Tavares Bastos; e, entre os conservadores, São Vicente e Sales Torres Homem. (*O Abolicionismo*, Londres, 1883, págs. 72/73, nota.) Refere-se ainda ao nome de Tavares (pág. 25d), com o qual concorda, quando nas *Cartas do Solitário* defendia Antônio Carlos, que se havia oposto ao tráfico, aprovando o aprisionamento dos navios negreiros pelos ingleses.

Mais tarde, dando a parte de cada qual em prol da reforma de 71, inclui Nabuco o nome de Tavares Bastos entre os seus "precursores, preparadores do caminho, semeadores da idéia", como "liberal, economista, pregando as vantagens do trabalho livre". (*Um Estadista do Império*, vol. III, Rio de Janeiro, 1899, pág. 238.)

Como deputado, dentro do seu espírito prático, de medidas

factíveis e pragmáticas, mais de uma vez falou Tavares na Câmara e apresentou projetos de lei a favor do negro e da sua emancipação. Em 1862 era pela proibição da venda pública de escravos, pela proibição da separação dos membros da mesma família escrava, pela proibição às corporações de mão-morta de possuírem escravos e pela emancipação dos escravos da Nação. Em 1866, apresenta um aditivo à lei do orçamento, libertando os escravos da Nação e vedando a associações ou corporações civis ou religiosas possuírem escravos. Em 1867, quando da Fala Imperial aludindo à questão servil, ao invés de júbilo, revolta-se com o que lhe parecia leviandade, em discurso na Câmara de junho daquele ano: "Sou decididamente pela emancipação da escravatura, mas o que faria nunca era, em uma questão social de tamanha gravidade, levantar vagamente, em um rápido período da *Fala do Trono*, esse grande problema, sem precisar os termos da sua solução, deixando pairar nos ares a desconfiança, uma desconfiança geral. Não, Senhores, aqueles que bem compreendem os encargos que acarreta o governo de um povo não formulam tais questões sem acompanhá-las da fórmula que deve resolvê-las. Ora, o Governo declarou por vezes, na folha oficial, que não tem opinião formada, que não tem projeto elaborado. É o que lamento."

Antecipando-se à censura de Nabuco, em mais de uma oportunidade e em momentos diversos — na imprensa, nos livros e na tribuna da Câmara — criticou os liberais e o seu Partido com veemência, por entregarem a bandeira da emancipação aos conservadores, que acabavam realizando idéias alheias. Em *A Situação e o Partido Liberal*, de fins de 1871, dizia ao Conselheiro Saraiva: "Quanto ao elemento servil, limitar-nos-emos a corrigir os defeitos da lei votada, e a decretar mais robusto fundo de emancipação? Não é essa lei apenas o primeiro degrau de uma escada progressiva de medidas?"

E depois de indicar numerosas medidas no sentido da total emancipação e da substituição do trabalho servil pelo livre, concluía: "Eis os complementos lógicos da política abolicionista iniciada este ano. Serão, porventura, utopias de um *milenium* social medidas cuja execução requer apenas um pouco de perseverança e tato?"

11. Dentro do seu método e do seu critério estrutural, não dissociava Tavares Bastos o problema da escravidão das demais questões sociais e econômicas do país. Ainda que maldita e indesejável a escravidão, ela ali estava, dando principalmente braços à lavoura, à nossa primeira indústria. Fora uma das heranças detestáveis do período colonial, integrada, como base de todo o edifício econômico-social do Império. Não podia, assim, ser abolida de repente, sem que se lhe propusesse e impusesse outro regime de trabalho, capaz de lhe tomar o lugar sem quebra da produção e da própria organização social. Insofrido no temperamento, era Tavares cauteloso nas medidas que propunha. Nada extremado, dentro dos seus princípios pragmáticos de mudança evolutiva, bem poderia ter adotado o conhecido princípio tão caro a Augusto Comte: "Só se destrói o que se substitui." Isso mesmo ele o disse, com outras palavras, em mais de uma oportunidade. No discurso de 19 de junho de 1865, sobre a gradativa liberdade de cabotagem, por exemplo, proclamava: "Senhores, na política como na administração uma lógica inflexível preside ao desenvolvimento dos sucessos. Tudo tem aí o seu prefácio e a sua conclusão; uma conquista é anunciada por outras, e por seu turno ela arrasta novas. Pedem que caminhemos por saltos: é o mesmo que fazer votos para que não triunfe cousa alguma."

Deste modo, para ele, a emancipação do trabalho escravo importava toda uma reforma social e econômica, que iria desde o regime de terras, passando pela imigração, pela instrução, pela regulamentação e proteção do trabalho livre, chegando até à reforma eleitoral, política e mesmo religiosa. A sociedade seria atingida como um todo, e como tal deveria preparar-se para a abolição. A reforma agrária, com novo regime de terras, extinção do latifúndio, incremento da pequena propriedade, com auxílio do governo central e provincial — aqui, como na instrução e na regulamentação do trabalho livre, o liberal antecipava-se ao seu tempo e achava necessária a intervenção estatal —

fixação do imigrante, tudo isso devia vir sendo feito à medida que se ia libertando o braço escravo e o substituindo pelo braço livre. Devia o governo distribuir as suas terras ou vendê-las a preço barato a quem delas quisesse fazer bom uso, imigrante, liberto ou africano livre. Pregava a criação do imposto territorial, como medida eficaz contra o latifúndio improdutivo ou como tributo que deviam ao Estado os proprietários de terras vizinhas de estradas ou de vias navegáveis.

Medidas que viriam sessenta anos mais tarde já eram pregadas por Tavares Bastos: duração do trabalho, proteção do trabalho do menor, descanso semanal, regulação do contrato de parceria e da locação de serviços, nacionalização do trabalho, com proteção do trabalho nacional no comércio varejista, etc. (Cf. o nosso "Tavares Bastos e as questões do trabalho", *in Carta Mensal*, da Confederação Nacional do Comércio, de fevereiro de 1978, págs. 35/48.)

Assim, quando Nabuco e Rui vão pregar a necessidade de novas reformas como complemento da abolição, matéria essa tão bem destacada por João Mangabeira quanto ao último, já Tavares Bastos o havia feito. O que pregava Rui, no célebre discurso da Bahia, duas semanas antes da lei de 13 de maio de 1888, nada mais era, em essência, do que pregou Tavares Bastos durante toda a sua breve existência: "... liberdade religiosa, a democratização do voto, a desenfeudação da propriedade, a desoligarquização do senado, a federação dos estados unidos brasileiros... com a coroa, se esta lhe for propícia, contra e sem ela, se lhe tomar o caminho." *(Obras Completas,* vol. XV, 1888, t. I, Rio de Janeiro, 1965, f. 140.)

Vale aqui o depoimento de Astrogildo Pereira, pela sua reconhecida probidade intelectual e independência: "Como Rui Barbosa, os abolicionistas mais esclarecidos compreendiam e proclamavam que o problema da escravidão e o problema do latifúndio estavam intimamente ligados entre si, não sendo possível dar completa solução a um sem resolver do mesmo passo o outro. Mais ainda: se alguma prioridade, em grau de importância, se devesse estabelecer entre ambos, o problema da terra seria colocado em primeiro lugar. Esse aliás sempre foi o pensamento das melhores cabeças de estadistas e publicistas que tivemos, desde antes da Independência. Baste-nos recordar um José Bonifácio, um Tavares Bastos, um André Rebouças — para caracterizar três momentos culminantes." (Prefácio, *Obras Completas de Rui Barbosa*, vol. XI, tomo I, 1884, Rio de Janeiro, 1945, pág. XXXVI.)

12. Uma das campanhas mais veementes de Tavares Bastos foi a da abertura do Amazonas à livre navegação, não só aos navios dos países ribeirinhos, como igualmente aos navios das nações amigas, incluindo aí, como é óbvio, os Estados Unidos, a Inglaterra e a França. Eram estas três nações, notadamente os Estados Unidos, as que mais vinham lutando, pressionando o governo brasileiro, havia mais de trinta anos, pela abertura do grande rio. A obra do tenente da Marinha americana, Mathew Fontaine Maury, "misto de cientista, visionário e homem de negócios", *The Amazon and the Atlantic slopes of South America*, Washington, 1853 — aparecida, no mesmo ano, em tradução espanhola (Lima) e portuguesa (Rio de Janeiro, *O Amazanas e as costas atlânticas da América Meridional)*, — argumenta a favor dessa abertura como um direito das nações civilizadas, com direito de primazia para seu país, decorrente do *destino manifesto* da sua projeção geográfica até aquela região, praticamente desocupada e não devidamente explorada em sua riqueza natural, patrimônio da humanidade.

Foi longa e árdua a luta brasileira contra as pretensões americanas, não só diplomáticas, chegando o Presidente Pierce a fazer referência expressa ao assunto em sua mensagem ao Congresso (1853). Em pleno expansionismo dominador, fácil foi suscitar-se grande agitação naquela nação do Norte pela imprensa e em barulhentos comícios de rua. Os Estados Unidos pressionavam também as nações ribeirinhas do rio Amazonas, principalmente o Peru e a Bolívia. O tenente Maury chegava a prever, com o fim da escravidão que se aproximava naquele país, que fosse parte da sua população negra enviada para essa região brasileira.

Já a crise maior havia passado, sem que os Estados Unidos usassem de violência, como ameaçavam os seus agitadores e flibusteiros expansionistas, quando se reabriu a campanha pela livre navegação do Amazonas. Defendiam-na Souza Franco, Tito Franco, Francisco Otaviano e, principalmente, Tavares Bastos, que inicia a sua campanha em 1861. Nunca deixou ele de reconhecer a total soberania brasileira sobre o Amazonas, mas via na sua abertura a redenção da sua população miserável. Era contra o monopólio dessa navegação (concedida a Mauá, com grande subvenção pública) e contra o monopólio, que vinha do Brasil-colônia, de certa classe de mercadores de Belém do Pará. Era contra a escravidão naquela região, devendo ser logo abolida a existente. Era pelo porto franco de Manaus e pelo incentivo da imigração para os seus trabalhos, pregando o cruzamento de raças, enxergando no mestiço o melhor contingente humano para a produção de riquezas naquele vale, como já vinha acontecendo. Denunciou o aviltamento e a exploração do índio autóctone, a sua escravização e morte. Achava, otimistamente, que já havia passado a era de conquistas territoriais; e que, com a abertura a todos os navios estrangeiros, dar-se-ia o natural equilíbrio entre as grandes potências, ficando a Inglaterra e a França ao lado do Brasil em caso de ameaça armada dos Estados Unidos. Por outro lado, de pouco adiantaria disseminar grandes fortalezas ao longo do rio, caso os americanos resolvessem usar realmente a violência. O melhor caminho era seguir a política do Prata — defendida pelo próprio Brasil — da Bolívia e do Peru, e abrir o rio à navegação, desfazendo-se da antiga política colonial e permitindo o desenvolvimento econômico-social daquela região, deserta ainda em grande parte.

Foi imbuído do que chamava de "patriotismo sincero" que Tavares Bastos se lançara à luta. Reconheceu-lhe Nabuco esse "impulso patriótico que o tornou campeão dessa grande causa". Na sua prédica, desde 1861, atacava com alguma veemência o governo e os ministros imperiais, não escapando dessa crítica severa o próprio Paranhos, futuro Visconde do Rio Branco. Escribas pagos pelo governo o atacavam também com azedume, e a polêmica tornou-se violenta. É ainda na fumaça dessa polêmica pela imprensa que o Ministro vai despachar com Pedro II, que assim registra o fato no seu *Diário* de 1862 (Introdução e nota de Hélio Viana, Separata do Anuário do Museu Imperial, vol. 17, Petrópolis, 1956, pág. 75), em 2 de abril: "Veio o Paranhos... Falamos da abertura do Amazonas que não pode ser adiada por muito tempo, convindo tratar de colonizar convenientemente as margens do rio como há tantos anos recomendo eu. A respeito do comércio de cabotagem feito por estrangeiros diverge Paranhos inteiramente das idéias do Solitário por sólidas razões com que eu concordo. Ele pensa que os artigos do Solitário são pagos ao *Mercantil* por interesses dos Estados Unidos. Deu-me um ofício do nosso ministro em Washington, Miguel Maria Lisboa, relativamente à comunicação entre o Brasil e os Estados Unidos por barcos de vapor, e pensa como eu que essa linha de vapores deve chegar ao Rio de Janeiro, com escala pelo Pará, e outros portos brasileiros, que se designarem."

Vê-se então que, dos três pontos da campanha de Tavares Bastos, o governo aceitava dois, desde logo: a abertura do Amazonas (finalmente efetuada em 7 de dezembro de 1866) e a ligação direta com os Estados Unidos até o porto do Rio de Janeiro: divergia somente quanto à livre cabotagem, concedida, porém, em parte nos portos alfandegados, em projeto defendido na Câmara por Aureliano, que registrava a sua aprovação governamental (março de 1866), em seus manuscritos, como um triunfo seu, da sua campanha e das suas idéias. Diz Nabuco *(Estadista,* cit., vol. III, pág. 12) que da primeira "fora Tavares Bastos o ardente e fértil propagandista", decorrendo somente quatro anos do início da propaganda à sua completa realização: "Os projetos de lei e os atos ministeriais seguem-se logo à sua iniciativa e discussão, sobretudo ao quadro que ele pinta do prodigioso desenvolvimento comercial do vale do Amazonas na viagem que empreende em 1865 e da qual resultou o seu belo livro *O Vale do Amazonas."*

A 17 de maio de 1865 levava Tavares Bastos à Câmara a representação redigida por Furquim de Almeida, em nome dos negociantes da praça do Rio, sobre a conveniência do estabelecimento de uma linha direta de paquetes a vapor entre os Estados Unidos e o Brasil, e sobre igual conveniência de uma linha eletrotelegráfica no Império. Pouco mais tarde, registrava em seu diário: "Foi votada, na sessão de 17 de junho de 65, no Senado, o projeto para a navegação, com 200 contos... O Itaboraí, o Nabuco, Paranaguá e o Pimenta Bueno, na discussão, referiam-se a mim." O projeto foi aprovado, em terceira discussão, nessa data. Na verdade, além dos receios de dominação imperialista por parte dos Estados Unidos, em alguns espíritos, havia ainda o temor da contaminação ideológica daquele país, republicano. Dizia do Gabinete conservador de Araújo Lima, a 9 de junho de 1865: "Vejo ser francamente liberal (o ministério atual); o único que ainda não receou ser tachado de democrata, concorrendo para estabelecer-se uma linha de navegação para os Estados Unidos, dando corpo e formas a isso que se dizia uma utopia, a política americana." Deve ser lembrado e lido o testemunho de Salvador de Mendonça, que o conhecera quando, em São Paulo, se preparava para a defesa de tese de doutoramento: "Ouvira-o dissertar sobre muitos assuntos cheios de novidade, e já familiarmente lhe chamávamos *o Americanista*. Posto fosse esmerada a sua educação literária, a imaginação de Tavares Bastos só divagava pelos campos dos estudos práticos."

Finalmente, quanto ao terceiro e último tema, vira Tavares Bastos também vitorioso o seu ponto de vista, descendo do seu radicalismo liberal e cedendo aos argumentos do governo e dos seus adversários em alguns tópicos. Tratando da reforma da Marinha Mercante, a 14 de junho de 1865, declarava na Câmara, bem dentro do seu critério realista e pragmático: "Dir-se-ia que este é um projeto tímido, uma lei que respira o medo, não o medo que vem do desânimo ou da descrença das idéias propostas, mas o medo de quem, respeitando os escrúpulos da opinião diversa, não tem aspirações ambiciosas, e espera do tempo e dos sucessos o pleno triunfo da sua doutrina. Eis aí o projeto em discussão: denuncia a prudência, a firmeza, mas não abala, mas não assusta!... A outra parte do projeto atende modestamente a esta necessidade; facilita os transportes aos navios estrangeiros, mas não consagra uma teoria absoluta; procede por hipóteses, por graus ascendentes, acompanhando o progresso do país com as medidas indispensáveis."

13. O relacionamento entre Tavares Bastos e Paranhos merece um parágrafo especial. Quando do despacho deste, como Ministro, com o Imperador, a sua insinuação era um tiro no escuro contra um anônimo, cuja identidade era ainda desconhecida de todos, perdendo assim qualquer valor de censura nominal e personificada. Além disso, encontrava-se ele profundamente agastado pelas críticas que vinha recebendo do *Solitário*.

As *Cartas* começaram logo depois da demissão de Tavares Bastos do cargo de oficial da Secretaria da Marinha pelo Ministro Joaquim José Inácio. Durante todo o ministério conservador de Caxias (2/3/61 a 24/5/62), Paranhos fora seu Ministro da Fazenda e seu primeiro Ministro de Estrangeiros. Não era poupado pelas críticas do *Solitário*, no mesmo pé das que eram endereçadas contra o futuro Visconde de Inhaúma.

No mesmo *Correio*, publicava ainda Tavares Bastos uma série de artigos sobre a Exposição Nacional, que então se realizava, assinando-os com as suas iniciais. Em *A Atualidade*, de Lafaiete, sem assinatura, atacou o governo, em tom panfletário, em outra série, *Libelo Inédito*. Mas, inteiramente a descoberto, saiu em defesa do seu amigo, diretor da Colônia de Itapura, injustamente atingido por Inácio. Isto em 19 de janeiro de 1862. O jornal oficioso *Correio da Tarde*, mantido por verbas governamentais, sai em defesa do Ministro, atacando o deputado alagoano, chamando-o de "diferencial de criatura humana" (por ser de baixa estatura) e de "sagüi, domesticado pela mais devassa meretriz das ruas de Maceió". Azedou-se a polêmica, apoiado Tavares pela *A Atualidade* e pelo *Diário do Rio de Janeiro*, de Saldanha Marinho. O Ministério, além do *Correio*, dispunha do *Jornal do Commercio*. A polêmica cessou a conselho de Pedro II, junto a seu ministro da Fazenda, em março de 62.

Na Câmara, como deputado, são numerosas e veementes as críticas de Tavares contra Paranhos, inclusive quando da missão ao Prata deste último. A mesma coisa ocorre em sua correspondência. O que não o impediu, em carta a D. Rufino de Elizalde, de declarar que o Conselheiro Paranhos o honrava "com sua amizade particular". Contudo, franco como sempre, em discurso de 3 de junho de 62, dizia na Câmara, com a presença de Paranhos: "Havia nesta Corte uma folha diária subvencionada pela polícia do Sr. ex-Ministro da Justiça. Essa folha tem um nome sombrio nos anais da difamação. O Sr. ex-Ministro da Fazenda inspirava-a... Ora, parece incrível que a gazeta que assim injuriava tão atrozmente os homens eminentes do país fosse inspirada e subvencionada por ministros da coroa!"

Dez anos mais tarde, encontram-se de novo em campos opostos, atacados e ofendidos, com igual violência, numa guerra sem quartel, pelos respectivos desafetos. *A Reforma*, liberal, não poupa Paranhos; *A Nação*, subvencionada pelo governo, replica no mesmo diapasão. O Gabinete de 7 de março é chamado de "leproso", de "governo de sangue", sendo que o Sr. Visconde do Rio Branco "tem todas as coragens", mantendo na imprensa "suíços a seu soldo"; a sua sede "e dos seus co-réus é de sangue". Talvez tenha sido no mês de agosto de 1872 que as ofensas recíprocas tenham atingido o auge. Coube a Tavares Bastos secretariar e redigir a ata do Clube da Reforma do dia 22, cabendo-lhe igualmente ir à Polícia em defesa do porteiro, ferido por agentes governamentais. A 10, dizia *A Reforma* que "Mato Grosso (estava) enfeudado ao Sr. Rio Branco Junior". Não é, pois, de estranhar que, a 23, se encontre uma nota anônima, no *A Nação*, insinuando propósitos de negociatas nos projetos, aparentemente tão desinteressados, de Tavares Bastos e Couto de Magalhães.

Esta nota merece tanto destaque — isto é, nenhum — como os demais ataques, desabridos, injustos às vezes, exagerados quase sempre que trocavam entre si os dois jornais, bem dentro das maneiras da imprensa daquela época. Pelo que diziam, tratava-se de canalhas e amorais de ambos os lados...

14. Apesar de católico, como sempre proclamou, não deixou Tavares Bastos de defender a mais ampla liberdade religiosa

para todos, quer quanto ao culto, quer quanto à igualdade de tratamento perante as leis do país, no direito público e no direito privado. Adepto do livre exame e do *self government*, via na consciência de cada um o último e verdadeiro reduto da sua crença. Admirava por isso o protestantismo e os povos protestantes, pela sua energia, fé no trabalho e no progresso. Antecipava-se ao ecumenismo, com iguais direitos para todas as religiões. Atacava o ultramontanismo e o neocatolicismo, o papismo, com sede em Roma, modalidade nova de absolutismo e de obscurantismo. Tese que vai ser retomada por Rui Barbosa na Introdução de *O Papa e o Concílio* em 1877.

Funda junto à Escola do Povo uma associação, com Quintino, M. Vieira Ferreira, J. dos Santos Coutinho e Francisco José de Lemos, conhecido presbiteriano este, para defender a liberdade religiosa, em plena questão religiosa, com adoção do lema: "Igrejas livres no Estado livre". Escrevia em janeiro de 75: "Os que em São Paulo bebemos o leite da ciência, éramos todos *regalistas*, a exemplo dos nossos mestres da faculdade; e eu ainda o sou, mas *si et in quantum*, condicionalmente, a saber: enquanto o catolicismo for a Igreja *privilegiada*, que é, e ela confessa e quer ser... Regalista, para defender a sociedade desarmada contra a Igreja privilegiada."

Registra no seu diário o aparecimento do manifesto da maçonaria no Rio Grande do Sul contra o bispo, em "insólita linguagem", assinado também pelo Marquês do Herval. Estávamos no ano de 73. Colocava-se, em 69, entre os que protestavam contra o bispo Aires, de Pernambuco, por haver negado sepultura ao corpo do general Abreu e Lima, que foi sepultado fora do recinto sagrado do cemitério, *extra-muros*, e concluía: "Os jornais liberais todos clamaram, mas nenhum tocou no caráter civil dos cemitérios, propriedade pública, mantidos pelos impostos sobre todos os contribuintes e municípios."

Correspondia-se com alguns protestantes nos Estados Unidos, destacando-se entre eles o Rev. Fletcher, que tão bem conhecia o Brasil. Defendeu o direito do Dr. Kalley de receber pela alfândega o livro que mandara imprimir em Londres, *O ladrão da cruz*. Onde quer que houvesse uma ameaça ou efetiva violência contra a igualdade de cultos, lá estava, de viseira levantada, em defesa dos seus princípios, como aconteceu em várias oportunidades ao longo de sua vida. Defendeu sempre, e com absoluta veemência, a separação da Igreja do Estado, com disseminação de templos e escolas protestantes pelo território nacional, como acontecia com os templos e escolas católicas. Mostrava que, neste sentido, já existiam alguns templos protestantes, incluídos até nas despesas públicas. Por isso mesmo, defendia sempre os pastores e missionários quando atacados ou impedidos de exercer a sua pregação e o seu culto.

Em vida, no *Jornal do Commercio*, de 8 de janeiro de 1862, no começo mesmo da sua pregação pública como *Solitário*, já havia sido acoimado "de protestante ou de ateísta", "de uma nova heresia, de tendências reformistas ou anglicanas, de pregar um novo cisma", de cujas acusações se defendeu na *Carta* VII. Mais uma vez, como sempre, era coerente na sua concepção do mundo e da vida, pela plena e total liberdade religiosa, decorrendo todos os seus atos públicos e políticos dessa sua atitude espiritual e ideológica. Nem precisava do protestantismo para acreditar na liberdade e no progresso, noções essas que se haviam tornado moeda corrente no século XVIII, vitoriosas em 1789 e de franco trânsito na França do seu Bastiat e Montalembert.

15. Quanto ao problema da descentralização, não o encarava Tavares Bastos com o simplismo que alguns autores, seus contemporâneos e nossos, lhe atribuem. Denunciou ele os vícios da centralização administrativa, herança do regime colonial, no qual toda a "papelada" (termo dele próprio) dependia sempre do último despacho da Corte, ora do Ministro, ora do Conselho de Estado, ora, em última instância, do próprio Imperador. Essa burocracia emperrava o país, atrasava-o, matava-o em suas verdadeiras fontes de vida. Os funcionários jaziam atemorizados e acovardados, sem segurança alguma e sem um mínimo de autonomia responsável. A polícia e a guarda nacional, centralizadas, faziam do Ministro da Justiça o seu "generalíssimo".

Morriam as províncias, asfixiadas pela centralização, tirânica, uniforme, simétrica, com os presidentes nomeados pelo poder imperial e sem a indispensável organização autônoma de seus poderes dirigentes. Essa autonomia, da sua própria administração e da organização dos seus poderes, só poderia realizar-se sob a forma federativa. A centralização levava ao despotismo e à sufocação das livres e autênticas manifestações locais, quando a instrução, a justiça, a imigração, as melhorias materiais, pediam e exigiam mais liberdade de ação. Só assim se acabaria com as últimas sobrevivências do colonialismo, que, agora, se vinha transformando em colonialismo interno, tão indesejável quanto o antigo.

Não fazia Tavares Bastos da descentralização a sua tese única ou a panacéia mágica para todos os males do Brasil. Dentro do seu método universalista, de causas e concausas complexas, representava a centralização o grande obstáculo, verdadeira camisa-de-força, institucional, que deveria ser removido, sem o que não poderiam ter eficácia as reformas que pregava. Sempre pluralista, e não monista nem exclusivista, via Aureliano na descentralização administrativa e na federação os instrumentos institucionais para o pleno desenvolvimento do país que crescia, com novas condições morais e materiais, que exigia também novas maneiras de ser governado e conduzido. Indispensável também politicamente, já que "é o sistema federal a base sólida das instituições democráticas".

16. Como Nabuco e Paranhos (o futuro Barão do Rio Branco), Tavares Bastos sempre foi monarquista. O próprio Rui se disse republicano da última hora. Como Tobias Barreto, não emprestava o autor das *Cartas* grande importância à forma de governo, se monarquia ou república, desde que qualquer delas realizasse o seu ideal de federação e de democracia. Monarquia federativa e democrática foi o regime que sempre lhe pareceu mais idôneo para o Brasil. Colocava-se contra a anarquia, a oligarquia e o despotismo; a favor do voto livre e direto, da legítima representatividade política, da justiça eleitoral, do senado temporário, da reforma da Constituição, da limitação do poder moderador à sua ação constitucional, e não com os abusos do

poder pessoal, confundido com o executivo, supremo, irresponsável, dominador único dos demais poderes.

Era com a república, com o partido republicano em plena agitação, com o seu manifesto nas ruas (1870), que ele amedrontava a monarquia, agora diante de uma ameaça concreta que caminhava para a sua realização. Se quisesse manter-se, teria a monarquia de reformar-se, tornar-se federativa, liberal, democrática, aberta aos ideais do século. Só assim se poderia impedir a revolução republicana, com os perigos de agitação, anarquia e ditadura.

Erram — e muito — os que incluem Tavares Bastos entre os republicanos. Não, nunca o foi. Não assinou o Manifesto de 70, embora este fosse a consagração das suas idéias, mais do que isso, da sua pregação, repetindo-lhe quase as próprias palavras. Num dos seus últimos discursos, a 9 de junho de 68, dizia: "Envidemos tudo, senhores, para que essa convicção geral da nação, de que a monarquia constitucional é indispensável ao país, se radique ainda mais se é possível. Tal é o fim a que eu ouso propor-me, submetendo à Câmara um projeto de lei regulamentar da presidência do conselho e do conselho de ministros."

Quando da criação do Clube Republicano, em novembro de 1870, registrava em seu diário: "Grande surpresa. Eis como o anuncia o *Correio Nacional.*" Essa grande surpresa parecia sua também. Já depois do manifesto, escreveu a carta aberta a Saraiva, optando "pela ascensão pacífica da democracia", conclamando o Partido Liberal a ser o fautor da reforma, a fim de que se evitasse a revolução republicana. São inequívocos e concludentes os textos que, a este respeito, incluímos na antologia que se vai ler.

Qual teria sido a decisão futura de Tavares Bastos, nos últimos quase trinta anos do Império? Dois grandes espíritos que com ele conviveram manifestam opiniões opostas. Em 1913 viria a escrever Salvador de Mendonça, um dos redatores do manifesto: "Nestas obras estão encerradas as idéias matrizes que nós outros Republicanos procuramos desenvolver durante o período da nossa propaganda, e é fora de dúvida que, se vivesse mais vinte anos, Tavares Bastos teria sido o melhor propugnador da República, a que teria dado uma direção mais prática e mais de acordo com as instituições, que sem o necessário preparo fomos copiar do grande modelo."

Já esta não era a opinião de Nabuco, emitida havia cerca de quinze anos antes: "Tavares Bastos era, pelo influxo norte-americano predominante em seu espírito, um republicano natural. A consideração ou conveniência, que era o peso, o freio de sua *imaginação* republicana, impedira entretanto sua filiação ao novo partido. Não se pode dizer que a morte o surpreendeu ainda monarquista. Se vivesse alguns anos mais, ele teria, provavelmente, durante a situação liberal, representado, na Câmara, um papel proeminente, se não o primeiro, ter-se-ia identificado, em sua madureza e completa formação política, com a monarquia, que era mais conforme ao seu temperamento liberal-aristocrático, ao seu amor da seleção e à sua índole reformadora, e não revolucionária."

Ambas as opções teriam sido possíveis, mas diante da obra que escreveu e da atividade que desenvolveu, permaneceu ele com o modelo monárquico, que, para sobreviver, deveria reformar-se, tornando-se federativo e democrático. Nas duas últimas obras e, principalmente, nos seus papéis íntimos, distanciava-se Tavares Bastos cada vez mais do Imperador, criticando-lhe os abusos do poder pessoal, a perda de energia, diante do número sempre crescente de casos de violência e de corrupção. Em carta ao pai, de 25 de abril de 75, confessava: "Do imperador não há nada absolutamente que esperar, senão a sua abdicação — aliás conseqüência natural da presença de uma maioria liberal-dissidente na Câmara dos deputados. A abdicação é infalível, e, nessas condições (como resultado do voto nacional), fara época em nossa história. O imperador podia tê-lo evitado; mas não soube haver-se: a tarefa de rei constitucional não era para a sua inteligência e para o seu estreito coração. Melhor, muito melhor fora conservá-lo, do que experimentar o Príncipe ou correr os azares da república: mas — impossível!"

Ao saber da queda de Paranhos, escrevia ainda ao pai, em 6 de julho de 1875: "Quem sabe se não será este o último ministério de D. Pedro II? Sua abdicação me parece cada vez mais indeclinável."

17. Espírito livre, adversário dos preconceitos e do atraso, viveu e consumiu-se Tavares Bastos num só ideal: tirar o Brasil do subdesenvolvimento em que se encontrava, trazendo-lhe uma ideologia de renovação e de esperança. Se pecou, foi por excesso de suas virtudes. Hoje, à distancia, compreende-se melhor a sua mensagem de liberdade e de progresso, quando já não encontram mais propósito as injúrias e calúnias de que foi vítima ainda em vida, apodos esses que ele próprio se incumbia de difundir para desgastá-los e desmoralizá-los. Nenhum deixou de ser registrado e repelido em seus artigos, livros e discursos.

Sua glória não precisou esperar pelo julgamento da posteridade: ainda em vida ficou plenamente reconhecido o seu valor. Quando da missa de 7º dia, a 8 de dezembro de 1875, na Igreja São Francisco de Paula, anotou Joaquim Manuel de Macedo que houve "manifestação geral do mais pesaroso sentimento de toda a imprensa e de toda a população". E continuava: "Nacionais e estrangeiros, os homens políticos dos diversos partidos, todos enfim pagaram público tributo de dor e de saudade ao benemérito que tão precocemente desaparecia dentre os vivos." *(Ano Biográfico Brasileiro,* vol. 111, Rio, 1876, págs 518/9.)

Alguns anos mais tarde, já esquecido dos desencontros de mocidade, registrava o Barão do Rio Branco *(Efemérides Brasileiras,* Rio, Imprensa Nacional, 1938, pág. 652). "Ilustrou-se na tribuna da Câmara dos Deputados (1861-1868) e na imprensa, e teria sido dos mais notáveis estadistas da nossa terra, se não houvesse sucumbido no vigor da mocidade."

Teria sido, não; *foi.* Tavares Bastos não precisou de cargos públicos nem de pastas ministeriais para ser um grande estadista. Toda a sua obra foi pensada como estadista, com uma visão global dos problemas brasileiros, em termos práticos e factíveis, com indicação concreta dos meios e processos de realização, tendo sempre em vista o bem e o progresso do país. De imediato, alongou-se a sua mensagem em dois grandes espíritos, seus contemporâneos, Joaquim Nabuco e Rui Barbosa, com as mesmas doutrinas e com propósitos idênticos.

Precedeu em muitos pontos a numerosas teses da Escola de Recife, cujos dois corifeus mais significativos, Tobias Barreto e Sílvio Romero, também foram seus contemporâneos. Recebeu a admiração, praticamente, de todos os grandes escritores nacionais que alguma vez lhe grafaram o nome. Rui, Nabuco, Sílvio, Rio Branco, Salvador de Mendonça, José Carlos Rodrigues, Euclides, Oliveira Lima, Veríssimo, Vicente L. Cardoso, Vítor Viana, Oliveira Viana, Gilberto Amado, Escragnole Dória, Múcio Leão, Rodrigo Otávio, pai e filho, Grieco, para não falar em Costa Rego e Carlos Pontes, seus conterrâneos e admiradores totais. Pelo seu método de analista da realidade, pelo seu pragmatismo, muito se aproxima do pensamento de Alberto Torres, com o mesmo afã de reorganização da sociedade brasileira.

O seu liberalismo não foi balofo, nem oca a sua mensagem. Queria uma sociedade mais justa, com a fortuna pública mais bem dividida entre todas as camadas sociais, com iguais oportunidades para todos, no pleno gozo das liberdades e das franquias constitucionais, livres do medo, da violência e da necessidade. Pregou sempre uma democracia, não só política e formal, mas igualmente social, pluralista e aberta a todos, baseada no mérito e na responsabilidade de cada um. Tudo isso está em sua obra. Publicista do nosso tempo, de todos os tempos, talvez tenha sido o maior pensador político do Império, pelo conjunto de sua mensagem, pelos métodos realistas de análise, pela sua brasilidade universalista. Toda a problemática de hoje já o ocupava e preocupava; por isso, como disse alguém de Kant, voltar a Tavares Bastos não é recuar, é avançar.

TÍTULO I
IDÉIAS GERAIS

I — *Atitude dialética*

Conservador e liberal, monarquista e democrata, católico e protestante, eu tenho por base de todas as minhas convicções a *contradição;* não a contradição mais palavrosa do que inteligível das antinomias de Proudhon, porém a contradição entre duas idéias que na aparência se repelem mas na realidade se completam, a contradição, finalmente, que se resolve na harmonia dos contrastes.

Eu declaro francamente que não sacrifico à lógica das teorias extremas. Guio-me pelos fatos, combino os opostos, encadeio as analogias e construo a doutrina. Não tenho um sistema preconcebido. Não idolatro o prejuízo. Aceito o sistema que os acontecimentos me impõem.

O assunto espinhoso, em que me permitireis entrar agora, não poderia ser tratado por um espírito em condições diversas. Por mais obscuro que seja o nome do autor destas cartas, rogo-vos, meu amigo, que vos digneis atender às suas demonstrações no que elas valem por si mesmas, sem procurar prendê-las às doutrinas de uma escola ou ao programa de um partido.

As opiniões que professo são exclusivamente minhas. O código das minhas idéias promulgou-o um legislador: a observação. Alimento-as isento de preocupações históricas; professo-as sem prevenções políticas. Vosso amigo não é um liberal, não é um puritano, não é nada disso, e é tudo isso. É um homem sem afinidades no passado e isolado no presente. É o *solitário*. Volvendo os olhos tristes em redor de si, ele não vê senão o silêncio, e não observa senão as catacumbas em que se enterraram as grandes reputações de outrora. Não vê partidos, porque estes supõem combate, e o combate um sistema de ação. Ora, sobre o campo da batalha está-se neste momento levantando um templo ao VENCIDO. Fez-se a paz, com efeito. Todos adormeceram; os próprios guardas descansam das fadigas do dia.

Não descubro partidos nem campos opostos. Enxergo uma idéia que despertou no horizonte e voa e cresce, brilhante e animadora, nas asas do vento. — Salve deusa! Apressemo-nos, meu amigo; deixemos o ruído das festas indolentes e estragadoras. Abandonemos os palácios dos pretores: ao campo! Preparemos as vias do futuro; saudemos a liberdade.

Quaisquer que sejam as tendências de meu espírito desconfiado das verdades absolutas, eu confesso-vos, contudo, que amo apaixonadamente a liberdade. Porquanto ela esmaga o algoz, sabe com lágrimas amorosas amolecer as cadeias da vítima. C — 181/2

Em política eu parto da conciliação como princípio e como base. Com efeito, desde que se reconhece que todo o acontecimento social não é um meteoro, não é um acidente, mas o efeito de uma ordem de coisas estabelecidas, mas a conseqüência de um desenvolvimento histórico, custa a conceber que o movimento de conciliação tivesse sido o produto estéril de uma época transitória, e não uma grande realidade.

Mas, em que consiste a conciliação?

Do seio fecundo da constituição, dois princípios fundamentais, nascidos para viverem combinados, desprenderam-se, separaram-se, combateram-se. O primeiro é caracterizado pela revolução de 1831; o segundo pela data reacionária de 1837. O primeiro é o princípio de liberdade distendido até a anarquia, o segundo é o princípio de ordem levado até a compressão. Pois bem, certo dia, essas idéias extremas fizeram parada, recuaram nas suas exagerações paralelas, retrataram-se de seus erros e confessaram as suas mútuas verdades; numa palavra, transigiram. No ano de 1853 começou o trabalho de reconstituição da harmonia perdida entre os dois princípios fundamentais, isto é, surgiu a nova era, ou a política de conciliação.

Sei bem que a imoralidade de uns, o ceticismo de outros e a obstinação de muitos comprometeram a conciliação; confesso mesmo que até foi preciso banir a palavra do vocabulário político. Mas a conciliação, se desapareceu como fórmula, ficou como idéia. D 18/7/61 — 17/18.

II — A *sociedade como um todo* — *Reformas globais*

O estado político social revela-se em tudo e estende-se a tudo. M — 36.

Discordam os descontentes da atualidade, já quanto à extensão dos vícios dela, já acerca das causas que os têm gerado, fomentado e reproduzido. Poucos, talvez, observam o presente das alturas do longínquo passado, e vão procurar aí o fio dessa cadeia de elementos que, a meu ver, explica, de uma maneira completa, o quadro medonho oferecido à contemplação dos nossos dias.

Geralmente, indicam-se causas isoladas, que se referem aos acontecimentos políticos. Há tal grupo de pessoas que vê a maior chaga do país no *governo pessoal* e conseqüente anulação dos ministros; há outros, muito mais, que arremessam as suas setas contra o castelo feudal da *oligarquia* e conseqüente anulação do governo representativo; algumas há, finalmente, que exprobram a grande número de cidadãos idéias subversivas e tendências para a *anarquia*.

Para patentear o vazio dessas doutrinas exclusivas basta o processo histórico de que nos havemos servido nas páginas precedentes, e que demonstra a toda a luz quão grave seja o mal, e como profunda, antiga e vasta a causa que o tem alimentado. Mas é mister descer ao exame de cada um dos motivos alegados, e provar que, dirigindo os seus tiros contra alvos circunscritos e porventura fantásticos, não hão de nunca os enfermeiros do país moribundo conseguir a cura que tanto prometem. Eles, com efeito, assemelham-se ao habitante das matas que, vendo as rodas de um vapor agitar-se, as reputa o motor do navio. M — 41

Não tive por fim último formular o pensamento de duas ou três medidas isoladas: trilhei um caminho inundado pela grande luz do progresso. C — 15

Não, nós, os filhos da grande revolução moral do século XIX, assentamos as tendas de viagem sobre a montanha que domina a planície estreita ocupada pelos prejuízos. Para nós, só há uma política possível, um dever, um vulto: melhorar a sorte do povo. Mas como? Observando a lei da natureza, isto é, fecundando as fontes vivas do trabalho, instrumento divino do progresso humano; isto é, restituindo à indústria a sua liberdade, a liberdade, sim! porque ela quer dizer a concorrência universal, a multiplicidade das transações, a barateza dos serviços, a facilidade dos transportes, a comodidade da vida. Falemos hoje da baixa dos impostos, do limite nas despesas, do comércio livre, da navegação desimpedida, a questão de vida e de morte que já foram outrora o processo público, o julgamento pelo júri, o direito eletivo, as liberdades políticas.

Tudo se prende nessa longa série de idéias. Sua fórmula geral, a liberdade. Seu resultado final, o bem do povo. Alumiamos as escabrosidades dos nossos destinos com os esplendores do Evangelho. C — 23

Vosso espírito ilustrado compreende bem, meu amigo, a solidariedade que prende certas questões sociais. Entre a repressão do tráfico e a emancipação da escravatura há uma afinidade íntima e importantíssima... C — 180

Com efeito, combinai desde já um sistema de medidas, que, reconhecendo o princípio da liberdade natural de todos os nascidos no Império, extinga a escravidão dentro de um período razoável;

Dai à magistratura vitalícia as atribuições de que carece e os recursos indispensáveis para a sua independência;

Fortificai as garantias da liberdade individual pelo abandono das prisões preventivas, pela extinção da Guarda Nacional, pelo repúdio do recrutamento, com uma organização inteligente da força pública, e pelo real exercício dos direitos políticos mediante a eleição direta;

Equilibrai o peso dos impostos, distribuindo-os com igualdade pelo capital e pelo trabalho;

Aumentai com energia e ânimo resoluto as despesas reprodutivas, que uma timidez desconsolada e imprevidente circunscreve a uma parcimônia estéril;

Substituí a uma administração formalista, vexatória e instável a força poderosa de administradores ilustrados, perseverantes, dignos de merecerem o depósito sagrado do governo de um povo;

Afrontai com denodo o problema indeclinável da instrução gratuita e obrigatória, derramada às mancheias, bem paga e fortemente organizada;

Combatei na tribuna e na imprensa, por vossos atos como governo e por vossas opiniões como cidadão, esse pessimismo fatal, que, sendo a fórmula da impotência dos ineptos, alimenta uma insuportável atmosfera de desânimo e descrença;

Em uma palavra, tende fé nos destinos do nosso abençoado país, e vereis suceder a essas deploráveis cenas de uma crise prematura o entusiasmo fecundo de um povo que crê na sua missão, que há de bem depressa, com o auxílio dos emigrantes do Velho Mundo, fundar nos desertos da América do Sul novas cidades e novas províncias. I — 126/7

Detém-nos uma objeção preliminar. Não são franquezas locais e liberdades civis, que nos faltam, dizem alguns: falta ao povo capacidade para o governo livre. É mau o povo, não pode ser bom o governo: máxima com que os conservadores atiram para o mundo das utopias as idéias democráticas.

Não desconhecemos o valor de uma péssima educação histórica, que, sem preparar os povos para a liberdade, cerca de perigos formidáveis as instituições novas. Duplo é, sem dúvida, o crime do despotismo: ensangüentando ou esterilizando o passado, embaraça o futuro. Por isso não basta proscrevê-lo para seus males cessarem. Eis a Espanha: aí não é certamente a liberdade que é demais: o que a perturba e revolve é o resto da bílis absolutista e clerical. Foi a enfermidade longa e dolorosa; não pode convalescer depressa. O que faríeis, porém, da Espanha? aconselharíeis acaso o mesmo regímen que aniquilou-a, que inabilitou-a? A condenação eterna para os povos! que impiedade!

Em casos tais, a tarefa é muito mais séria, a convalescença muito mais difícil. A medicina, porém, é a mesma: reformas decisivas, reformas perseverantes. P — 41

Depois de tão solene confissão, só há para ele um meio de resgatar sua enorme culpa: ação decisiva, impulso eficaz, reformas perseverantes, largas, completas, sem receios e sem hesitações.

Compreendam governo e povo que não há mais urgente reforma: a emancipação do escravo exige, porquanto ela há de prosseguir a sua marcha fatal por entre dois perigos, o instinto da ociosidade e o abismo da ignorância. Diminuí o segundo; tereis combatido eficazmente o primeiro.

Fatal punição! os países onde o trabalho é forçado, são aqueles justamente onde o próprio homem livre é mais ignorante. A indiferença pela instrução é um dos sinais da escravidão. A oligarquia dos proprietários, ou seus representantes nas assembléias e no poder, não tomam interesse algum, em países tais, pelo ensino popular. Com efeito, quanto à própria população livre, ocupa o Brasil o lugar da lista que os Bourbons legaram a Nápoles: um aluno por 90 habitantes, no século em que reputa-se infeliz o povo que não contempla nas suas escolas um menino por 7 habitantes. E será hipérbole dizer que, neste ponto de honra dos povos modernos, acha-se nossa pátria fora do século XIX? Ajuntai a coexistência do trabalho escravo: não é o século

XVI ou XVII, quaisquer que sejam as aparências de algumas capitais marítimas?

Uma lei da divina harmonia que preside o mundo, prende as grandes questões sociais: emancipar e instruir é a forma dupla do mesmo pensamento político. O que haveis de oferecer a esses entes degradados que vão surgir da senzala para a liberdade? o batismo da instrução. O que reservareis para suster as forças produtoras esmorecidas pela emancipação? o ensino, esse agente invisível, que, centuplicando a energia do braço humano, é sem dúvida a mais poderosa das máquinas de trabalho. P — 239/40

Emancipemos o sufrágio e demos ao corpo eleitoral a permanência de que absolutamente carece. Tornemos o parlamento a expressão, não da maioria somente, ou da minoria que é governo, não dos ministros e presidentes, mas expressão nacional de todas as opiniões e crenças, e de todas as classes do povo; um parlamento venerável, sem o pecado original da violência e da fraude, inacessível ao nepotismo, invulnerável para a corrupção. Reprimamos os habituais excessos do poder, renunciemos às práticas e derroguemos as leis que estragaram os costumes e atrasaram nossa civilização, inaugurando outras práticas e promulgando outras leis que tenham nos costumes a mais salutar influência. Alarguemos a representação nacional, equilibremos as duas câmaras, suprimamos o mandato vitalício, e, assim como respeitamos a diversidade das crenças políticas, elevemos até à igualdade constitucional as minorias religiosas.

Tais nos parecem ser as questões preeminentes na reforma intentada por ambos os partidos, e a que não satisfaz ou não atende o recente projeto do governo; larga reforma que se não limita ao processo prático das eleições, e que demanda por complemento uma série de atos concatenados formando um sistema inteiro de medidas orgânicas. Porquanto, como já advertimos em outro lugar, o problema político dos nossos dias não reside em uma questão única, no processo eleitoral mais ou menos aperfeiçoado: envolve a transformação ou progresso de nossas instituições no sentido democrático. R — 177

Se conservardes o privilégio e repelirdes os escravos, agravareis a sorte da marinha nacional e dos consumidores em geral; mas repeli o privilégio e os escravos, e vereis uma corrente poderosa de imigração, braços úteis e destros facilitarem o comércio interior e aumentarem as transações e as comunicações interprovinciais.

Vedes, pois, que a este assunto se prende o da imigração espontânea para o Brasil, condição essencial de sua prosperidade e das medidas de emancipação dos negros. Formulemos votos ardentes para que o país se identifique com a solidariedade de todas essas medidas salvadoras; aí está o futuro, e cumpre renunciar à esterilidade do passado! D — 1/6/65 — 369

A nossa própria política exterior está exigindo, para caminhar desimpeçada, que nos libertemos das práticas antigas e da política rotineira. As medidas econômicas, a liberdade do comércio costeiro, a navegação franca do Amazonas, a baixa gradual das tarifas, as medidas preparatórias de uma lenta emancipação, são traços característicos para desenhar no exterior o pensamento de nossa política civilizadora. D — 1/6/65 — 376

Por outro lado, nós começamos este ano muito tarde. E todavia temos tanto que fazer! Depois do nosso período de organização social, nunca teve o corpo legislativo uma tarefa mais variada e mais espinhosa: uma lei de impostos, um orçamento normal, as grandes reformas administrativas e políticas, que ainda estão adiadas, e que não sei se o serão eternamente, enquanto durar o ministério, ou enquanto não morrerem alguns senadores, segundo a esperança manifestada pelo nobre presidente do conselho...

O que é certo é que a honra de um parlamento exige que ele ateste o seu trabalho e a sua séria aplicação aos negócios pelas medidas que discute e que adota ou rejeita. Nas atuais circunstâncias do Brasil esse dever do parlamento assume uma gravidade enorme. Há urgência na passagem de certas leis. Recordarei algumas: a reforma judiciária, a da guarda nacional, a das municipalidades, a da administração provincial, a lei dos impostos, o orçamento da despesa, a reforma eleitoral, a lei do recrutamento. D — 6/6/67 — 536/538

III — A *realidade* — Os fatos

Nenhuma de minhas cartas precedentes revela o pensamento fixo de contrariar o governo do país. Tenho procurado tratar todas as questões sob um ponto de vista geral. Pouco importa para mim a feição política dos ministérios; o que estudo, o que me preocupa, o que discuto, é somente a procedência dos seus motivos e a natureza de suas ações. Eu esqueço os homens para só me lembrar dos fatos. C — 90

A realidade é intolerável, e o país começa a desprender-se inquieto dos braços da realidade, essa amante que tão cedo beijamos como logo repudiamos. C — 189

Temos chegado ao ponto mais curioso da questão. Combatido o privilégio da cabotagem perante os princípios gerais da ciência, resta autorizar a teoria com os dados estatísticos e os fatos observados dentro do nosso próprio país. C — 239

São fatos, meu amigo, e, estes últimos, fatos oficiais.

Apontarei fatos e somente fatos. C — 299

Menos palavras e mais realidade. Menos teorias e mais liberdade que se veja, que se toque, que se sinta, que se aprecie, que se goze. C — 324

A vida dos povos rege-se pela lógica do raciocínio, pela matemática dos fatos. Tal causa, tal efeito. Desordem moral corresponde a absolutismo. Onde todos são fracos, haverá sempre um déspota que seja forte. Quando a luz se apaga nas rami-

ficações, concentra-se e resplandece com mais fulgor no foco.
— 326

A primeira questão é resolvida por fatos. I. — 63

IV — *Mudança social — Transformação e revolução*

A impotência e o anacronismo da Revolta Praieira em 49 não foi o maior motivo para a completa dominação do partido vencedor. Esmagados os rebeldes, o poder triunfante encontrava o espírito público tão corrupto e descrido que fácil fora arrancar do parlamento atos que mais fortificassem o executivo e melhor ostentassem o seu universal domínio. M — 33

Certos agoureiros sinistros estigmatizam a anarquia como o perigo real da atualidade.

Nada é mais pueril do que os receios adrede incutidos contra um partido da anarquia. Vê-lo em reuniões eleitorais, na celebração de *meetings* mais ou menos numerosos, é desconhecer a índole e as práticas ordinárias e utilíssimas do governo representativo. Muito menos que os *meetings*, estes grandes centros de direção do espírito popular, são os panfletos, fogos fátuos da literatura, um perigo para a sociedade. As lições de 42 a 49 ainda estão bem vivas na memória do país. Se os grupos, que se formam cada dia, protestam contra o presente, nenhum pretende comprometer o futuro. Monarquia e democracia, ordem e liberdade, constituição e paz, são as primeiras inscrições de todas as bandeiras.

Assim, não é uma sonhada anarquia-partido que abalará as instituições. Não; é a anarquia das idéias e dos fatos, a anarquia moral, que ameaça o Brasil.

Negando sem relutância a existência de uma facção revolucionária, examinemos se raciocinam bem alguns pessimistas quando afirmam que só uma revolução pode regenerar o Brasil.

A nossa revolução social e política já está feita; e outra, que por fatalidade sobrevenha, há de ser, não o desenvolvimento pacífico de um espírito direitamente democrata, mas o efeito dessa democracia que, na frase de Montalembert, faz das vidas das nações uma tempestade perpétua.

Por mais difícil que a julguemos neste país, suponhamos, contudo, que, agora ou logo, se ajuntem loucura e força bastantes para produzir e fazer vingar uma revolução. Aonde pararia ela? Numa monarquia extremamente livre, como depois de 7 de abril de 31? Ou numa república formal?

A história da primeira já está escrita. 1831 é tanto uma lição como um triunfo. Com efeito, todos os germens da maior liberdade prática, administrativa e política, confiados então ao seio do país ainda palpitante de entusiasmo, se converteram em elementos de revoltas parciais e de uma desordem geral. O espetáculo da fabulosa prosperidade dos Estados Unidos enchia a imaginação dos reformadores. Não viram as diferenças profundas que distinguiam e distinguem os dois países. Não atenderam para a fisionomia dessa sociedade especial, em que o mais elevado espírito de liberdade se alia perfeitamente com o respeito aos costumes, às tradições e até às instituições aristocráticas, como a das substituições hereditárias, segundo o testemunho de Tocqueville. Daí resultou a ineficácia do grande movimento de 1831, a sua degeneração, e, em conseqüência, a reação encetada logo oito anos depois e ainda hoje dominante. M — 44/46

A revolução leva à anarquia, a anarquia ao despotismo, e o despotismo à revolução... Eterno círculo vicioso, a que parecem condenados, no século XIX, os povos da raça latina, sobre cuja cabeça ainda se não ergueu o verdadeiro sol da liberdade!

Mas, felizmente, ainda menos do que a chamada oligarquia, ou o pretendido governo pessoal, a revolução ameaça submergir-nos ou pode regenerar-nos. M — 47

Quando um governo, ignorante de seus próprios vícios, arrasta o país ao abismo dos desenganos, donde rompe inesperada a lava das revoluções, é preciso que os homens de bem, ainda que sem influência alguma nos conselhos do Estado, tomem a seu cargo estudar os males do presente, indicar os meios, abrir os caminhos e preparar no espírito do povo o leito para as futuras reformas.

É a missão que nos propomos, e que desejaríamos poder desempenhar com todo o esmero. C — 31

A História já consignou as conseqüências de semelhante sistema numa página bem aflitiva para os corações fiéis à causa da liberdade: eu quero falar do movimento de 1848. Fortíssimo o poder central, viu-se em França a corruptora preeminência do executivo sobre o mundo político e social. O rei, por sua vez também, depois dos ministros, tornou-se o alvo de todos os desgostos, como tinha sido a aurora de todas as esperanças. Nasceu e imperou a idéia socialista.

Não foi por este caminho, senhor de ilusões e decepções, que a França veio ter à revolução de fevereiro, à anarquia de junho e ao despotismo de 2 de dezembro?

E aquilo que ensangüentou a França, poderá preservar as outras nações? C — 44/45

Presumo haver discutido a questão dos africanos livres dentro dos limites da maior conveniência. Pretendi mostrar a necessidade de conceder-se a carta de alforria a todo aquele que haja concluído o seu tempo de serviço. Foi preciso, para isso, entrar em considerações acerca do nosso direito escrito; mas, fazendo-o, eu creio que não me deixe arrastar a juízos temerários, a observações perigosas. Então, como agora, todo o meu empenho é colocar a questão em terreno neutro, calmo, pacífico. O fim, a que me proponho, é do maior proveito para o miserável; e quererei, meu amigo, comprometer a sua causa, assustando a propriedade, consternando e provocando os direitos adquiridos? Não apelo para a força, nem excito as paixões: falo ao sentimento e me dirijo à razão. Se eu quisesse compor um poema sombrio, ou escrever um romance incendiário; se quisesse começar uma propaganda tão perigosa quanto inútil, não teria estas reservas nem esta prudência. C — 147/148

"O espírito público caminha (dizia O'Connell trovejando em um *meeting* de Covent Garden), como as vagas poderosas do oceano. O tirano dos tempos antigos mandou às ondas que parassem, mas as ondas avançaram apesar da ordem e engoliram o insensato que pretendia deter-lhes a marcha. Quanto a nós, não temos necessidade de engolir os grandes senhores; contentar-nos-emos de molhar-lhes a planta dos pés."

Eu também não pretendo abalar os fundamentos da sociedade: solto um grito de aviso, de animação... C — 397

O escravo, que é hoje uma propriedade má, o escravo, cuja compra desregrada e sem cálculo explica os comprometimentos sérios e a ruína de muitos e dos mais abastados fazendeiros, o escravo será em breve a causa primordial de uma crise constante.

Será lícito cruzar os braços e pedir ao tempo e à indolência a palavra da solução?

Ao contrário, é preciso antecipar o seu exame, e ser previdente.

Qual deve ser o caminho para a reforma da organização do trabalho no Brasil?

Como se poderá chegar à abolição sem revolução?

Eis o problema mais enredado da nossa sociedade. C — 459

O que está de cima, o que vai para diante, o que aumenta no país, é o crédito e a força das idéias reformadoras... O que foge espavorido, o que morre e desaparece, é o espírito pusilânime de conservação.

Outrora a vida política reduzia-se às batalhas dos palavrões ou aos espetáculos das dissensões pessoais. Uma crise entre amigos da véspera, uma briga entre este e aquele chefes políticos, enchia um ano inteiro e tinha uma repercussão enorme. Hoje, nesta guerra mortífera do progresso, submergem-se as mais fortes naus; outras buscam abrigo no esquecimento; algumas debatem-se isoladas na impotência do sarcasmo ou nas visões do pessimismo sistemático.

A esses que negam o progresso moral do país e o seu incontestável adiantamento, responde-se como o sábio da história: *e pur si muove!* Negais o movimento nacional, negais o progresso? Pois bem! Quando a situação parecia afundar-se com os desastres de alguns dos dominadores liberais, eis que os espíritos se agitam de novo, os horizontes se alargam, e ali, das alturas do governo, hasteia-se e firma-se com denodo a bandeira do progresso.

Glória à liberdade! O seu culto não desaparece nunca, como desaparecem e sucedem-se as religiões idólatras. Não são os dogmas que passam, são os druidas que se extinguem, são os áugures que se somem. O que fica, é o evangelho do progresso, é a liberdade. Deixai que passem os infelizes, os inábeis ou os desastrados. Basta que o espírito de reforma não morra, basta que viva a crença liberal.

O país não pertence aos ídolos; prefere os princípios. Desembaraçado dos ídolos, o país se volve para aqueles que sabem o que querem, os verdadeiros liberais, os reformadores, *os inimigos da rotina, os derribadores das estátuas de barro, os adversários da palavra oca, os homens de idéias.*

A salvação da sociedade está justamente nessa incontestável tendência para as coisas úteis, para as reformas necessárias, irresistível corrente a que se não pode pôr de frente ninguém, ninguém, quer cinja a coroa dos louros civis, ou cingisse embora o diadema real.

Esta sede de novidade, esta transformação moral, esta força democrática, é que alenta e comove a nação. Nomes, palavras, discursos vãos, tudo isso é já irrisório. Só merecem conceito a reforma útil e o sujeito de préstimo.

Somos um povo de índole pacífica. Mas certamente a paz seria perturbada se o exigissem motivos severos, como o exigiram em 1831 o desprestígio dos altos cargos, a imoralidade da corte, a corrupção dos funcionários, o desprezo da constituição jurada, o alarde de validos desprezíveis, o despotismo exercido pelos tribunais militares e comissões de devassa, a ignorância dos administradores e a pobreza de idéias maior ainda que a pobreza material. Hoje, porém, todas as instituições fundamentais vivem e florescem ao abrigo das tempestades, radicadas e respeitadas. Já não falta tudo. O essencial, nós o possuímos. O pão de cada dia, o pão indispensável ao corpo social, isto é, a liberdade mantida pela ordem e mantendo a ordem, nós o temos, são e bastante. Resta ainda muito, certamente, resta progredir. Ora, quando um país goza de liberdade todo o progresso é possível; e onde nada embaraça o progresso, a revolução é impossível.

No Brasil, se a marcha é lenta, o resultado é seguro. V — 12/14

Os que desejam a eternidade para as constituições e o progresso lento para os povos, os que são indulgentes, moderados, conciliadores, escusam folhear este livro. Não foi escrito na intenção conservadora; inspirou-o mui oposto sentimento. P — 11

Em verdade, que é o nosso governo representativo? nosso parlamento? nossas altas corporações? Tudo isto assenta no ar. É o cetro, que eleva os humildes e precipita os soberbos. Por baixo está o povo que escarnece. Pois que o ponto de apoio é o trono, quantas diligências para cercá-lo, para acariciá-lo, para prendê-lo aos antigos preconceitos, ou às idéias novas que vão rompendo! Jogo de azar torna-se a política. Não é a nobre justa das grandes emulações, de que decide o povo soberano: o árbitro é outrem. E, posto que o maior interesse deste seja que o venerem por sua retidão, é ele porventura alheio à sorte comum da humanidade? A ambição vulgar de impertinente domínio, o ciúme da prerrogativa da realeza, o interesse dinástico, o veemente propósito de transmitir intacto o fideicomisso monárquico, nada cedendo às idéias novas senão quanto baste para melhor resistir-lhes, podem afinal trazer a um choque perigoso a nação e a coroa. Consumada prudência, favorecida por causas extraordinárias, poderá procrastinar o momento decisivo; mas jamais foi permitido a uma família de reis transmitir com o trono a sabedoria, essa virtude que se volatiliza na sucessão. Um

dia estala a tempestade; a pirâmide invertida voa em pedaços.
P — 38/39

Estamos bem longe, portanto, de "declarar um povo para sempre incapaz em razão de uma enfermidade orgânica e incurável". Fora negar o progresso ou afirmar a imutabilidade dos destinos; fora esquecer a grande data da iniciação da liberdade e da igualdade, 1789. Desde então, em política, como em tantas cousas, já não há impossíveis. P — 42

A geração que efetuou a independência e influiu nos conselhos e assembléias do primeiro reinado, iniciou a obra coroada mais tarde pelo ato adicional. Idólatra da simetria francesa, a geração seguinte inspirou a política reacionária do segundo reinado. P — 87

Como escurecer a imensidade do erro de um governo que, desdenhando da sua missão própria, tão grandiosa, tão nobre, há consumido trinta anos em luta aberta contra as liberdades do cidadão e as franquezas da província? Como não exprobrar-lhe a cegueira de uma política que, rejeitando o caminho que o levava a ele à glória, e o Brasil à prosperidade, preferiu trilhar obstinadamente a rota batida dos príncipes europeus? Como não embargá-lo na marcha vertiginosa em que prossegue, bradando-lhe:
Vós perdeis o país, perdendo-vos! vós o arremessais de novo nas crises revolucionárias! P — 366

Ora, quando a solução legal é inexeqüível, a revolução é um dever: e, entretanto, das cóleras populares talvez possa zombar o poder, se dispuser de tempo para transmitir ao exército e à armada o espírito de obediência passiva. S — 145

Exprobrando à doutrina liberal o reduzir a Coroa a uma superfluidade dispendiosa, os devotos do cesarismo reclamam para o rei não a alta superintendência da política, que ninguém lhe recusa, mas uma missão ativa no governo do Estado, incompatível com o sistema parlamentar. Essa suprema inspeção, que tanto tato, imparcialidade e cordura exige, legítima prerrogativa da Coroa, degenera no excesso e no abuso que constituem o governo pessoal. Gastar arma tão delicada em uso contínuo e impertinente é expor o príncipe à impopularidade e arrastar o Estado à mais deplorável das revoluções, que é a revolta contra um nome detestado. S — 162

Fazendo da Constituição cabeça de Medusa, eles tentam repelir o progresso necessário das instituições e desalentar os reformadores pacíficos.
Não vêem esses espíritos temerários que insuflam assim a revolução, que a suscitam, que a justificam? R — 174

Sr. presidente, essa política de paz, de tolerância e justiça é a que desejamos nós os moderados. O exclusivismo e a compressão constituem as aspirações dos conservadores, as aspirações dos conservadores puritanos. D — 18/7/61 — 18

Nada mais fácil do que pedir a palavra para manifestar em termos gerais o desejo de reformar o mundo, de mudar o sistema planetário ou corrigir a história política deste país. Nada é mais fácil. O mais difícil, porém, é, condescendendo mesmo com o emperramento das nossas câmaras e dos nossos governos, respeitando os escrúpulos da opinião e a timidez dos próprios amigos, suportando em silêncio as fadigas e as decepções, trabalhar com firmeza e perseverança, caminhar sempre para diante no mesmo terreno, dando hoje um passo que amanhã pode ser confirmado por outro passo maior. Esta perseverança é mais útil ao progresso do país do que o espírito de contradição ou censura.
Senhores, na política como na administração uma lógica inflexível preside ao desenvolvimento dos sucessos. Tudo tem aí o seu prefácio e a sua conclusão; uma conquista é anunciada por outras, e por seu turno ela arrasta novas. Pedem que caminhe-

mos por saltos: é o mesmo que fazer votos para que não triunfe coisa alguma.

Não sejamos, pois, impacientes; limitemos as nossas ambições a uma reforma modesta. Creio que há mais prudência, mais acerto, mais patriotismo e zelo mais eficaz pelo triunfo das doutrinas liberais, naquele que assim procede com firmeza inabalável, do que naqueles que julgam ter pago o seu tributo desenrolando largas bandeiras, mas sem ter a fortuna de ver afinal consagrado em um artigo de lei a menor de suas aspirações! D — 19/6/65 — 406

Resta, senhores, que o esforço não se entibie, e que ao mais grave dos assuntos pendentes levemos com firmeza a mão reformadora... Cumpre afrontar quaisquer prejuízos, e ter a ousadia inteligente que sabe contrariar os interesses sem excitar as cóleras violentas dos ofendidos. D — 27/6/65 — 414/415

Em uma palavra, o nosso dever supremo e comum a todos é contribuir para a restauração da vida constitucional neste país; sem isso não há salvação possível: atrás do sofisma constitucional vem o desespero, e o desespero não está muito longe da revolução! D — 9/6/68 — 605

V — *Política de idéias e de princípios*

Trabalhemos noite e dia por esclarecer a opinião, de cuja cabeça deve sair, armado e forte para o combate, o ideal do nosso governo.

Como outrora os antepassados, no furor das batalhas, hoje, nos desesperos do presente, levantemos de espaço em espaço o grito animador de "Cristo e avante!".

Confiemos no poder da idéia, porque ela é o Cristo, o Messias da paz, a regeneradora do mundo.

Tenhamos fé na vitória dos princípios, porque dela depende a felicidade, e a felicidade é a promessa do criador, a esperança e o direito da criatura! M — 53

Batalhas das idéias: porquanto, não se trata aqui de um partido político, digamo-lo, terminando; serve-se mais a uma escola econômica. Entretanto, é ao programa do partido verdadeiramente nacional que se filiam as idéias destes escritos. Mas, para favorecer a propaganda, evitou-se cuidadosamente a polêmica, assim como, para que o público julgasse a doutrina sem prevenções associadas a nomes próprios, servira-se o autor de um pseudônimo na primeira publicação. C — 24

Sobre esta questão da reforma do regime do trabalho, ou lenta emancipação da escravatura, não declamo, nem pretendo discutir. Aponto idéias. Talvez sejam as piores. Estou convencido, porém, de que já se não pode arredar este assunto culminante do círculo dos debates. Meu fim, pois, é promover a discussão, concorrer para ela, alimentá-la, provocá-la, alargá-la — quaisquer que sejam os receios infantis da escola moderada, quais quer que sejam os sarcasmos daqueles que consomem o tempo nas questiúnculas da atualidade e não encaram o futuro, que não conhece impossíveis nem admite protelações. C — 460/461

É a idéia que constitui a força do homem público; trabalhar por uma idéia é o seu principal dever.
Operário, os seus instrumentos são a tribuna e a imprensa; o seu produto, a gradual transformação da sociedade.
A sua missão resume-se em uma palavra: ser útil.
A situação do país favorece este gênero de política. Estamos caminhando para a época da análise, que é a idade viril das nações.
Descobrir no fundo das lutas dos partidos o interesse real do país, tal é a tendência do espírito público. Chegou a era das idéias sem acepção dos indivíduos... V— 11/12

A imprensa e a discussão livre da nossa tribuna estão transformando o país. Que o digam, desde a época da extinção do tráfico de africanos, os triunfos modestamente alcançados pelo

Correio Mercantil, e os seus esforços pela moderação das nossas lutas e pela direção prática dos nossos partidos. Que o diga a pacífica agitação do *Diário do Rio* no sentido das grandes idéias do direito público moderno, a que este século reserva a glória do predomínio universal.

Quando um país é, como o Brasil, governado com patriotismo, as grandes caldeiras do maquinismo do progresso, a imprensa e a tribuna, serão sempre eficazes, porquanto o governo representativo é a vitória das boas idéias reclamadas pelos órgãos da opinião.

Não triunfem embora os indivíduos. O essencial é que triunfem as idéias. Não é mais preciso que o governo pertença aos hábeis, do que que haja no parlamento e na imprensa fortes rebocadores para a nau do governo. V — 33 /34

A intrepidez própria de moços e o amor da grande luz do dia levam-me primeiro a expor as convicções que alimento acerca de nosso estado político.

Eu sinto tanto mais a necessidade de uma discussão larga e franca a tal respeito quanto vejo que alguns dos ilustres oradores que me precederam na tribuna, e em particular o nobre deputado por São Paulo, que ultimamente falou, parecem negar ou pretendem obscurecer, apesar da diferença dos nomes, a divergência de princípios entre dois dos grupos em que se divide a Câmara. Começando, eu protesto não proferir considerações impertinentes. Meu propósito é estabelecer a questão no terreno das idéias... Através dos partidos que se dissolvem, as idéias fazem a sua marcha triunfante. Quando os indivíduos confundem-se no seio de uma nova ordem de coisas, o pensamento político fortifica-se para ressurgir radiante. É assim que de todos os lados se pede hoje a verdade do sistema representativo; e como ele não pode existir sem certas condições, brada-se pela magistratura independente, polícia reconstituída, guarda nacional desmilitarizada, eleição real, parlamento digno, governos fortes e sérios. D — 18/7/61 — 17, 19/0

Nas questões administrativas o nosso programa é antigo, e aspira à maior liberdade possível, à descentralização em todos os ramos do serviço público, à redução do funcionalismo, à limitação da ingerência administrativa, à simplicidade e brevidade dos processos e fórmulas geralmente adotadas nas estações públicas. D — 3/6/62 — 99

Desejo sempre evitar personalidades; a câmara sabe que esse foi o meu programa no discurso que pronunciei. D — 4/6/62 — 127

Quanto a nós, Sr. presidente, estamos resolvidos a morrer na peleja ou a cantar a vitória. Queremos para o norte do império os mesmos direitos, as mesmas vantagens do sul; queremos ali a luta generosa, o jogo regular dos partidos políticos; queremos que o exemplo altamente eloqüente, altamente moralizador, de uma eleição de deputado, como a de meu nobre amigo, o Sr. Martinho Campos, decretada não pela onipotência dos chefes, mas pela maioria previamente consultada dos eleitores do partido; queremos que os partidos do norte não sejam indivíduos, sejam idéias; queremos que as províncias daquela parte do império, como Alagoas, como Pernambuco, não sejam feudos entregues à discrição de uma família; queremos, finalmente, ali, não o triunfo exclusivo do nosso partido, mas a liberdade constitucional para todos os partidos; não a dominação absoluta dos nossos amigos, mas a supremacia do grande princípio de igualdade consagrado nos textos da lei fundamental, a influência legítima do talento, das virtudes, dos serviços prestados! D — 27/8/62 — 229

A questão política é saber se o governo levanta uma bandeira francamente assinalada com as cores do programa liberal, e se as suas promessas inspiram confiança.
Pela minha parte, eu confio. Não entrarei nessas lutas meramente pessoais, cuja lembrança deplorável quisera ver apagada dos nossos anais. Empenharei quanto em mim couber para

que cedamos o lugar mais distinto das nossas discussões ao estudo leal e sincero dos interesses nacionais, para que a ciência dos negócios não continue a ser apanágio da entidade governamental, para que não tenhamos de ver negado o espírito prático e a inteligência administrativa ao partido liberal, para que não haja de reviver a luta incandescente dos nomes, donde rompiam os ódios inflamados, e onde se obscurecia a verdade, para que não se perpetue o triste espetáculo dos amigos da véspera gladiando-se hoje, e dos inimigos de ontem, sem motivo novo, abraçando-se agora. D — 23/3/66 — 455

VI — *Estudos práticos e úteis — Pragmatismo político*

Percebemos, então, a necessidade de analisar os vícios do presente, como o caminho mais direto para descobrir os horizontes do futuro.

Superior ao nome desconhecido, que por isso escondemos, a tarefa é muito difícil. Relevai-o, porém, leitor benévolo, e acompanhai-me na descrição da atualidade:

— no exame das causas que, segundo se propala, lhe têm rasgado as feridas e gerado os cancros;

— e estudemos, em resultado, o remédio verdadeiro para males que se afiguram tão graves. M — 26

Como quer que ajuizemos os males do presente, é certo que todos lhes sentimos as dores.

E, pois, abaixaremos a cabeça ao fatalismo muçulmano?

Abandonar-nos-emos ao ceticismo estéril e materialista?

Não! o direito do livre-exame é o melhor resultado do *self-government*.

Indaguemos, pois, qual seja a solução dos embaraços da atualidade. M — 48

Desejo completar o quadro do processo administrativo, certo de que voltarei a esse ponto para indicar o meio, que se me afigura praticável, de realizar no centro uma reforma fértil de resultados práticos. C — 37

O derramamento da instrução elementar e o dos conhecimentos úteis marcam a medida do progresso de um povo. C — 63

Mas a instrução primária obtida nas escolas não é ainda em si mesma outra cousa mais que um instrumento: e a que se deve logo aplicar este instrumento? À aquisição de conhecimentos úteis, às ciências positivas, à física, à química, à mecânica, às matemáticas, e depois à economia política. Estes são os alimentos substanciais do espírito do povo no grande século em que vivemos. Em vez disto, porém, as províncias subvencionam alguns mestres de latim, de retórica e poética, matérias cuja utilidade prática ainda não se pode descobrir, e cujo resultado palpável é a perda para os moços dos quatro ou cinco anos mais preciosos da idade. C — 65

Desejo ser, não parecer, útil. C — 148

Convém, com efeito, estudar os resultados obtidos da cessação do tráfico, e esclarecer um ponto que pode ser duvidoso para muitos, a saber: a eterna aliança do justo e do útil. Ainda mais: será preciso deduzir os motivos que obstaram e os que atuaram mais fortemente para o grande resultado, julgando-se com imparcialidade da procedência dos primeiros e da importância dos segundos. C — 155/156

O país quer a discussão de assuntos positivos, em que se possa ver o fundo e medir a extensão. C — 185

Em qualquer hipótese, parece-me mais econômico deixar que a liberdade arranje os seus próprios negócios, e que as artes úteis cresçam e prosperem segundo a maior utilidade dos que as cultivam e dos que consomem os seus produtos. C — 264

Vede mais, meu amigo, vede essa classe da sociedade onde se recrutam a magistratura, os estadistas, os administradores, formando-se com um ensino bastardo e abstrato e com uma educação moral terrível. Vede a depravação dos costumes, o espírito inquieto e ambicioso, a ignorância da mocidade. Notai a falta de idéias práticas, de estudos positivos sobre o país. C — 414

Ainda uma palavra mais. Não vos admire que possa o ermo despertar o gosto de estudos positivos. Estes parecem-me o consolo único que seja dado aos espíritos entusiastas e sinceramente amigos do país. E, depois, já não temos discutido bastante a política diária, as reviravoltas e as comédias dos ministérios e dos parlamentos? Faz-se mister hoje satisfazer às exigências do espírito público justamente aborrido das cenas estéreis da política pessoal. C — 429

O público, depois de um longo debate, dispensa-nos de insistir em discussões abstratas. Hoje, infelizmente, já não é disso que se trata: trata-se de saber se, sob a pressão de perigos iminentes, não convém ceder alguma cousa das teorias consagradas. C — 491

A salvação da sociedade está justamente nessa incontestável tendência para as coisas úteis, para as reformas necessárias, irresistível corrente a que se não pode pôr de frente ninguém, ninguém, quer cinja a coroa dos louros civis, ou cingisse embora o diadema real. V — 12

Assinalar a suma dos debates, indicar soluções, coligir esclarecimentos e expô-los com brevidade, foi o que me propus para corresponder às intenções da diretoria. I — 58

Por isso é que, considerando atentamente tão grave objeto, ponderando as razões teóricas e estudando os meios práticos, nos decidimos, sem preconceitos e pelo amor somente da verdade, a aconselhar, como superior aos próprios círculos de um só deputado, que aliás é um dos meios de representação das minorias, o método do quociente com distritos de três a cinco deputados. R — 198

A tendência para os interesses materiais e o desgosto das abstrações políticas, que esterilizam e até desacreditam o parlamento, constituem a meu ver o sinal mais saliente da nova ordem de idéias; porque revelam distintamente que desejamos libertar-nos do passado e protestar contra sua esterilidade, penetrando no mundo dos interesses reais, dos grandes melhoramentos, das liberdades práticas, da administração verdadeira.
Quando falei do desgosto das abstrações políticas e da tendência dos espíritos para os interesses reais, para os assuntos administrativos, tendência de que tudo se deve esperar, eu enunciava, Sr. Presidente, uma de minhas mais íntimas convicções. D — 18/7/61 — 20 e 33.

Bem vê o nobre deputado por São Paulo que é mais importante tratar dos telégrafos elétricos, das verbas do orçamento, de coisas positivas e práticas, quando se está em oposição, do que deixar passar uma decretação de despesas sem o menor protesto. D — 15/4/64 — 314

Eu creio que é infundado o temor que manifestou o nobre deputado de que nos desviemos do nosso caminho, e a pouco e pouco nos afastemos da nossa causa comum. Devo ao meu nobre amigo mais esse cuidado verdadeiramente paternal com que procura estimular-me e despertar-me!
Presumo, Sr. Presidente, que o meu desvelo na discussão deste projeto, a solicitude que tenho mostrado facilitando a sua passagem, é mais uma prova do interesse sincero com que me empenho para que no parlamento se votem as medidas consagradas no nosso programa. Isto me parece mais eficaz e positivo do que as aspirações vagas que freqüentemente se ostentam na tribuna. D — 19/6/65 — 405

Quanto à outra questão, a do Banco do Brasil, não há dúvida que a sua situação gera grandes receios, tem motivado apreensões nocivas ao seu crédito e há ocasionado amargas censuras ao governo. O nobre deputado proferiu iguais censuras, mas não apontou o remédio, não nos disse onde está a solução. Sr. Presidente, o assunto é dos mais graves, prende-se a interesses muito vastos, vale a pena demorar-nos nele. Eu por isto tenho abreviado esta resposta ao meu ilustre amigo deputado por São Paulo. Tenho pressa de chegar a este assunto tangível e prático, de passar da discussão meramente política para um objeto de interesse imediato. Procurarei formular resumidamente as questões. D — 23/3/66 — 441

Sr. Presidente, essa política de paz, de tolerância e justiça é a que desejamos nós os moderados. O exclusivismo e a compressão constituem as aspirações dos conservadores puritanos. Eu não pretendo molestar a ninguém: respeito as opiniões de todos, e apenas discuto no terreno das idéias. D — 18/7/1871 — 18

Acredito na permanência da aliança (liga) em que estou cooperando, porque ela tem um ponto de contato comum a todos os seus membros — a guerra à oligarquia pavorosa que assombra o país — e propõe-se à realização de medidas manifestamente populares e altamente úteis. D — 3/6/1862 — 99

Direi algumas palavras sobre o modo de colocar a questão. Num trabalho que tive a ousadia de espalhar no público, sustentei a conveniência de libertar-se inteiramente o transporte por cabotagem... No desenvolvimento de um sistema eu tinha o direito de revestir minhas idéias de formas absolutas... Para consegui-lo, porém, sou forçado a transigir com receios que considero infundados, mas que não desconheço. É assim que venho perguntar ao governo se julga adaptável, não uma medida lata, geral, uniforme, completa, como a que há pouco descrevi, abrangendo toda a navegação de cabotagem, desde o comércio interprovincial até o tráfico dos portos e rios, mas uma medida que isente do privilégio e permita ao estrangeiro fazer os transportes entre porto a porto habilitado ou alfandegado. Será uma reforma modesta, não parece uma graça espantosa; mas é sem dúvida muito importante, sobretudo para algumas províncias... Uma medida parcial decretada hoje é um prefácio, tenho disto toda a certeza, para uma reforma satisfatória e completa num futuro muito próximo. D — 25/7/1863 — 233, 236

Sr. Presidente, se fosse eu só o legislador desse art. 1º, ele seria muito mais lato e mais completo; mas não sou daqueles que, não podendo ganhar tudo, não se satisfazem com alguma coisa, não; caminhemos, caminhemos, caminhemos sempre, porque lá havemos de chegar. Desde que se reconhecer que esta pequena e modesta medida da modificação do processo das vendas públicas de escravos é humana, não contraria a ninguém, não produz mal algum, não ofende aos direitos adquiridos, não perturba a ordem social, o espírito público consentirá que se complete o pensamento, que outras providências igualmente razoáveis sejam adotadas. D — 31/3/1864 — 301

Disse o nobre deputado, por que sois tímidos? Façamos tudo já, libertemos inteiramente a cabotagem. Sou obrigado a reproduzir perante a Câmara o motivo que aleguei, apoiando o projeto circunscrito que se acha sobre a mesa...
Limitada a este terreno, há toda a probabilidade de ser ela votada, de alguma coisa conseguir-se em pouco tempo... O resultado do triunfo que obtivermos dentro deste limite animar-nos-á bem depressa a fazer que o privilégio desapareça completamente. Assim damos um passo depois do outro com segurança, argumentando com uma conquista em favor de outra conquista. D — 19/6/1865— 400

Entre a emancipação imediata de todos (impossibilidade financeira) e a liberdade imediata das gerações futuras, me parece que está posto o dilema. Como filósofo prefiro a primeira; as circunstâncias do Brasil obrigam-me à segunda. Ms — 1871

VII — *Utopias — Preconceitos — Passado e Futuro*

Mas, cada idéia tem o seu dia, e a resignação lenta e pertinaz, é o mais seguro caminho para a vitória.

Esperança, pois, e confiança.

Não nos abandonemos ao ceticismo dos corruptos, nem à exageração fanática dos pessimistas. M — 52

Entretanto, por fortalecer uma doutrina ainda nascente, todo o esforço é proveitoso. Do grão de areia fazem séculos o monte. Uma voz solitária precederá à escola.

E há, com efeito, para os povos que começam, para os habitantes dos novos continentes, uma grande escola que erigir, um apocalipse que anunciar, uma revolução que empreender: a repulsa dos prejuízos hereditários.

— Cortar a tradição? aniquilar a História? subtrair ao futuro os seus antepassados, o presente e o pretérito?

— Não. Mas, desarraigar a rotina, parasita do movimento; substituir à imobilidade do prejuízo de raça o incitamento humano do progresso indefinido; apagar o fogo estéril dos ódios de classes e dos ódios de povos, e levantar, do meio das nações, o luzeiro esplêndido dos princípios fecundos.

E os séculos não passaram debalde pela fronte de nossos avós.

A miséria moral, como a pobreza material, não a compramos com a independência: herdamo-las. Colônia alguma recebeu de um povo europeu mais rico legado. Seja embora! As heranças veneram-se. Nós veneramos os nossos prejuízos. Nossa miséria histórica é a nossa riqueza.

O passado instalou-se no presente, acompanha-o, excede-o, esconde-o, cobre-o, ele, uma sombra!

O passado é a idéia inata dos governos e o critério da população. Aquele não ousa feri-lo de frente. Esta afere tudo pela medida das máximas consagradas. C — 20/21

Eis aí a teoria, ou por outra, a aspiração do futuro. Mas as circunstâncias do presente restringem os limites do ideal, e nisso consiste o aperfeiçoamento humano, a lei do progresso, do andamento gradual. C — 107

Amigo, desviemos por algum tempo os olhos desses átomos políticos que absorvem toda a atenção. Estudemos agora os fenômenos de um mundo muito diverso.

Tomemos o caminho de um terreno inteiramente neutro. Passemos a campos desconhecidos. Exploremos terras longínquas. Não haverá lugar para o preconceito político, não caberá aí o prejuízo liberal ou conservador, saquarema ou luzia.

Ocupemo-nos dos interesses permanentes do país. Cuidemos do futuro, alongando os olhos através do presente. Tratemos, meu amigo, das questões sociais, da essência desse todo em cujo centro habitamos. C — 120

Sei que vou encontrar no meu rumo as massas compactas dos prejuízos antigos. Sei que hão de talvez caluniar minhas intenções e apedrejar o que chamarão utopias. Mas eu trabalho por amor do povo, a que pertenço, o povo donde saí. C — 188

Creio no futuro, e ninguém resistirá às exigências do futuro.

Não me qualifiquem de visionário, nem chamem às minhas idéias utopias. Responderei às objeções deste gênero com um período elegante de Victor Hugo no discurso tão conhecido sobre a paz universal: "Quando afirmais essas altas verdades, é natural que vossa afirmação encontre a negação; é natural que vossa fé encontre a incredulidade; é natural que, nesta hora de nossas perturbações e dilacerações, a idéia da paz universal surpreenda e choque quase como a aparição do impossível e do ideal; é natural que se grite: *utopia*, quanto a mim, humilde e obscuro operário nesta grande obra do século XIX, aceito essa resistência dos espíritos, sem que ela me espante nem me desanime. É impossível conseguir que se não volte a face e se não fechem os olhos numa espécie de deslumbramento, quando, no meio das trevas que pesam ainda sobre nós, abris bruscamente a porta radiante do futuro?... Vivemos num tempo rápido, vivemos na corrente de acontecimentos e de idéias mais impetuosas, que já tenha arrastado os povos, e, na época em que estamos, um ano faz muitas vezes a obra de um século."

Termino hoje com esta profissão de fé, para começar de novo amanhã. C — 190

Estou sentindo, meu amigo, apedrejarem as minhas *utopias!* Seja. C — 386

Não aspiro à pretensão de profeta de desgraças. Forcejo por enxergar no futuro como direito de exame que pertence a todos. C — 503

Entretanto, a verdadeira força não exclui a previdência, e não há política que possa triunfar voltando o rosto ao futuro. Caminhar para diante às cegas pode ser heroísmo, mas não é sistema de governo. Em política, obstinar-se é arruinar-se. C — 504

Desde que podem apoiar-se sobre uma tal base, as boas idéias não têm outra contrariedade mais que suportar, a não ser a do tempo. V — 393

Mas contentar-se-á o futuro com a conquista destes princípios? Combatendo a reforma eleitoral de 1855, Eusébio de Queiroz exprimia uma grande verdade neste aviso ao poder: O espírito de reforma é insaciável; a democracia exigirá em breve muito mais do que lhe concedeis agora. — O que o estadista conservador receava é o que justamente constitui o progresso, a transformação sucessiva de instituições transitórias. Nada há de definitivo no desenvolvimento humano: na política, como na ciência, as idéias propagam-se em círculos concêntricos, mais e mais vastos. Quem pode descrever a periferia do círculo derradeiro? Caminham as sociedades, como os homens, para o desconhecido; o que conforta a umas e outros é essa vaga confiança nas eternas leis da providência. Anima-nos a crença de que a doutrina liberal tende a converter-se em outra muito mais larga, não simplesmente descentralizadora, a doutrina federal. Pudéssemos aluminar a ponte que liga as duas margens opostas, centralização monárquica e autonomia federativa! P — 188/9

Todos sentem a conveniência de romper com o passado e abrir a porta do futuro. D — 18/7/61 — 19

Não procuro saber se temos, desejo que o tenhamos, faço votos para que nos debates do próximo orçamento o governo reconheça claramente os erros do passado e corresponda às exigências do futuro.

Não consintamos, senhores, que o receio do futuro esterilize o presente. Vivemos em um país que prospera, que contém germens inexplorados de uma riqueza maravilhosa, e que, se preservar em esforços conscienciosos, conseguirá certamente restaurar as suas finanças. Não desanimemos, para que não caiba a nós a vergonhosa desgraça de lavrar a lousa que haja de cobrir o cadáver do tesouro! D — 27/6/65 — 416

Eu só peço aos nobres ministros que confiem na sua estrela e no seu tempo. Senhores, a doutrina que professo é a mesma na cabeça dos anciãos e no coração dos moços. Ela propagou-se, vive na imaginação do povo sob a forma de pressentimento, e manifesta-se em peças políticas dos homens influentes. D — 1/6/65 — 340

VIII — *Estatística*

Recordo que tenho argumentado com os dados do ministro da Fazenda. Deposito mais confiança nestes do que nos do censo marítimo estampado nos relatórios e mapas do Ministério da Marinha. Entretanto, consultemos também os algarismos destes últimos. C — 251

Não são as estatísticas somente que lavram a nossa sentença. C — 262

O Pará não pode ser tratado como pupilo, como território sem importância. Ali, como no Rio Grande do Sul, como no vale do Mississípi, como na margem ocidental do Prata, ali caminha-se a passo de gigante. O Pará de hoje não é a província anarquizada pela caudilhagem de 1835 e 1836. Consultem-se as estatísticas. C — 373

Nós não possuímos uma estatística. Este é o documento de um povo civilizado: nós, entretanto, o havemos dispensado. A vaidade nacional contenta-se com os palavrões e prefere-os às realidades. Fez-se em 1851 uma tentativa: era um brasileiro benemérito que a fazia, o marquês de Monte Alegre: a ignorância fê-lo abortar.

Em 1862, outro digno brasileiro, o Sr. Sinimbu, levanta a questão, prepara alguns estudos (V. o Relat. do Min. das Obras Públicas, de 1863, anexo A), mas a nossa instabilidade administrativa impede o desenvolvimento destes projetos. Isto não pode continuar, esta ausência dos primeiros documentos da civilização de um povo é deplorável.

A corrente de emigrantes depende em grande parte disto. Os Estados Unidos assim o compreendem. Uma abundante e assídua publicação de informações, cartas, periódicos, livros, que representavam ou descreviam o país de um modo exato, graças ao censo regular de cada decênio, popularizou a União por toda a Europa.

Patenteados os vastos recursos do nosso formoso país por meio de documentos estatísticos e de publicações inteligentes, a pouco e pouco o desfavor que o persegue no mundo converter-se-á na simpatia que ele merece por seu excelente clima, por sua fertilidade, pelo seu sistema fluvial de comunicações internas, por suas instituições livres, pela ilustração do seu governo e pelos hábitos pacíficos do seu povo. Então será difícil que os governos das nações, a quem a imigração para o Brasil tem aproveitado pelo aumento do seu comércio, continuem a embaraçar as saídas para esta parte do mundo. J — 124/125.

Já as estatísticas administrativas permitem enxergar no ainda confuso mapa político os grupos que o futuro verá claramente. Quereis apreciar em algarismos o fato de que algumas, pelo menos, das províncias, por sua situação geográfica, apenas se prendem *oficialmente* ao governo central situado tão longe delas? Citemos ao acaso: seja o Maranhão, por exemplo. O valor do seu comércio direto era em 1867 oito vezes maior que o das suas transações com todos os portos do império; estas mesmas limitavam-se às províncias limítrofes, ao grupo que constituía o antigo Estado do Maranhão. Com o Rio de Janeiro, como se fora Estado de além-mar e governo estranho, as transações apenas atingiram a 223 contos em um dos anos de maior atividade comercial (1863-64). Outro esclarecimento luminoso fornece a estatística do correio. P — 34

Na ausência de estatísticas da população — negligência sem nome no número dos nossos descuidos — proceder-se-ia no começo ao acaso, mas não é de outro modo que se dirige tudo o mais no Brasil: não servia isso, pois, de objeção. P—231

Desço a estes detalhes para confirmar o conceito em que se deve ter a fidelidade do censo do Alto Amazonas, organizado pela sua polícia, e para que também se reconheça a praticabilidade de igual trabalho em todas as demais províncias. O serviço prestado por esse censo renovado anualmente não escapará ao ilustre Sr. Ministro das Obras Públicas. O resultado obtido ali é o mais satisfatório possível. Por ele se atinge ao seguinte dado precioso: fica-se conhecendo, graças a essas listas nominais, o *minimum* dos habitantes de uma província inteira. Já isto é alguma coisa. Trabalhos ulteriores, com outros recursos e outro sistema, determinarão um dia a soma completa, assim como as classificações da fortuna, dos bens, dos valores das indústrias, etc. Entretanto, não podemos ainda saber qual seja a população *arrolada* do Brasil! Nem ao menos a população arrolada das cidades e povoações! Nem a das capitais de províncias! Nem a da capital do Império! Isto, pura e simplesmente, é vergonhoso: não tem, nem se lhe pode dar outro nome. É vergonhoso, com efeito, que a nossa burocracia ainda não cuidasse disso. Felizmente, nem o exemplo do Amazonas será esquecido, nem faltam esperanças de ver-se em breve alguma coisa já feita. Já o muito ilustrado estadista que há pouco exercia, com a sua habitual superioridade, o cargo de Ministro da Justiça, o Sr. Nabuco, acaba de organizar de um modo eficaz o serviço da estatística judiciária completa, ramo precioso do censo. É de esperar que as outras administrações não tardem em imitar um exemplo tão digno de elogio. Estou convencido de que este assunto não será preterido por mais tempo: o elevado pensamento que ditou os decretos de 18 de junho de 1851, suspensos pouco depois, não deve ter cedido perante as dificuldades opostas à execução desses atos inteligentes.

Notarei que não é a polícia a única repartição aproveitável para a estatística. Os presidentes de província poderiam propor às assembléias que acumulassem nos empregados das suas secretarias, que na maior parte do ano pouco serviço têm, o trabalho do censo provincial. Enquanto se não organizasse a comissão do censo nacional, como nos Estados Unidos, bem poderia haver em cada província um censo particular, à imitação do que faz desde 1858 com perfeita regularidade a administração da província de Buenos Aires na República Argentina.* Sem se criar mais uma nova repartição, e apenas gratificando os atuais empregados das suas secretarias, podiam as assembléias provinciais centralizar nelas o registro estatístico. Para chegar a um trabalho completo será preciso marchar gradualmente, começando primeiro pelo registro da capital, passando ao das maiores povoações, destas às menores, e por fim aos habitantes rústicos. No primeiro período o censo limitar-se-á à estatística da população somente nas suas classificações mais gerais: estado,

---

V. as publicações sob o título *Registro Estadístico de Buenos Aires*, dois volumes cada ano.

sexo, naturalidade, condição e cultos. Depois abrangerá as indústrias, depois as rendas, depois os bens, depois a condição das terras e da propriedade imóvel; *e assim progressivamente a estatística do país passará a ser o seu retrato, ou, na frase do grande mestre Schloezer, a história do presente.* Só por si o conhecimento exato da população urbana, em suas classificações mais largas, será de um alcance imenso para grandes medidas de administração, de política e de finanças. *A ninguém escapa a multidão de embaraços e de incertezas que cercam o legislador e o governo na falta de dados positivos sobre a população livre e escrava, nacional e estrangeira, etc.* Conhecida exatamente a população urbana, ainda quando a rústica só o possa vir a ser mais tarde, teremos uma base importante para os cálculos aproximativos acerca da totalidade dos habitantes do Império, cálculos que hoje não assentam senão em induções vagas e em fantasias pouco sérias. V — 218/221

IX — *Atividade — Trabalho*

Este volume é um esboço. Compreende estudos ligeiros de várias questões do momento. Não aspira à dignidade de livro, mas sustenta-o uma idéia geral, eixo que o atravessa, seu ponto de apoio: a liberdade do trabalho, isto é, a simplicidade, a comodidade, a independência, a abastança individual, a fortuna pública, a verdadeira grandeza.

Discutir essa idéia generosa por qualquer de suas faces, estender aos olhos do país uma sequer das figuras do problema social, é tanto mais útil quanto menos abundam entre nós trabalhos desse gênero. C — 19

Qual é a grande lei do trabalho? É o progresso, isto é, o aperfeiçoamento. Ora, o aperfeiçoamento do trabalho, seja público, seja privado, se mede pela sua economia, economia de serviço pessoal que corresponde à economia de tempo, economia de tempo que redunda em economia de dinheiro.

Pois bem: nossa administração parece mover-se por uma lei inversa. Nela, o tempo não é dinheiro; o tempo é remédio. Para ela, o serviço pessoal não é uma condição penosa, é um instrumento indispensável que se procura estender cada vez mais.

Outra lei do trabalho é a da iniciativa e conseqüente responsabilidade própria e direta de cada trabalhador. Se cada operário não tivesse presentes ao espírito o lisonjeiro espetáculo do bem e o triste aspecto do mal, resultados do seu esforço livre, o operário seria um instrumento cego e inerte, inferior à própria máquina a que imprime movimento.

Pois bem: lei diversa em muitos casos dirige o serviço do Estado. Poucos funcionários gozam de uma iniciativa própria; e sobre a maior parte não pesa a responsabilidade inerente.

Nas formas absolutas, com que as tenho exprimido, essas proposições parecerão exageradas ou inexatas. O exame, porém de nosso processo administrativo fará conhecer sua inteira verdade.

Estudemos sucessivamente o jogo do serviço público no centro, na província e nas relações da província com o centro. Em toda a parte assinalam-se os mesmos efeitos; em toda a parte dá-se a conhecer a mesma causa.

Ativa ou consultiva, graciosa ou contenciosa, a nossa administração é sempre essa máquina pesada que, se alguma coisa útil vem a produzir, é só depois de haver atropelado e esmagado, no seu andar sonolento, muitos interesses individuais e gerais. C — 32

Ainda mais: diversos textos regulam os requisitos para o exercício de algumas profissões, ou as restringem a indivíduos determinados. Quem ignora que existem verdadeiras patentes para as indústrias de farmacêutico, de cirurgião, de advogado? Dir-se-á que todos os países as conhecem mais ou menos? Entretanto, parece-nos que no Brasil, onde não abunda pessoal habilitado, a restrição é mais penosa do que prudente, quando não é iludida.

O mesmo penso relativamente ao professorado. Este só por

si exigiria um volume. Temos o ensino livre? não; porque, no município neutro, e, a exemplo dele, na maior parte das províncias exigem do candidato exames, habilitações, carta patente, que só se tem a condescendência de dispensar em favor das irmãs de caridade cujo papel não podia ser outro mais que o de *enfermeiras,* e todavia se acham equiparadas às pessoas de ilustração. Demais, a liberdade de ensino só existiria sem a concorrência poderosa dos estabelecimentos do Estado, que, além disso, impõem os programas oficiais obrigatórios. C — 48/49

Antes de tudo, entendamo-nos sobre o sentido de uma palavra: a atividade. Será atividade a de um indivíduo que, como os presos de certas penitenciárias inglesas, volvesse sem cessar a manivela da máquina que nada produz? Será atividade o trabalho estéril e ilusório das Danaides? Não, a atividade é o emprego das faculdades em um fim imediatamente produtivo. Ora, as repartições dependentes de cada ministério movem-se em um círculo vicioso, na generalidade dos casos. Quero dizer que, em vez de deliberarem por si, sob sua responsabilidade, acerca dos negócios que entram na sua esfera própria de atribuições, afetam ao superior imediato o despacho de muitos desses negócios. Não aplico isto às estações da corte somente; já disse que é geral neste país o hábito das consultas ao governo a propósito de tudo, assim como recordei que é moléstia endêmica do Brasil, e da sua ex-metrópole, a falta de iniciativa, a ausência de coragem, a nenhuma convicção da própria independência e responsabilidade em todos os indivíduos, sejam meros particulares, sejam funcionários públicos. É o cancro do medo que pare a subserviência, e abre o caminho a Augusto e depois a Tibério, a Luís Filipe e depois a Bonaparte... C — 52

Com efeito, meu amigo, o que distingue o grande século democrata em que vivemos é essa tendência de todos os espíritos para acharem a pedra filosofal do bem-estar. Produzir muito, comprar barato, eis a economia das sociedades contemporâneas, eis a ciência do bom homem Ricardo, protótipo do povo, eis o fim de toda a atividade. Hoje não se quer saber das glórias fantasmagóricas de outras eras, de pompas custosas, de cortes brilhantes, de grandes monopólios, de um poder fictício, de uma ostentação inútil. Hoje, é preciso trabalhar para viver, e vive-se trabalhando. Todos os homens de todas as raças, de todos os continentes, são chamados pelo gênio cosmopolita, que é o distintivo do gênero humano, a partilharem e a concorrerem fraternalmente para a produção do mundo, isto é, para a riqueza, para a iluminação, para o progresso, para a moralidade, para o bem-estar dos povos. Eis o Evangelho, não humildemente beato, mas o Evangelho nobre, solene, caritativo, fraternal, o Evangelho como Cristo o pregou.

Em um século destes o direito vale a utilidade, quero dizer, não pode haver direito que importe um dano. C — 356/357

É preciso andar. O programa do governo, se quer merecer a continuação da confiança interna e do respeito exterior, resume-se em uma palavra: a atividade, isto é, a energia, a vida, a palavra de futuro, a bandeira do progresso despregada à frente da multidão. Mas essa bandeira deve ter uma legenda visível de bem longe. Guerra aos prejuízos! Abaixar o prejuízo é levantar o progresso. V — 397

Agora que a bandeira tremula nos castelos do poder, desertaremos das nossas fileiras? Ao contrário, é preciso firmá-la e saudá-la; Deus abençoará a perseverança do trabalho. D — 340

X — *Liberdade — Progresso*

Não basta publicar e distribuir este volume. É preciso que a imprensa desenvolva, complete, retifique, corrija as idéias que expus; e de cuja realização depende em grande parte a sorte do povo deste país. Agite a imprensa a opinião, e as idéias de liberdade prática conquistarão uma popularidade mais e mais brilhante.

Se as *Cartas do Solitário*... têm algum mérito, não consiste este em outra coisa mais do que em haverem elas despertado essas idéias econômicas que descansam no fundo de todos os espíritos.

Não tive por fim último formular o pensamento de duas ou três medidas isoladas: trilhei um caminho inundado pela grande luz do progresso. É necessário, porém, perseverar nele, alargá-lo, aperfeiçoá-lo, estendê-lo, torná-lo praticável a todos, conhecido, popular. O meu programa, se é programa, é esse; e não só meu como de um grande partido nacional que, descrente das palavras com que se tem entretido o povo, estragado tantas reputações e desaproveitado muitas ocasiões, pretende, não transpor a baliza das leis fundamentais, não quebrar os laços de unidade do Império, não revolver o país, mas imprimir-lhe movimento por meio de reformas administrativas, econômicas, práticas, das quais, e da atitude do parlamento, depende o futuro do Brasil. C — 15

Nas gravíssimas circunstâncias do Brasil só reformas liberais em todos os assuntos podem salvá-lo. Como à Rússia, como à Áustria, como à França, chegou o seu dia também. Acreditara no prestígio despótico da autoridade, como o menino se confia à onipotência do mentor, como o povo de Deus libertado ao seu guia nos desertos. Mas o despotismo decididamente não pode mais galvanizar cadáveres. Quando as ruínas caem em pedaços, invoca-se a única medicina conhecida, o choque elétrico da liberdade.

Mas, quem ministrará, meu amigo, ao Brasil sequioso a água refrigerante das doutrinas salvadoras? Serão os homens que há tantos anos monopolizam todos os cargos do Estado, e cuja condenação os acontecimentos estão lavrando de um modo irresistível? Esses homens não pensam nem possuem convicções: seus discursos são plágios, seus decretos cópias, suas palavras repetição sem elegância das frases que leram no primeiro livro encontrado. Assim se ilustram, granjeiam fama e nos governam. O seu maior defeito consiste em suporem que o Pão de Açúcar é o limite do mundo moral, como a antiguidade acreditava que as colunas de Hércules eram o marco extremo do globo conhecido. Esses homens têm por costume desprezar as coisas sérias, por hábito encarar só o lado superficial das questões, por vício orgânico desprezar as oposições que não podem combater. É necessário, é indispensável, é urgente entregar o governo do país a indivíduos que tenham visto o mundo, que saibam abrir e alongar os olhos por toda a extenção do *Eldorado* que habitamos. Não é um japonês que há de civilizar o Império do Japão. No governo do Brasil deviam assentar-se indivíduos com uma imaginação cosmopolita de Goethe e uma cabeça universal de Humboldt. C — 183

A liberdade é uma gravitação. Dos cumes nevados do despotismo descem todos, mas ninguém pára senão na planície amena da verdade, da igualdade e da justiça.
Eis a crença profunda, o sonho e o consolo de vosso amigo, *o Solitário*. C — 332

Liberdade! fraternidade! eis a palavra, meu amigo, que redemoinha pelos golfos e pelos mares da Europa, atravessa o oceano, derrama-se pelas Índias, abraça-se com a América, arroja-se contra os gelos do Norte e as tempestades do Sul, murmura nas virações, ouve-se no gemer das ondas, lê-se nos astros, soletra-se nas flores das campinas, e sente-se enobrecer e consolar a alma humana humilhada por tantos crimes, por tantos ódios, por tantos vícios, por tantas desonras!... C — 358

Já vê o nobre deputado por Sergipe que nestes assuntos, nós, os homens da escola do progresso real, alimentamos opiniões ainda mais generosas do que as dele a bem da vasta província de Mato Grosso. C — 442

Sr. Presidente, tenho a infelicidade de acreditar que o nosso governo é sempre o mais atrasado em todas as idéias do progresso regular. Dói com efeito ver que num país onde a ilustração não é geral, onde o movimento do espírito público não pode nunca corresponder à ilustração do seu governo, não seja este o iniciador de todas as grandes medidas! É uma verdade triste: aquilo que de grande se há feito no Brasil procedeu da iniciativa do indivíduo, iniciativa que aliás se tem procurado desprestigiar. As maiores empresas de melhoramentos materiais são fruto da vontade individual: o governo dorme sobre o seu expediente, esquece que rege um país novo, um país que se não pode governar com as idéias transmitidas de nossos avós. C — 467

A esses que negam o progresso moral do país e o seu incontestável adiantamento, responde-se como o sábio da história: *e, pur, si muove!* Negais o movimento nacional, negais o progresso? Pois bem! Quando a situação parecia afundar-se com os desastres de alguns dominadores liberais, eis que os espíritos se agitam de novo, os horizontes se alargam, e ali, das alturas do governo, hasteia-se e firma-se com denodo a bandeira do progresso.

Glória à liberdade! O seu culto não desaparece nunca, como desaparecem e sucedem-se as religiões idólatras. Não são os dogmas que passam, são os druidas que se extinguem, são os áugures que se somem. O que fica, é o evangelho do progresso, é a liberdade. Deixai que passem os infelizes, os inábeis ou os desastrados. Basta que o espírito de reforma não morra, basta que viva a crença liberal.

O país não pertence aos ídolos; prefere os princípios. Desembaraçado dos ídolos, o país se volve para aqueles que sabem o que querem, os verdadeiros liberais, os reformadores, *os inimigos da rotina, os derribadores das estátuas de barro, os adversários da palavra oca, os homens de idéias.* V — 12/13

O que caracteriza o homem é o livre arbítrio e o sentimento da responsabilidade que lhe corresponde. Suprime na moral a responsabilidade, e a história do mundo perde todo o interesse que avivenra a tragédia humana. Os heróis e os tiranos; a virtude e a perversidade, as nações que nos transmitiram o sagrado depósito da civilização e os povos que apodrecem no vício e nas trevas, não se poderiam mais distinguir, confundir-se-iam todos no sinistro domínio da fatalidade. A história do progresso humano não é mais, com efeito, que a das fases do desenvolvimento ou compreensão desse divino atributo da criatura, a que se dá geralmente o nome de liberdade. A grande massa do bem, isto é, do progresso realizado em um século, "é a soma acumulada de produtos da atividade dos indivíduos, das nações e dos núcleos que compõem as nações, nesse século". É uma trivialidade repeti-lo; mas não se deve perder de vista essa noção evidente, quando se trata de julgar os sistemas de governo. Em verdade, se o progresso social está na razão da expansão das forças individuais, de que essencialmente depende, como se não há de condenar o sistema político que antepõe ao indivíduo o governo, a um ente real, um ente imaginário, à energia fecunda do dever, do interesse, da responsabilidade pessoal, a influência estranha da autoridade acolhida sem entusiasmo ou suportada por temor?

Essa inversão das posições morais é fatalmente resultado da centralização, seu efeito necessário, fato experimentado, não aqui ou ali, mas no mundo moderno e no mundo antigo, por toda a parte, em todos os tempos, onde quer que tenha subsistido. Surgem exemplos justificativos; não carecemos apontá-los, são assaz conhecidos. Insistamos, porém, em uma das conseqüências morais do sistema político que suprime a primeira condição da vida. Q — 18/19

Descentralizai o governo; aproximai a forma provincial da forma federativa; a si próprias entregai as províncias; confiai à nação o que é seu; reanimai o enfermo que a centralização fizera cadáver; distribuí a vida por toda a parte: só então a liberdade será salva.

A liberdade pela descentralização, tal é o objeto do estudo que empreendemos sobre a província do sistema político do Brasil, qual existe e qual tentara organizá-lo a revolução de 1831. P — 40

Estamos bem longe, portanto, de "declarar um povo para sempre incapaz em razão de uma enfermidade orgânica e incurável". Fora negar o progresso ou afirmar a imutabilidade dos destinos; fora esquecer a grande data da iniciação da liberdade e da igualdade, 1789. Desde então, em política, como em tantas cousas, já não há impossíveis.

Demais, povo e governo que o preside devem de ter, sob o ponto de vista moral, o mesmo valor. Melhorarem as condições morais do povo sob um sistema de governo que as não favoreça ou que as corrompa, é absurdo. Ora, para que um povo se aperfeiçoe e aumente em virtudes, é mister que seja livre. É a liberdade que excita o sentimento da responsabilidade, o culto do dever, o patriotismo, a paixão do progresso. Mas um povo a quem se impuseram os encargos da civilização sem as liberdades correspondentes, é um paralítico; tem escusa para tudo. P — 42

Façamos do Brasil um povo livre. O primeiro escravo a emancipar é o sufrágio, é o próprio cidadão cativo de instituições compressoras, como a lei da guarda nacional. Transformemos a face da nossa sociedade política, mudando-lhe as bases. Libertando o voto, pacificaremos a nação. Não há paz senão na liberdade. P — 185

Tudo cumpre prevenir para firmar praticamente a liberdade. Extingam-se, pois, todos os meios de influência governamental no ânimo do magistrado. P — 202

Os que foram leais em seus ajustes, moderados em suas esperanças, perseverantes na economia, e calmos encararam uma transitória diminuição dos seus lucros, viram, mais tarde, ao influxo do trabalho livre reforçado pela escola, elevar-se e fixar-se o valor da propriedade, tornar-se-lhes o crédito acessível e menos melancólica a vida do campo abençoado pela liberdade. P — 262

A incorporação de companhias, ou antes a prévia autorização para que possam funcionar sociedades de qualquer natureza, é, já o dissemos, reminiscência do antigo regímen, contra a qual levanta-se agora o espírito da liberdade moderna. Os capitais, como os indivíduos, sejam livres para se reunirem sob todas as formas possíveis: o Estado, governo central ou governo provincial, poder executivo ou poder legislativo, não tem o direito de regular a forma e a vida das companhias. Assim, diante dos princípios absolutos, não seria legítimo conceder às assembléias a faculdade que recusamos a quaisquer autoridades do Estado: mas, entretanto, se a prévia autorização é precisa, concebe-se acaso que sociedades que funcionam em uma província, organizadas para efetuarem serviço provincial, dependam do *placet* imperial? A lei que isto exige é produto da febre reacionária que tantas vezes temos assinalado. P — 286

Ao governo imperial não resta mais, com efeito, que uma saída segura: a larga estrada da liberdade. Dai-nos instituições livres, tereis boas finanças: conceito que o século XIX elevou à máxima de moral política. P. — 345

É, com efeito, uma infelicidade nossa que as repartições públicas sejam os lugares onde mais horror se tenha ao progresso, e particularmente as repartições herdeiras do erário real. É aí, Sr. Presidente, que ostentam a sua força, revestidas da autoridade oficial, todas as idéias retrógradas, todo o sistema de regulamentos e embaraços administrativos. É aí que domina a teoria da prudência absoluta, das cautelas sábias, dos adiamentos salvadores, das reservas, das meias medidas, das concessões moderadas. D — 25/7/63 — 238

A política anterior, a política do isolamento das potências da América e do afastamento da grande potência da América do Norte, deixou de existir graças ao atual ministério (ainda que isto pese ao deputado), graças a alguns ilustres ministros convencidos da dificuldade do seu papel nesta casa e das exigências da opinião, e compenetrados desta verdade patente — que ninguém pode hoje governar o Brasil sem hastear a bandeira do progresso. D — 19/6/65 — 406/7

XI — *Doutrina liberal — Estado e economia*

O vício orgânico dos homens neste país, vós o sabeis, é a ausência de autonomia. O brasileiro não se sente independente e livre, não se dispõe a vagar nos mares da vida contando só com a sina da sua estrela e os ventos da sua fortuna, não resolve caminhar senão apoiado nalgum braço protetor. Nos desertos da existência, não vai ele mesmo plantar a árvore que o deva abrigar: alonga os olhos e procura logo árvore copada, a cuja sombra estenda a sua barraca de viagem.

Esta fraqueza de ânimo, que é o nosso característico, explica bem a maneira por que de ordinário procedem as autoridades do país. C — 36

Depois, sobretudo, que a Lei de 22 de agosto de 1860, concebida sob as mais tristes inspirações, veio a jungir a indústria, naturalmente livre, ao carro pesado de um governo impotente, a centralização tornou-se verdadeiro ecúleo do espírito de empresa. A não ser das poucas excetuadas, a companhia ou sociedade que se organize para exercer uma indústria lícita na mais longínqua província, deve implorar ao governo da Corte *licença e aprovação* dos estatutos. Sobre uma e outra cousa, porém, interpõe o conselho de Estado o seu parecer. Às vezes o conselho indica a alteração na proposta, e os papéis tornam à província pelos mesmos canais. Por isso, em regra, o processo da aprovação consome um ano. C — 39

Feitas estas reservas, direi que contamos muitos exemplos da tutela do Estado sobre as indústrias, primeira face do regime centralizador. Vou apontar alguns, que frisem minha doutrina, desde a simples tutela por meio das prevenções regulamentares até ao protecionismo, até à restrição e até ao monopólio. As observações que vou consignar, não são minhas exclusivamente; na Câmara dos Deputados um distinto orador, o Sr. José Bonifácio, fez no mesmo sentido a crítica do sistema.

Com o bom senso que caracteriza os seus escritos, Jeremyás Bentham disse: *a súplica da indústria ao governo é tão modesta como a de Diógenes a Alexandre: "Tira-te do meu sol".* Pois bem: a máxima do filósofo inglês fez o seu giro, e hoje constitui a base da Economia Política.

Mas, quando por toda a parte a ciência repele as invasões do Estado na república da indústria; quando parece que a própria França vai abandonar o absolutismo pela independência, a prevenção pela punição, a polícia pela liberdade, no Brasil promulga-se uma lei terrível, a lei mais atentatória das liberdades públicas, desde que neste país começou a obra sorrateira da ruína constitucional.

O Ato de 22 de agosto de 1860 seria um crime se não fosse uma lei. Em virtude dele, o Estado diz aos mercadores, aos capitalistas, aos banqueiros: O comércio sou eu! — Ao direito de associação: Eu vos modero e vos dirijo, e posso embaraçar-vos! — A todas as indústrias: Ninguém mais sábio e mais prudente do que eu; segui-me! meu dedo soberano apontar-vos-á o caminho.

Assim como na literatura vemos todo o dia secar a seiva e murchar o viço de belos talentos na estufa da contemporânea poesia francesa, desde as excentricidades sem sabores dos Alphonse-Karr até as excitações fictícias da escola realista, assim na tribuna e no governo cada orador e cada ministro vai solicitar aos repertórios franceses decretos e ordenanças que ali mesmo já se desprezam. C — 46

A livre e fraternal comunicação dos homens de todas as regiões, de todos os climas e de todas as raças, legenda brilhante de uma grande escola, é o fim último da humanidade, a condição de nosso desenvolvimento no espaço e no tempo, um princípio da filosofia e do Cristianismo. Tudo quanto favorece essa grande harmonia do mundo entra no plano da Providência:

tudo quanto o contraria é um efeito do gênio do mal. O Criador dispôs o mundo de forma que as diferentes famílias do gênero humano pudessem atravessar as distâncias, que deviam separá-las, por um caminho, perigoso embora, fácil e largo, imenso e livre. O oceano, meu amigo, é como essas vastas planícies de nosso continente abertas a todos, e que pareceriam fadadas para viverem isentas de um domínio exclusivo como os rebanhos selvagens que as cruzam em todos os sentidos. C — 222/223

Todos os erros econômicos se apóiam no interesse de alguns e vivem da cegueira do povo. Desviar as maquinações do primeiro e dissipar as causas da segunda, é o dever dos homens filantropos, é uma missão generosa que por mim alcançará o triunfo. Quaisquer que sejam as contrariedades, devem-se opor a cada uma argumentos mais decisivos e provas mais concludentes. Como o dizia o Dr. Bowring, num *meeting* estrondoso sobre a reforma das leis cereais, se o esforço que agora fizermos não bastar, faremos um maior, e depois outro ainda maior. A verdadeira consciência da justiça da causa que defendemos, assim como inspira uma resignação digna, assim alimenta o fogo sagrado da fé e alenta-nos para empreender novas e cada vez mais renhidas pelejas. Desvaneço-me de entrar animado na luta contra o privilégio. Combato pelo povo. Ao vosso lado, brandindo a arma brilhante da imprensas posso entrar na liça com certa confiança. C — 224

O privilégio é odioso, porque pressupõe uma classe de indivíduos que explora as diferentes classes da sociedade. C — 225

O privilégio é em nosso país para a navegação de cabotagem o mau conselheiro que foi para a do longo curso de Portugal e Espanha, e o está sendo para a de França. A concorrência, a luta da liberdade, é de uma vantagem incalculável para o aperfeiçoamento dos transportes marítimos. Não é pela ousadia com que navegam, por seu espírito de empresa, sua atividade e gênio marítimo, que os dinamarqueses, os suecos e os americanos do norte conseguem lutar com o próprio pavilhão britânico? No mundo industrial, se a concorrência não o penetra por todas as veias, a circulação paralisa-se, a vida pára. Se, pelo contrário, a liberdade iguala as condições da oferta, a atividade recresce, as indústrias prosperam. A restrição, com efeito, produz resultados opostos aos da concorrência.

Para demonstrá-lo, eu citarei alguns dados estatísticos relativos a dois países em que tem sucessivamente reinado uma liberdade mais e mais larga, a Inglaterra e os Estados Unidos; e peço-vos que os compareis com outros a respeito da terra clássica do protecionismo, a França. C — 230

Em primeiro lugar, eu sustento que nada concorre tanto para entorpecer uma indústria qualquer como o favor mortífero de um privilégio concedido aos consumidores de seus produtos. C — 279

A teoria da liberdade de comércio é o fundo do meu pensamento. Quando reclamo o resgate do privilégio de cabotagem, ou a livre importação das embarcações estrangeiras, tenho em vista o desenvolvimento de nossas relações com o mundo, a facilidade dos meios de transporte, o bem-estar do nosso povo. Quando peço que se não vexem com direitos e impostos as indústrias, que mais ou menos vivem no país, não exijo uma proteção, uma restrição; peço justiça, que é a base mesma do meu sistema. C — 294/295

A política democrata, a política do mundo, qual existe na cabeça de Bright e de Cobden, é combater o mal e favorecer o triunfo do bem.

Os eixos do mundo foram de ferro; são hoje de raios de luz. A terra era um campo de batalha: é hoje o congresso dos povos livres. C — 358

A proteção não passa de um tormento inútil aonde não existem condições próprias para florescer a indústria protegida;

e, quando mesmo existam, é melhor confiar à liberdade e à concorrência o encargo que se atira sobre a lei.

Esta é a revolução operada nas teorias econômicas pelos *freetraders* da liga inglesa contra as leis cereais. Nós temos colhido o fruto amargo do desprezo que lhes votamos. Depois de tantos sacrifícios, olha-se em derredor, e não se vê nada que dê idéia de um desenvolvimento industrial sofrível sequer. Nem ao menos parece firme a tendência, que se manifestou uma vez, para a doutrina verdadeira. Exemplo: para proteger as nossas pobrezas salinas, impunha-se outrora 160 rs. sobre cada alqueire de sal estrangeiro. O resultado foi decisivo: elevou-se excessivamente o preço do sal, no interior sobretudo, com grave dano para as charqueadas, para as pescarias e todas as indústrias em que o sal entra como matéria-prima. Isso determinou a abolição do imposto. O que sucede, porém? um ilustre deputado propunha na última sessão o restabelecimento do mesmo direito, ainda por amor das salinas nacionais. C — 437

A doutrina liberal não é no Brasil fantasia momentânea ou estratagema de partido; é a renovação de um fato histórico. Assim considerada, tem ela um valor que só a obcecação pode desconhecer. Como a França voltando-se agora para os princípios de 89, nós volvemos a um ponto de partida bem distante, o fim do reinado de Pedro I; queremos, como então queriam os patriotas da independência, democratizar nossas instituições. P — 113

Que o nosso governo preencha os seus altos destinos! Possa ele repetir ao país as palavras de Napoleão III aos industriais de França, distribuindo os prêmios da exposição de Londres: — Excitai nos indivíduos uma espontaneidade enérgica a favor de tudo quanto é bom e útil; tal é o vosso encargo. O meu será tomar sempre o sábio progresso da opinião pública por medida dos melhoramentos e arredar os obstáculos administrativos do caminho que deveis percorrer. Cada um terá assim cumprido o seu dever, e nossa passagem nesta terra não terá sido inútil, pois que legaremos aos nossos filhos grandes trabalhos concluídos e verdades fecundas, de pé sobre a ruína dos prejuízos destruídos e dos ódios para sempre sepultados! D — 1/6/65 — 377

Parece-me isto mais uma conquista dessa política que se inaugurou há anos, a política da onipotência do Estado. Tenho combatido essa teoria, que torna o Estado tutor dos capitais e que extingue a responsabilidade individual na proporção que avulta a intervenção governamental. Fui o relator da comissão que opinou pela desaprovação de um decreto que encampou uma grande empresa que se arruinaria, conquanto houvesse prestado e esteja prestando notórios serviços a duas ricas províncias.

Persevero na mesma doutrina que então professava: não estender a tutela do Estado às empresas que são infelizes. Ora, pelo projeto atual, segundo demonstrou-o no senado o respeitável relator da comissão, são manifestas as vantagens para os acionistas, que têm certeza de um dividendo maior de 9%, deduzidas as despesas de amortização e uma larga quota para o fundo de reserva, o que aumenta as condições de segurança e o valor das ações.

Intervém, pois, o Estado como o salvador dos que deixaram compremeterem-se seus capitais; livra-os do peso da sua responsabilidade! D — 1/9/63 — 461

XII — *Povo livre, governo forte — Iniciativa do Estado*

Na época de renovação e transição por que estão passando os povos civilizados, a melhor garantia e o bem mais apetecido é o de um governo forte, porém democrata, como o da Inglaterra, que, firme nos seus gloriosos rochedos do Norte, domina impassível as tempestades do continente; — ou ainda, como esse governo jovem, igualmente forte, e não menos democrata, que pôde resolver, na Itália moribunda, o problema, suplício de todos os corações generosos de Dante, de Rossi, de Manzoni, o problema de uma grande nacionalidade constituída sobre as eternas bases da autoridade sem tirania, da liberdade sem demagogia.

Não desejamos dissimular o erro daqueles que tudo esperam dos governos. Mas, certamente, mesmo num país normal como na Inglaterra, em que tudo procede da independência do cidadão, do movimento da liberdade, do *self-government*, a energia e prodigiosa atividade são condições de vida para o poder.

Quanto mais ativo não deve ele ser no Brasil! Um jornalista de elevada intuição histórica e bom senso político, querendo caracterizar o estado do espírito público na reação saquarema de 50 a 52, disse: "Ao governo se dirigem todos os votos, todas as aspirações a melhoramentos; o governo é por todos invocado, até quando se quer, para divertimento da Capital, contratar cantoras e bailarinas!"

Em circunstâncias tais, a maior necessidade deste país, o seu remédio infalível, as suas esperanças mais ardentes resumem-se com razão num governo sábio e forte, qual ideamos.

Pode ele, porém, fazer tudo? curar todos os vícios, num só dia, numa hora, por encanto? Não dizemos isso; mas, a sua energia e moralidade, atividade e inteligência poderão assentar certas bases sobre as quais descanse e se fortifique o edifício social.

Com efeito, esse governo promoveria, e deixaria praticar-se lealmente, a eleição direta. Nesta só palavra contém-se um mundo novo. Dada a eleição direta, com um censo elevado e proporcional às localidades, restituir-se-ia ao sistema representativo a sua verdade. As Câmaras, fortes pela independência da sua origem, compostas de homens superiores, não dessa infinita série de ridículas mediocridades levantadas pelo favor, as Câmaras não permitiriam o triste espetáculo de ministérios de *cotéries* e reposteiros.

Desembaraçada a administração central, esse governo dotaria as províncias de presidentes dignos e duradouros. Estes estimulariam o exato cumprimento da lei, e aplicar-se-iam aos estudos e trabalhos sérios.

Reformada radicalmente a instrução pública superior, constituída a secundária sobre um programa de conhecimentos úteis, desenvolvida e difundida a elementar, ele extinguiria essa peste de médicos sem clínica e de bacharéis sem emprego, verdadeiros apóstolos do ceticismo e germens da corrupção.

Esse governo conseguiria a organização da magistratura pelo modelo constitucional, a independência da polícia judiciária, e um remédio eficaz contra a prisão arbitrária.

Esse governo equilibraria a despesa com a receita; desarmaria a parte supérflua da marinha e do exército; e reservaria os excessos de renda para subvencionar o serviço de polícia provincial e municipal, reduzida, ou até extinta, a Guarda Nacional.

Esse governo levantaria o peso de impostos sobre a exportação oprimida; desenvolveria, com sistema, os trabalhos públicos; fomentaria o espírito livre da empresa particular; mas não se faria fiador e banqueiro de empresas impraticáveis, cujo único e perigoso fim é imobilizar capitais e desviá-los da agricultura necessitada.

Esse governo, guardada uma economia severa, solveria a enorme dívida dos empréstimos levantados em Londres, e a do papel-moeda, consolidando assim o meio circulante.

Esse governo obteria a lei da livre cabotagem, para que os braços nacionais nela distraídos cultivem a terra, tornando à concorrência do estrangeiro muito mais barato o serviço da navegação.

Esse governo, sem descanso, no *marche-marche* da campanha da liberdade, prevenidas certas condições de segurança (algumas fortalezas, acampamentos, tratados internacionais), faria promulgar-se a abertura do Amazonas ao comércio do mundo, à emigração superabundante dos Estados Unidos, aos irlandeses, aos alemães, aos suíços... E, argumentando com esse fato, arrancaria de Buenos Aires, dos argentinos, do Paraguai, a franqueza dos portos de Mato Grosso a todas as nações do globo.

Esse governo, prosseguindo nas idéias do tempo da independência, reatando o fio dos projetos do venerável José Bonifácio, e de todos os corações generosos, estudaria os meios práticos de emancipar-se lentamente a escravatura, reconstituindo-se sobre bases naturais a organização do trabalho.

Esse governo, finalmente, firmando o nosso crédito em Londres, criada a nossa reputação entre as grandes nações, extintos os motivos para motejos de que somos vítimas na Europa, radicar-se-ia na opinião pública do mundo civilizado e na opinião pública do Brasil, despertando, *ao fim*, aos hinos da prosperidade, entoados do Amazonas ao Prata, do Atlântico aos Andes!

Mas... Aonde, a que longínquos mares nos arrebatava a fantasia? Mas, tudo isso é, sem dúvida, mais belo de ouvir-se do que fácil de ver-se. Quando José Bonifácio triunfante descia ontem da tribuna, alguém, cujo bom senso não conhece rival, interrogado sobre a bandeira que o orador acabara de hastear com tanta pompa, respondeu: "Ele tem razão, mas para realizar as suas idéias é preciso um século." M — 48/51

Aquele que for sinceramente amigo do seu país e desejar vê-lo um dia livre e independente, há de começar confessando que, dada a raça a que pertencemos, somente governos sábios e honestos podem regenerar o Brasil. E é por isto justamente que se não deve dar quartel a presidentes e ministros ignorantes e corrompidos. Isto posto, a primeira necessidade do país é possuir uma administração real — verdadeira, estável, produtiva e tradicional. C — 71/72

Dizia ainda há pouco o visconde de la Guerronière que o ideal consiste em país livre e governo forte. Quando a autoridade é sábia, condição essencial da fortaleza, não há liberdade, por mais desenvolvida, que possa atrair as tempestades da licença. Onde tudo é livre, todos são felizes. C — 116

Governo ativo e prestigioso. Confiança do país nos seus destinos. I — 60

Os países, dizia Montesquieu, são cultivados, não em razão da sua fertilidade, mas em razão da sua liberdade. I — 126

Com efeito, um dos seus resultados deve ser a exaltação ao poder de homens sérios, ilustrados e fortes, e eu não conheço um remédio mais eficaz para a nossa triste atualidade do que a existência, naquelas cadeiras dos ministros, de um governo bem constituído, livre no curso das suas idéias, sincero no seu programa, enérgico no seu proceder.

O sistema de *la petite politique*, como se dizia em França, o sistema dos pequenos estratagemas e dos expedientes hábeis, numa palavra, a política das *côteries*, é a pior, é a mais condenável, é a que deve merecer a reprovação geral. D — 18/7/61 — 20

Sr. Presidente, tenho a infelicidade de acreditar que o nosso governo é sempre o mais atrasado em todas as idéias do progresso regular. Dói com efeito ver que num país onde a ilustração não é geral, onde o movimento do espírito público não pode nunca corresponder à ilustração do seu governo, não seja este o iniciador de todas as grandes medidas! É uma verdade triste: aquilo que de grande se há feito no Brasil procedeu da iniciativa do indivíduo, iniciativa que aliás se tem procurado desprestigiar.

As maiores empresas de melhoramentos materiais são frutos da vontade individual; o governo dorme sobre o seu expediente, esquece que rege um país novo, um país que se não pode governar com as idéias transmitidas de nossos avós. D — 25/7/63 — 232

Senhores, se os governos do Brasil não fossem geralmente tão ignaros e descuidosos dos fenômenos econômicos do país; se, com os olhos no futuro, e menos preocupados com as questiúnculas da atualidade, houvessem atendido seriamente à questão do valor crescente do algodão desde o rompimento da guerra dos Estados Unidos, certamente a esta hora não teríamos de lamentar o fato de ficar apodrecendo nos campos grande parte da produção que devia vir aos mercados, não deploraríamos saber que só o preço superior a 7$ ou 8$ por cada arroba pode animar o lavrador. D — 22/5/65 — 330

Ser liberal não é ostentar na oposição uma linguagem com que se iluda o povo. Imprimir na administração o cunho das suas idéias é o primeiro dever do homem público elevado ao governo. Por isso é que a missão de ministro não é tarefa que dispensa convicções firmes e opiniões feitas. Se os nobres ministros não podem com isto, retirem-se, que o país lhes agradecerá. Não deixem correr inutilmente um tempo que é precioso. Se continuarem no poder, traduzam por fatos as opiniões que representam. D — 6/8/67 — 530

XIII — *Raça* — *Psicologia, igualdade, miscegenação*

Daqui a um século a fisionomia do Brasil será a mais interessante do mundo por causa dessa fusão. A raça brasileira (que então se formará) terá a imaginação do africano e a reflexão do branco. O maior espanto virá disto: será essa raça antiportuguesa principalmente. Ms.

A providência que tantas vantagens doou aos povos do sul da Europa, quis, por sua grande eqüidade, negar-lhes a poderosa energia individual, que é a causa, o apoio e a explicação da força de movimento das nacionalidades do norte. Assim, quando, em Portugal, chegou seu dia, o absolutismo venceu sem combates, dominou e oprimiu sem embaraços. M — 29

A imoralidade é tradicional em nossa raça. Querem que o país prospere? Comecem pela base, comecem pelo cruzamento de raças. Não vos cause estranheza esta excentricidade: não há nada mais exato.
Nossos males são muitos; porém o verdadeiro, o fundamental, consiste no nosso espírito tímido, chinês, preguiçoso, tardio, inimigo da novidade, descansado e comodista.
É preciso mudar de hábitos, é preciso pôr outra alma no corpo do brasileiro. E eu não conheço senão um meio eficaz

para isso, a saber: abrir francamente as portas do Império ao estrangeiro, colocar o Brasil no mais estreito contato com as raças viris do norte do globo, facilitar as comunicações interiores e exteriores, promover a emigração germânica, inglesa e irlandesa, e promulgar leis para a mais plena liberdade religiosa e industrial.

É sobre este ponto de vista, é por bem do progresso, ou, antes, da reforma moral do país, que eu desejo ardentemente as mais rápidas comunicações entre o Brasil e os Estados Unidos da América do Norte. C — 414/415

O ato impolítico da benemérita presidência dessa companhia traz o selo antigo de um ódio de raça, incompreensível nos dias em que vivemos. C — 502

Cumpre-nos, porém, em honra das nossas livres instituições, melhorar o regime atual, não restabelecer as diretorias de índios, abolir as que ainda existam, reprimir severamente as exações de algumas autoridades, comandantes de fronteiras, agentes de polícia ou chefes da chamada guarda nacional, e punir sem demora os crimes dos regatões. Nada esperemos, porém, da tutela oficial. Já o índio é útil, já ele produz e consome; já vai ele passando do estado bárbaro ao semicivilizado. O cruzamento de raças em todas as povoações vai fazendo surgir uma população nova, esses mestiços tão vigorosos quanto inteligentes e aptos para os rudes trabalhos daquele clima. A ciência provará que os elementos não indígenas, o sangue caucásico ou o africano já predominam nos povoados. O índio puro, o índio primitivo desaparece, deixando atrás de si uma descendência mais dócil, mas viva, mais inclinada ao influxo da civilização. A população mestiça aumenta sempre, e ela é a indústria que produz e exporta, e o consumidor que provoca a importação; é a navegação, é a prosperidade, é o verdadeiro catecúmeno do século XIX, assim como o comércio é o seu verdadeiro catequista. V — 363/364

Renunciemos francamente ao regime forçado; chegaremos mais depressa a um resultado melhor pela liberdade de comércio, pelo cruzamento das raças, pela boa administração, pela moralidade dos padres e dos funcionários civis. V — 365

Eu não imagino aplicável a esta região da América senão a medicina que tanto se recomenda a toda ela: a imigração de indivíduos das raças vigorosas do norte do globo. A análise dos resultados até hoje obtidos da política dominante não consente apelos para outro recurso. V — 391

Queria-se fazer do negro uma casta à parte, submetê-lo a trabalho forçado ou expatriá-lo. Leis de alguns Estados os excluíram dos direitos comuns. Nem jurado, nem testemunha contra branco, lhes era permitido: armas de fogo foram-lhes interditas. Éditos severos contra a ociosidade, com excessivas multas, permitindo até a *venda* dos serviços do liberto por tempo limitado até satisfazer a importância da pena, vexadores regulamentos, proibição do exercício de certas indústrias, imposição de açoites, tudo isso se decretou em nome da ordem pública ou antes para converter o escravo em servo da gleba; mas tudo desapareceu diante da energia do congresso, que, confiando no interesse, na inteligência, no amor-próprio do liberto, transformou-o em cidadão. E eis os resultados sociais: já os libertos reservam parte de seus salários, que recolhem em numerosas caixas econômicas, fundam sociedades de temperança, criam e redigem jornais e, finalmente, associam-se, para o cultivo das terras, com os antigos senhores, ou formam sociedades cooperativas para a exploração de propriedades que compraram com o produto das suas economias. E são passados apenas cinco anos!

Se a interessantíssima república federal da Libéria e a colônia inglesa de Serra Leoa não houvessem já atestado o grau a que pode atingir, em seu desenvolvimento moral, a raça negra, bastara o inaudito exemplo do sul dos Estados Unidos para persuadir aos mais incrédulos e aviventar a fé dos que jamais duvidaram da igualdade humana. P — 258/259

Em vez de promover as reformas indicadas, recentemente lembrara-se um ministro de renovar a importação de *coolies*. Fornecer braços à lavoura é o pretexto com que se invoca a intervenção do governo para tal fim. Condenemos, vivamente condenemos, este desvio da opinião mal esclarecida: não é essa a imigração que carecemos. Estéril para o aumento da população, dispendiosa, bárbara como o próprio tráfico de negros, ela é acompanhada de um triste cortejo de imoralidades. As colônias francesas, espanholas e inglesas têm de sobra expiado o erro de importarem índios e chins: não nos aproveitará a sua longa experiência? A indignação do mundo persegue este novo tráfico: havemos afrontá-la? Demais, se vamos emancipar o escravo, cumprindo um dever de humanidade, como é que oporemos ao trabalhador liberto o trabalhador asiático, concorrente insuperável pela modicidade do seu salário? E quem paga as despesas dessa importação hostil ao liberto? O povo inteiro, e, portanto, o próprio liberto prejudicado. Isto é injusto e impolítico: é injusto aumentar com índios e chins a oferta do trabalho, abaixar o salário ao extremo limite; é impolítico criar e dirigir contra o negro indígena, contra o nacional, a concorrência formidável do asiático. Não substituamos a escravidão pelo dissimulado trabalho servil de chins embrutecidos ou de negros reduzidos à miséria. Formação da pequena propriedade, independência industrial do povo, independência do sufrágio, tudo isso virá somente do verdadeiro trabalho livre remunerado por seu justo valor.

Queixa-se a grande lavoura de falta de braços? Singular queixa sob o império da escravidão, que permite a cada canto os mercados de cativos! Queixe-se de si, da sua rotina, da sua resistência a qualquer melhoramento. Pode-se ouvir sem impaciência lastimar a falta de braços o proprietário que ainda lavra a terra a enxada? Quanto aos capazes de progresso, tenham eles ânimo, e avante! Renovem o seu material, mudem os seus processos, abandonem a rotina: e, quando soar a hora da emancipação, aí têm à mão o melhor trabalhador dos países tropicais, o negro indígena e aclimado. P — 276/278

XIV — *Direitos da mulher*

Como nos Estados Unidos, o ensino devera nos campos ser o mesmo que nas cidades; geral, sem distinção de territórios; geral ainda, sem distinção de sexos. Ambos os sexos, nas mesmas casas simultaneamente, receberiam a mesma instrução. E não recomendamos as escolas mistas pela economia somente, que aliás é considerável no ensino comum dos dois sexos; mas principalmente pelo magnífico estímulo e fecundos efeitos morais da união dos dois sexos desde a infância.

Dispam-se dos prejuízos europeus os reformadores brasileiros: imitemos a América. A escola moderna, a escola sem espírito de seita, a escola comum, a escola mista, a escola livre, é a obra original da democracia do Novo Mundo. P — 233

Não menos justa do que essa nos parece a concessão do sufrágio às mulheres que pagam certos impostos diretos (o pessoal, o das profissões, a décima urbana), às que exercem profissões literárias ou científicas e às que são comerciantes ou proprietárias (§ § 2º, 3º, 9º, e 13 do art. 2º). A civilização tende a exaltar a mulher, cuja influência na política será tão útil, poderosa e eficaz como na moral, nos costumes, nas artes e nas letras, reagindo beneficamente na família, melhorando as relações entre os dois sexos, e atenuando a enorme desigualdade legal entre os cônjuges. Não é isso uma utopia: é a tendência dos povos modernos e será nova conquista da civilização. As mulheres começam a exercer o direito de voto nos Estados Unidos, e na Inglaterra já o exercem nas eleições municipais antes mesmo que uma lei recente lhes garantisse, não só o sufrágio, como a elegibilidade para os cargos das juntas de educação (*Boards of Education*). Infelizmente, porém, em nosso país não está a opinião preparada para admitir tão justa aspiração. Suscitando-a, entregamo-la à reflexão dos pensadores. Há de vingar, cremo-lo firmemente. R — 236

O nobre Ministro da Justiça publicou o seu decreto que concede em certos casos a isenção de passaporte. Não censuro o espírito que preside a esse decreto; citarei somente uma disposição que merece reparo: pelo decreto só os maridos ficam libertados da necessidade de passaporte para viajarem, não assim as mulheres casadas, que para esse fim ele iguala aos escravos. *(Hilaridade.)* Esta exceção pouco espirituosa e menos conveniente revela bem o espírito da nossa administração. D — 9/6/1868 — 599

XV — *História*

A forma, com que saem a lume estas páginas, não exclui a imparcialidade da narrativa, a verdade da censura, nem a probabilidade das predições. O gênio inflexível da história iluminará o panfleto. M — 26

Obtido este resultado final de tantos esforços, o filantropo satisfeito nada mais acrescentaria; não assim o historiador. Alcançando um grande triunfo, aquele poderá descansar ou descobrir novas empresas em que se exerça o seu espírito generoso; o outro, porém, deve remontar ao passado para pesar e averiguar os motivos de um acontecimento tão grave. Este é o meio por que a História se torna uma advertência utilíssima para o futuro. C — 155

Com efeito, qual o caminho por onde chegamos ao labirinto do presente? Estude-se o passado e tudo se esclarece. C — 327

Pedindo inspirações à história do seu país, o autor não presume inventar: expõe, comenta, recorda. P — 11

Ilustrem este debate as recordações do nosso passado. Não repudia um povo a sua história; e um partido, quando reclama liberdades que já convertera em leis, impõe-se com dobrada força ao respeito dos contemporâneos. Temos por nós a tradição liberal; contra nós o fato do absolutismo: o país escolherá. P — 175

Sr. Presidente, eis aí a minha confissão política, que é a de todos os corações generosos, a dos homens sinceros que não pertencem à milícia das *côteries,* que renegam o direito de livre discussão, e que propõem-se observar a maior tolerância para com os indivíduos, assim como toda a moderação a respeito de princípios. Esse programa é o da mocidade, Sr. Presidente, não dessa mocidade frenética que vê diante de si castelos feudais a derribar, que parece sempre disposta para o assalto das barricadas, mas dessa mocidade refletida e séria a que se aplicam as palavras pomposas de Michelet: "Nossos pais nos perguntam por que nesta idade da força e da vida nós caminhamos pensativos e curvados, é que a história vive em nós, os séculos pesam, nós carregamos o mundo!" D — 18/7/61 — 20/21

A história dirá se eu exagero... D — 8/7/62 — 170

Se o governo imperial prossegue na senda generosa de reformas francas na administração rotineira que sobre nós pesa, o governo imperial granjeará os louvores da nação e fará direito ao lugar eminente que a história lhe reserva. D — 19/5/65 — 323

XVI — *Justiça — Garantias do cidadão — Humanismo*

Outra grande qualidade dos ingleses é o seu incontestável espírito de justiça. Nisto só, meu amigo, o compreende um mundo de idéias. A justiça é a base dos Estados, é a verdadeira política. Nós, ao contrário, entendemos que a opressão é excelente meio de governo. C — 390

Tinha razão o conde de Montalembert: há alguma cousa de sobrenatural nessa *nobre superstição do direito*. A justiça não faz vítimas, mesmo quando condena. A justiça, porém, consolida a paz, serena os ódios do presente e desata docemente os nós das dificuldades futuras. C — 395

A justiça não é favor que se distribui, é um dever que se cumpre. C — 397

- Quais são, pois, as garantias individuais que uma lei uniforme deve firmar em todo o império?

Elas resumem-se todas no nobre pensamento do século XVIII: proteger o cidadão contra o abuso do poder. O que é a liberdade no mundo moderno? É a efetividade da garantia pessoal e real do indivíduo. O fiador é o tribunal judiciário. Processo que premuna a liberdade contra a tirania, juiz independente que o observe: eis tudo. Onde isso não existe, ou, existindo escrito, não se cumpre, não há a liberdade prática dos ingleses, a verdadeira liberdade.

Restringir a prisão preventiva, antes da culpa formada, ao caso de flagrante delito, podendo-se exigir caução quando houver indícios veementes;

Restabelecer o júri de acusação, único competente para pronunciar e decretar a prisão em crime inafiançável;

Facilitar e abreviar o processo da fiança;

Fixar prazo fatal para a formação da culpa, sob cláusula de soltura do indiciado preso;

Regular, conforme o código do processo, as buscas, punindo abusos que ora são vulgares;

Permitir a todos os juízes conceder *habeas-corpus*, sem distinção de causas ou ordem de prisão;

Restituir ao júri os julgamentos que lhe tiraram em 1850, o conhecimento dos crimes de empregados não privilegiados, que atualmente julgam os juízes de direito, e o de todas as injúrias impressas;

Presumir a liberdade individual contra outras alçadas excepcionais, criadas ou sob pretexto do serviço do recrutamento, ou em nome do interesse da lavoura, ou por amor da segurança pública e disciplina militar.

Tais seriam as bases da lei judiciária que o país reclama.

Não se diga que desarmamos a sociedade diante do crime; o nosso ponto de partida é que, no Brasil, como em outros povos da raça latina, não é tanto a impunidade do crime que se deve recear, mas a prepotência da autoridade. Falemos com franqueza: depois da exageração a que se tem visto chegar a prisão arbitrária, graças à polícia hierárquica da lei de 3 de dezembro e às violentas paixões políticas, — nós preferiríamos, no caso de escolha, uma lei liberal, embora não evitasse inteiramente a impunidade de alguns criminosos, à lei despótica que, na intenção ou sob o pretexto de castigar a todos, fosse, como é aquela, regimento militar da nação escravizada. P — 208/210

A tranqüilidade do povo, a segurança individual, a regularidade do trabalho, os mais caros interesses exigem melhor organização dessa parte do nosso governo. P — 184

Certo, as aspirações do Brasil não chegam tão longe; aqui não se trata de copiar o sistema dos Estados Unidos. Se bem as interpretamos, quanto ao poder judicial, limitam-se nossas aspirações a dois pontos capitais: magistratura independente do poder executivo, garantias à liberdade individual. P — 187

Atos semelhantes, Sr. Presidente, poderiam jamais encontrar da minha parte uma fria indiferença? Essa indiferença seria criminosa.
Atos semelhantes não poderiam ser indiferentes ao orador que nesta ocasião tem a honra de dirigir-se à Câmara, àquele que curvará a sua cabeça ao merecimento verdadeiro e às qualidades respeitáveis, mas não à prepotência acintosa, à violação dos direitos individuais, à postergação das liberdades públicas. D — 27/8/62 — 223

É assim que, senhores, todos nós neste mundo estamos no caso do poeta latino. *Nihil a me humani alienunt puto!* D — 11/7/67 — 482

XVII — *Poderes* — *Partidos* — *Oligarquias*

Ninguém se sente viver no meio de partidos organizados, não cabendo ao que vemos e ouvimos outro nome mais que o de facções ou *côteries*. M — 34

Se o Parlamento, anulado pela sua origem, é fraco pela sua composição, o poder executivo assume a onipotência. M — 37

Só o desenvolvimento gradual do espírito público, a energia dos homens políticos, a independência de cada um, a prática do *self-government*, a liberdade das Câmaras e a força própria dos ministérios podem evitar que pese demais uma influência qualquer, abalando o equilíbrio constitucional. M — 44

Dadas estas condições, é o ministro o árbitro supremo. Em derredor e abaixo dele ninguém possui vontade, juízo, autonomia. O ministro é um ente privilegiado, um pachá, que resume em si toda a ciência e toda a experiência do mundo. E, como todos os pachás, eles embaraçam mais do que produzem. Concentram em si toda a vida e toda a energia do Estado; e, preocupados nessa tarefa de uma concentração avara, não lhes é possível estudar os detalhes que absorveram em si, como não lhes é dado refletir nos grandes problemas do presente e rasgar os véus do futuro. C — 56/57

Costumam alguns espíritos, ou demasiadamente tímidos ou profundamente hipócritas, justificar a mediocridade e esterilidade das disputações políticas com as exigências da ordem e da segurança sociais, que, segundo eles, perigam desde que se agita um problema menos vulgar ou mais sério. Pela minha parte, entendo justamente o contrário. Quando discuto a sorte das províncias e peço uma organização administrativa eficaz e estável; quando tento romper o mistério da escravidão no Brasil; quando disserto acerca de nossas práticas religiosas; quando exijo reformas econômicas liberais; quando, enfim, ponho o dedo sobre uma grande chaga, o desprezo que se volta às províncias do Império, não é meu pensamento, nem o podia ser nunca, abalar as instituições. Pelo contrário, é à sombra delas, é defendido pelo escudo constitucional, que eu vos entretenho com o desenvolvimento de cada uma dessas idéias. C — 328/329

Nesses dias nefastos em que o poder, fortemente concentrado, move mecanicamente uma nação inteira, caracterizam o estado social a inércia, o desalento, o ceticismo, e, quem sabe, a baixa idolatria do despotismo, o amor às próprias cadeias. Daí a profunda corrupção das almas, abdicando diante da força ou do vil interesse. P — 20

Sejamos um partido distinto do conservador por doutrinas assentadas e claramente definidas, esperando da agitação pacífica, encetada com valor e continuada com perseverança, o triunfo legal da grande causa que defendemos. Sem isto não teríamos o direito de nos queixar da pertinácia do príncipe, da mesma sorte por que não teríamos o de lamentar a indiferença do povo. S — 157

Por mais legítimo que seja o predomínio moral de uma idéia, de uma crença, de um partido, o que muito importa é que, em nome da liberdade do pensamento, e sob a sua égide sacrossanta, outra idéia, outra crença, outro partido, ainda o menos popular, o mais detestado, ou o mais fraco, possa fazer-se ouvir e seja ouvido, por mais que desagrade a seus adversários vitoriosos e onipotentes. R — 190

O poder compreenderia afinal que as oposições são indispensáveis, não só ao melhoramento, como à estabilidade das instituições? R — 191

E eis o que mais importa advertir: ambos os partidos, que tão depressa se arruinaram e se decompuseram esteados na unanimidade do parlamento, ao cair sofreram a humilhação de verem passar o poder, cuja posse perpétua sonharam, não às mãos do legítimo adversário reabilitado pelo infortúnio, posto que exterminado oficialmente, não a partido algum político, mas à camarilha dos áulicos; e esta é que, motejando de tudo e de todos, desfere as velas para uma longa navegação, alicia adeptos, converte e seduz os próprios vencidos, cresce, forma até um partido, e o maior de todos, agitando arrogantemente a célebre legenda: *Coesarem vehis, fortunamque ejus.* R — 203

Jamais no sistema representativo pode um governo existir fora do centro de um dos partidos. D — 4/6/62 — 123

Ah! se eu pudesse falar longamente sobre as províncias do norte do Império; se eu tivesse obtido a palavra nos negócios de Pernambuco que há pouco se discutiram nesta Casa; se eu conseguisse falar nessa oligarquia destroçada no Sul, mas triunfante no Norte; se eu pudesse lamentar que a briosa província de Pernambuco esteja hoje humilhada sob a influência de espíritos sombrios, sob a dominação exclusiva do suserano do Norte!... D — 27/8/62 — 228/229

Eu já o dizia o ano passado: o que é incompreensível, o que não pode ser senão uma utopia, que os fatos se encarreguem de desvanecer, é que o governo de um país livre se faça fora dos partidos. Alimentar partidos intermédios que embaracem os partidos legítimos, não é só uma ilusão, é um perigo.

A história contemporânea dos países constitucionais mostra que este sistema de governo periga ou é derrubado sempre que se substitui aos partidos reais os partidos teóricos ou oficiais. Com efeito, não há meio-termo: ou o governo do autocrata com o vigor, o prestígio, a astúcia e a perseverança do napoleonismo, ou o governo francamente representativo e constitucional. No primeiro caso, a responsabilidade pertence inteira ao príncipe que é o chefe de um partido; no segundo caso, a realeza está fora e acima das paixões políticas, e são os chefes de partido que assumem a responsabilidade. D — 9/6/68 — 596

Assim, se as necessidades que nós representamos não tinham sido, como ainda não foram satisfeitas, forçado é confessar que o partido liberal está no seu direito e desempenha um dever sagrado empenhando-se pelo triunfo da sua bandeira.

Mas não se diga que eu venho fazer um discurso *pro domo mea;* se eu não declino da justiça que tem o partido liberal em aspirar ao governo, sou o primeiro a reconhecer (apresso-me em confessá-lo) que, a não sermos nós, só os nossos adversários naturais — os conservadores — mereciam ser elevados à administração. Porquanto, antes de tudo, o propósito dos liberais (não digo só deles, de toda a nação) deve ser fulminar essas situações intermédias que nos estragam a uns e a outros, que têm tornado impraticável o regímen constitucional no Brasil!

Não é outro o meu pensamento. Como cidadão, não tenho receio algum dos conservadores pelo que toca às liberdades públicas; os últimos anos têm legado muita experiência a todos os partidos. Mas o que muito importa, repito, é que não prevaleçam as situações equívocas que tudo comprometem. Subam os conservadores, mas subam eles nas suas pessoas, e não outros com os seus nomes. Não sou procurador dos nossos adversários, mas sou do interesse público, que é superior a todos os partidos. Não podemos estimar, antes devemos condenar que, assim como vemos um ministério arrancar-nos as cores da nossa bandeira sem tomar a peito a realidade da nossa doutrina, tenham os nossos adversários pela sua vez de combater falsos representantes da sua opinião. D — 9/6/65 — 605

Parece-me que os nobres deputados iludem-se quando confundem uma coalizão eventual com uma liga formada de elementos capazes de se combinarem para um fim determinado.

De coalizões acidentais e passageiras, temos exemplos no nosso próprio país. Essas nasciam numa tarde para dissolverem-se na manhã seguinte. Mas atualmente não se trata disso, trata-se de uma liga. A diferença não reside só na palavra. A história condena as coalizões... Tais fusões eram altamente imorais;

foram alimentadas por despeitos e interesses pessoais, desvaneceram-se por idênticos motivos.

Mas, senhores, não se pode condenar o partido em que tenho a honra de servir, reputando-o uma aliança adventícia, como esse, entre grupos divergentes, uma coalizão entre chefes de bandos sequiosos de poder. Fusões semelhantes, sem apoio no país real, sem princípios definidos, sem um fim comum elevado, são por certo prejudiciais à causa pública e destituídas de força moral. A Liga, porém, que nós ostentamos é uma aliança séria e de natureza diversa. Não nasceu ontem, não data da véspera; tem sido formada pelos acontecimentos, pressentida no espírito público, e proclamada, mais ou menos claramente, nos conselhos da nação...

Acredito na permanência da aliança em que estou cooperando, porque ela tem um ponto de contato comum a todos os seus membros — a guerra à oligarquia pavorosa que assombra o país, e propõe-se à realização de medidas manifestamente populares e altamente úteis. D — 3/6/1862 — 97/99

XVIII — *Administração — Burocracia — Empregocracia*

Parando na confraternização dos inimigos da véspera (a conciliação); arrancando o apoio de alguns pelo meio da empregocracia e pelo da profusão das graças, a nova era desprestigiouse. Não de outro modo se explica a guerra que lhe moveu o vulto mais respeitável dentre os contemporâneos, o ex-regente do Império, o Sr. Marquês de Olinda. M — 33

Aos vícios políticos acrescem os administrativos. Repartições centrais erradamente organizadas, cujo serviço interno é do mais difícil jogo e mais rotineiro, não contam com pessoal idôneo e exigem todo o dia aumento de pessoal. Contra a economia de tempo e de dinheiro, é nas mãos dos ministros que vão parar os menores negócios e deles é que, depois de lenta e volumosa correspondência, recebem a mais simples solução. M — 38

Dir-se-ia que o Brasil é uma terra habitada por milhões e milhões de pretendentes a empregos e graças, cujo cofre é o talismã do governo. S — 413

Nas questões administrativas, o nosso programa é antigo, e aspira à maior liberdade possível, à descentralização em todos os ramos do serviço público, à redução do funcionalismo, à limitação da ingerência administrativa, à simplicidade e brevidade dos processos e fórmulas geralmente adotadas das estações públicas. D — 3/6/62 — 99

Ora, Sr. Presidente, quando esse corpo (diplomático) não conta muitas capacidades, quando as questões mais graves são confiadas a indivíduos sem mérito real, quando, sobretudo, a carreira diplomática se pode considerar uma 2ª classe do exército, uma sinecura para os filhos dos potentados desta boa terra, é impossível esperar que os nossos negócios sejam tratados com esmero e resolvidos com vantagem... A Câmara permita-me insistir neste assunto; tenho fé nos resultados de discussões desta natureza; não é malhar em ferro frio. Já conseguimos alguma coisa neste terreno: tanto a imprensa liberal, tanto os órgãos da oposição nas Câmaras reproduziram as mesmas idéias, que por fim desvanecemo-nos de ver que algumas conquistas se vão fazendo. Quase todos os Srs. ex-Ministros nos vieram dizer em seus relatórios que o pessoal de suas secretarias, contra cuja organização havíamos clamado, é realmente excessivo. Quatro dos Srs. ex-Ministros, os do Império, da Justiça, da Guerra e de Estrangeiros, já concordam conosco nesse ponto. Assim, pois, não é escusado repetir, e tornar a repetir, que a Secretaria de Estado dos Negócios Estrangeiros, como todas as outras, tem pessoal supérfluo. D — 8/7/62 — 172, 176

Eu pertenço ao número daqueles que acreditam que geralmente o pessoal das repartições públicas do Império não é bem remunerado; mas também, por outro lado, alimento a convicção de que há poucos países que comparativamente tenham maior luxo de pessoal. D — 27/8/62 — 212

É para a simplificação do processo administrativo, é justamente para aí que pedimos a atenção do honrado Ministro; e ele, procedendo ao exame da matéria, ficará habilitado para propor ao corpo legislativo uma reforma completa de organização da Secretaria do Império. D — 15/4/64 — 313

Mas quem há aí sem alguns senões? E o menor dos defeitos do nobre Ministro não é por certo a frivolidade de que alguns dos seus atos dão exemplo. Citarei a propósito um aviso por S. Exa. dirigido ao administrador da tipografia nacional nos termos seguintes:
"— À tipografia nacional, que faça cessar a remessa do *Diário Oficial* ao Dr. Vicente Inácio Pereira, na província do Rio Grande do Norte, que, conforme participou a respectiva Tesouraria de Fazenda em ofício nº 30, de 23 de março próximo passado, deixou de ser dele assinante."
Eis um assunto digno de ministros de Estado! Isto toca ao infinitamente pequeno. Veja-se como sobra o tempo ao nobre Presidente do Conselho! D — 11/7/67— 472

XIV — *Pena de morte*

Um projeto iniciado para abolir a pena de morte é em qualquer parte do mundo, e o será no Brasil, um objeto muito digno das discussões de um parlamento liberal. A divergência pode consistir em outro ponto do assunto, a saber, como, aceita a transformação do regímen penal em sua cabeça, convém distribuir e classificar os graus das penas subsistentes. É o que se examinará na 2ª e 3ª discussões do projeto. Mas, por outro lado, V. Exa. compreende bem que uma classificação dessa natureza, abraçando os elementos fundamentais do sistema vigente, exige um estudo sério, que é mais prudente incumbir às comissões da casa do que esperar da ilustração de cada um dos seus membros isoladamente.
Sr. Presidente, graças à sabedoria e à grande elevação de

espírito do príncipe que ocupa o trono do Brasil, é verdade que a pena de morte felizmente está quase apagada no livro negro de nossa penalidade. Mas nem por isso é menos digno da Câmara iniciar a medida humanitária consagrada no art. 1º do projeto. O nosso excelente Código Criminal só aplica a pena de morte ao homicídio, ao roubo com homicídio e aos cabeças de insurreição de escravos; e, não obstante a lei de 10 de junho de 1835, relativamente aos assassínio e certos outros crimes de escravos, a de 15 de outubro de 1827, a respeito da alta traição dos ministros e conselheiros de Estado, e as disposições das leis militares de natureza muito particular, podemos ufanar-nos de dizer que nenhuma legislação que consagre a pena de morte é mais benigna do que a nossa no modo de distribuí-la e aplicá-la.

Tudo isso é verdade, tudo isso explica a indiferença do público para com essa parte sinistra da legislação; mas isso mesmo serve para mostrar a inutilidade da pena capital. Entretanto, se é justo aboli-la, é prudente descer ao exame da legislação penal, máxime em relação às galés perpétuas, pena cruel e imoral, cuja substituição é tão imperiosa como a aplicação geral, sistemática e uniforme do único regímen penal cristão, o regime penitenciário. D — 3/2/1864 — 266

TÍTULO II
TEMAS ESPECIAIS

I — *Males do Brasil*

Mala autem arbor fructus facit.

Ninguém há neste país que desconheça a profunda aflição de muitos, o desespero de alguns e o incômodo geral de todos os homens de bem, desde o humilde lavrador até o estadista, desde o eleitor até o deputado, desde o menor funcionário até o ministro da coroa. Estudando-se com imparcialidade o meio social em que vivemos, encontram-se tanta vez a corrupção e o crime sem pudor, a rotina e o fanatismo, a imbecilidade e a ignorância, o ceticismo no coração e a desordem nas idéias, que involuntariamente cada qual se interroga acerca do resultado de uma situação tão ameaçadora e tão sombria, e sobre as causas que acumularam essas nuvens negras no horizonte que há pouco ostentava as rosadas cores de uma aurora de venturas.

Ilusão de patriotismo! A origem dos nossos males não está só nos recentes erros de ontem, como de ordinário se diz. Não! para descobri-la é preciso remontar ao curso de mais de um século, a muitos dias passados; é preciso procurá-la nesse longínquo tempo em que se encerrou a epopéia da idade média e começou o drama terrível da história moderna.

O século XVI foi o teatro do absolutismo mais depravado. Para os povos de raça latina, sobretudo, ele é a expressão da guerra e da fome, da tirania e do fanatismo, da tortura e da fogueira, símbolos da maior miséria social.

O absolutismo, crescendo por toda a parte, encontrava

Portugal, naquele século, em as melhores condições para o seu reinado.

Decadência moral; absorção pelo poder das forças vivas da sociedade; definhamento das municipalidades e das cortes; anulação da nobreza cavalheirosa, substituída pela nobreza rapace e indolente; simonia, ignorância e brutalidade do clero; rei beato e corrupto; a classe industriosa, ou a raça hebraica, perseguida em vez de protegida; a inquisição firmada; tudo, até a dependência, em que estava, do maior foco da peste moral desse tempo, a corte de Roma, tudo, enfim conspirava para ruína desse desgraçado país. Um historiador consciencioso, Alexandre Herculano, no livro *Do estabelecimento da Inquisição*, resume assim a fisionomia da época referida: "... Século corrupto e feroz, de que ainda hoje o absolutismo, ignorante do seu próprio passado, ousa gloriar-se, e que tendo por inscrição no seu ádito o nome obsceno de Alexandre VI, e por epitáfio em seu tronco o nome horrível do castelhano Filipe II, o rei filicida, pôde em Portugal, tomar também para padrão, que lhe assinale metade do curso, o nome de um fanático, ruim de condição e inepto, chamado D. João III."[1]

Já não existia então o vigor da sociedade nascente, dos séculos XII e XIII. Sem o espírito forte e a vontade indomável dos povos de raça germânica, Portugal brilhou um dia, no século XV, e morreu para sempre. Traçando seus versos imortais, cujas harmonias inspirava mais o patriótico louvor dos feitos dos maiores, a musa do passado, *temporis acti*, do que a esperança do futuro, Camões, o agoureiro Camões, dizia:

"... A pátria, não que está metida
No agosto da cobiça e na rudeza
De uma austera, apagada e vil tristeza."[2]

Leia-se o importante volume,[3] recentemente estampado pelo continuador de Alexandre Herculano, e veja-se como o

---
[1] Livro X, *in fine*.
[2] Canto X, estrofe 145.
[3] *História de Portugal nos séculos XVII e VIII*, pelo dr. Rebelo da Silva, Introdução, parte 1ª, *passim* e cap. 2º *in fine*.

estado moral, econômico e político do reino se comprometeu mais e mais no correr dos anos, justificando a queixa do pesaroso poeta.

A providência, que tantas vantagens doou aos povos do sul da Europa, quis, por sua grande eqüidade, negar-lhes a poderosa energia individual, que é a causa, o apoio e a explicação da força de movimento das nacionalidades do norte. Assim, quando, em Portugal, chegou seu dia, o absolutismo venceu sem combates, dominou e oprimiu sem embaraços.

Aquele que desejar medir todas as suas conseqüências, morais ou materiais, sobre a religião ou sobre a indústria, sobre o Estado ou a família, o cidadão ou o homem, contemple a longa série de atos valorosos, mas também despóticos, por cujo meio, muitos anos mais tarde, o célebre ministro de D. José tentou, num esforço sublime, restaurar o governo e erguer o país do abismo em que mais e mais se afundava.

Ainda o mal era tão grave e tão difícil a cura, que a reação foi não só violenta como eficaz, no reinado seguinte.

Até hoje, os movimentos políticos de Portugal revelam periodicamente a existência de uma voragem que tão cedo se fecha, como logo prorrompe em novas devastações.

A história interna da metrópole aclara a fisionomia da colônia.

Quando seriamente começou de aproveitar o Brasil, que outras potências ambicionavam, Portugal não contava já façanhas quais as de Afonso de Albuquerque e João de Castro. A idade heróica recuava diante da onipotência do absolutismo.

Daí resulta qual devera ser o espírito dos emigrantes. O espetáculo, que na metrópole viram, era o de um desfalecimento silencioso. O mundo, que se lhes abria, saciava-lhes a sede de ouro, que a terra pródiga oferecia. Ora, uma sociedade formada por indivíduos, não só de ínfima classe, em grande parte condenados, como de ambiciosos de dinheiro ganho sem o santificado suor do trabalho, uma sociedade tal considera a indolência felicidade, a rapacidade indústria, a moeda riqueza, a ignorância virtude, o fanatismo religião, o servilismo respeito, a liberdade de espírito um pecado que se expia na fogueira, e a independência pessoal um crime de lesa-majestade.

E era assim.

Esquecei, por um momento, que se trata da terra da pátria, e deixai falar a história. O ouvidor, o capitão-mor, o governador, o vice-rei, não ferem os ouvidos hoje com o som dos grilhões? Não recordam a tétrica expressão do carcereiro e do algoz? Não projetam a sombra lúgubre da cadeia e do cadafalso?

Mas eu não recordei ainda o elemento mais triste que entrou na envenenada composição desta sociedade, a escravatura, não só a escravatura dos indígenas, como depois a dos africanos importados. Alteração completa da ordem natural do trabalho, e maior corrupção dos costumes, eis os próximos resultados do novo elemento.

Quem correr os olhos pelas memórias que desse tempo nos legou o grande orador, padre Vieira, ou assistir à exumação laboriosamente encetada no *Jornal de Timon*, esse verá muitas vezes o sangue inocente nodoar as sombras da longa e silenciosa noite do nosso passado .

Como a vida política, em sociedade tal, não podia deixar de ser nula a atividade industriosa. Lavoura minguada; artes úteis nenhumas ou patriarcais; comércio, apenas o exclusivo para a metrópole e com a metrópole. Fechados os portos aos navegantes do mundo, isolados como o Japão, recebíamos o ar vivificante da Europa através do Portugal empestado.

Se alguma coisa explica o embrutecimento do Brasil até o começo do século presente, a geral depravação e bárbara aspereza de seus costumes, e, portanto, a ausência do que se chama espírito público e atividade empreendedora, é decerto o sistema colonial. Não recai sobre Portugal somente esse crime de ignorância e egoísmo; mas, é inegável que, em parte alguma, foi o regímen observado com mais severidade e mais solícita avareza do que na metrópole.

À ausência de peias, quais aquelas com que fomos jungidos à imobilidade chinesa de Portugal, deveram os povos da Nova Inglaterra a sua nobre independência e rápida prosperidade.

Com efeito, o presidente desse país, que, segundo Gervinus,[4] representa o maior progresso da sociedade pela maior expansão da liberdade individual, dizia ao Congresso na mensagem de 1852: "Nossas livres instituições não são fruto da revolução: elas existiam dantes; tinham suas raízes nas livres cartas, sob cujo regímen se haviam engrandecido as colônias inglesas."

O exemplo dos Estados Unidos caracteriza bem o nosso pensamento. Sim, não conhecíamos o espírito público, nem a liberdade do indivíduo, ao começar este século.

A nossa independência, arrancada facilmente das mãos de um país aniquilado e revolto, pelo príncipe generoso que a firmou segundo os conselhos de alguns homens superiores, a nossa independência não contraria quanto alegamos. A sociedade não era inteira e fielmente representada pelos patriotas a que aludimos. Eles foram homens superiores ao seu tempo e ao seu país. A independência a eles se deve em grande parte; mas, suas forças eram pequenas para a tarefa gigantesca de fazer de cada brasileiro um homem verdadeiramente livre, independente e soberano. *My house is my kingdom*, diz cada inglês; no Brasil de então, como de hoje, só a autoridade gozava o mais ilimitado arbítrio. Depois, os chefes do movimento de 1822, educados nas trevas de Coimbra, eram eivados de aspirações, sentimentos e prejuízos republicanos à guisa da Grécia e Roma, cujos heróis e cujos feitos citavam a propósito de tudo. Quando se considera nessa viciosa educação clássica e juvenil admiração dos heróis antigos, já assinalados pelo Sr. J. J da Rocha;[5] quando se pensa nas suas conseqüências anacrônicas e deletérias, como demonstrou F. Bastiat,[6] admira sem dúvida ter nascido dessas cabeças pejadas das recordações de César e Pompeu não só a nossa sensata, nacional e gloriosa constituição de 1824, como, sobretudo, o *Projeto* elaborado na Assembléia Constituinte.

Firmada a independência, extintas as últimas flamas do

---

[4] *Introdução à história do século XIX*, 3ª seção, *in fine*.
[5] *Ação, reação e transação*, pág. 6.
[6] *Baccalauréat et socialisme*, e outras obras, *passim*.

grande incêndio, as lutas intestinas rasgaram o seio da pátria. As paixões exclusivas arredaram os homens eminentes, ou abateram a sua influência, que os medíocres de espírito e de coração partilharam entre si.

Para logo, na ausência de uma opinião esclarecida e convenientemente moralizada, os maus costumes da colônia tornaram a seguir o seu curso, devastando o foro, o comércio, a política e até o templo. Houve tal, cuja cínica audácia lhe granjeou mais súbita celebridade do que poderiam fazê-lo os recursos de elevado talento.

Nas províncias, o sicário é o dominador e o chefe do partido. As lutas aí se travam com barbaridade somente inferior à sua infâmia. Onde o poder venceu, nem sempre esmagou o crime; muita vez pactuou com ele, e, não raro, deveu-se o triunfo à corrupção.

Eis aí a fisionomia moral de um largo trato de anos, que atravessamos depressa para chegar ao importante período de 1850 a 53.

A impotência e o anacronismo da Revolta Praieira em 49 não foi o maior motivo para a completa dominação do partido vencedor. Esmagados os rebeldes, o poder triunfante encontrava o espírito público tão corrupto e descrido que fácil fora arrancar do parlamento atos que mais fortificassem o executivo e melhor ostentassem o seu universal domínio.

Mas os incessantes protestos do partido esmagado; a superabundância de força dos vencedores, que só ia servindo bem à influência exclusiva de certos chefes; os sentimentos de paz que aos poucos foram calando no ânimo de todos; a necessidade lentamente experimentada de liberdades práticas; e, por fim, as exigências liberais do comércio, reagiram contra a política vencedora, intolerante e exclusiva, e determinaram o que se chamou a nova era, ou a política de conciliação.

Compreendia-se e desejava-se a conciliação mais no terreno dos princípios do que no interesse dos indivíduos. O gabinete de 6 de setembro, porém, fosse fraqueza, fosse descrença, fosse a morte prematura do seu presidente, infeliz na tentativa de satisfazer o país pelo triunfo das idéias, com exceção da reforma eleitoral, nada mais conseguiu do que congraçar muitos adversários e saciar a cobiça de diversos.

Parando na confraternização dos inimigos da véspera; arrancando o apoio de alguns pelo meio da empregocracia e pelo da profusão das graças, a nova era desprestigiou-se. Não de outro modo se explica a guerra que lhe moveu o vulto mais respeitável dentre os contemporâneos, o ex-regente do Império, o Sr. marquês de Olinda.

Mas, certamente, dois resultados notáveis nasceram daquela situação. De um lado, enquanto muitos dos vencidos acediam ao apelo do governo, alguns dos chefes do partido vencedor se abandonavam ao esquecimento e, no silêncio, fruíam os bens adquiridos outrora e as recentes graças do poder, que os solicitava. Fosse convicção nuns, fosse hipocrisia noutros, a nova atitude desses homens revelava que eles se não podiam opor ao curso das idéias; que o trabalho dos espíritos estava feito; que a conciliação, como quer que a executassem, era uma idéia popular e uma necessidade pública.

Por outro lado, essa ordem de coisas veio a ser confirmada pela execução da reforma eleitoral, remédio violento que, excitando as pretensões individuais das influências de campanário, foi dissolver, nas províncias, o velho estado-maior do partido saquarema, os círculos de ferro das capitais, em que se batiam e de onde se expediam as chapas maciças.

Assim, na abertura do parlamento, em 1857, nada existia dos antigos partidos, a não serem as recriminações de pessoas que só aprenderam nunca esquecer.

De 1857 em diante as coisas têm caminhado no mesmo rumo. Com efeito, em 1859, por combater o ministério Abaeté, qualificado de reator ou saquarema puro, inventaram-se as locuções *conservador moderado*, e até *liberal conservador*, exprimindo o mesmo que a palavra *conciliação*, repelida por desmoralizada. O *conservador com critério*, o *liberal acautelado* e o *ligueiro*, vocábulos recentemente introduzidos na circulação, vêm substituir aqueles que, por gastos, já se estão dela retirando.

Desprezada a questão de palavra, que podem significar essas expressões? Esses epítetos ou cognomes, que tão cedo se escrevem quão depressa se apagam? Ninguém se sente viver no meio de partidos organizados, não cabendo ao que vemos e ouvimos outro nome mais que o de facções ou *côteries*.

E, na verdade, enterrado o Partido Liberal com as bandeiras de 1841 e 1848, é o vencedor, o partido saquarema, que oferece o espetáculo da mais completa dissolução. Para caracterizá-la, eu transcreverei as notáveis frases do conde de Montalembert sobre os conservadores que, na Inglaterra, comanda *lord* Derby: "Ils admettent ou ils proposent eux-mêmes des reformes libérales, qu'ils ont ou qu'ils auraient certainement combattues, s'ils étaient restés dans l'opposition où les avait jetés leur rupture la nécessité de briser le vieux programme tory et d'ouvrir la porte de l'avenir."[7] Noutro lugar, assinalando o mesmo fato, o eloqüente escritor diz: "... Cet ancien parti conservateur qui ne s'est jamais relevé du coup qu'il s'est porté à lui-même en refusant de suivre sir Robert-Peel dans la voie du progrès légitime, *et qui n'a reconquist la majorité ni dans le pays ni dans le parlement.*"[8]

Os conservadores, com efeito, não são já um partido: com esse nome encontram-se pessoas de pensar muito diverso. Suplico licença ao leitor para citar-lhe um recente discurso de *lord* Derby, a propósito de igual situação do partido whig: "Vejo, dizia o nobre *lord*, vejo com grande pesar e interesse homens de caráter distinto, de talento e de alta posição, talvez por uma honrosa, mas mal-entendida lealdade a nomes, esquecida inteiramente a diferença de princípios que os seus nomes escondem e cobrem, aliarem-se a homens de cujas idéias e política discordam inteiramente, e deixarem-se arrastar a apoiar medidas de outros que em particular desprezam..."

Sim, já assistimos à morte dos partidos: o que hoje resta são pequenos grupos ligados pelas recordações da antiga obediência e pela mútua lealdade.

---

[7] *Un débat sur l'Inde au parlement anglais*, pág. 120.
[8] Pág. 57.

Essa confusão político-social explica a indignação dos poucos fiéis à lei do profeta, gera o desânimo dos espíritos sérios e protege a versatilidade dos fracos. Todos os homens de bem se sentem mal; só os corrompidos exploram os meios de aproveitar a quadra.

O estado político-social revela-se em tudo e estende-se a tudo.

Vede como se dissolvem gabinetes, se combinam e se organizam novos gabinetes.

Vede, na verificação de poderes, alguns deputados, esquecendo a altura de seu mandato, fazerem-se cúmplices do poder criminoso e arrostar a opinião pública justamente irritada. Para eles a justiça valeu menos que o favor. Combinai, ponde em paralelo esses patronatos, esses protetores, esses protegidos, essas corrupções... E é ali, no seio do Parlamento! Ah! desgraçado país!

Vede como a intolerância de certas pessoas transforma as grandes lutas da tribuna num desagradável e interminável pugilato. O aparte, lançado rosto a rosto, tornou-se um meio de combater, senão de agredir com mais prontidão, mais fereza e mais eficácia. O adversário não merece o respeito do adversário, e a primeira saudação que se lhe envia, é, pelo menos, a de corrompido. Não era assim, não, nos tempos gloriosos de lutas travadas sobre objeto muito mais sério. Se o espírito excedeu às vezes os limites do decoro, nem sempre a crua violência da frase supriu a ausência de raciocínios.

E, por que é viciosa a composição da câmara eletiva? Porque o regímen eleitoral é péssimo, o da Guarda Nacional insuportável, o da polícia defeituoso, e o do poder judiciário inconstitucional.

Onde é sinceramente praticada, nos grandes povoados, nas capitais, a lei eleitoral vigente é um verdadeiro sistema de revolvimento periódico das massas, contra o qual só há a garantia da Providência ou a suprema razão da força. Onde o não é, nas localidades centrais, nas províncias pequenas, a eleição não passa de uma ficção, miserável e grosseira, como a dos *bourgs-*

pourris de Inglaterra. O Presidente cria os influentes locais; estes designam as centenas de eleitores. Quatro ou cinco influentes, e às vezes menos, são grandes eleitores e os únicos da mor parte dos círculos. Daí resulta que, sem ser governo, isto é, sem poder criar influentes, não há partido que possa aparecer com maioria compacta nas câmaras; por outra, nunca a minoria virá a ser regularmente maioria: o que importa o mesmo que a negação do sistema representativo.

Em si própria, a Guarda Nacional é a militarização do país. Idéia terrível! o cidadão será um soldado; a independência obediência; o voto livre um favor do comandante. Para a eleição indireta não há instrumento melhor que o da Guarda Nacional, a não ser a polícia judiciária em mãos de agentes administrativos, a não ser, finalmente, a temporaneidade e amovibilidade dos juízes de primeira instância.

Se o Parlamento, anulado pela sua origem, é fraco pela sua composição, o poder executivo assume a onipotência.

Logo, este poder nega a responsabilidade, que lhe incumbe, pelos atos do moderador, como ouvimos claramente o ano passado; isto é, confessa implicitamente a existência de uma coisa impossível, o governo pessoal.

Logo, a sua audácia e invasão até abusar de delegações imprudentes, decretando impostos.

Logo, a intervenção eleitoral de que fornece um tão triste exemplo a última presidência de São Paulo.

Logo, a nenhuma ação das Câmaras sobre a política externa, que ora vai caminho de Buenos Aires e de Assunção, ora recua até Montevidéu e até Santa Catarina, sem que saibamos claramente por que nem para quê.

Logo, finalmente, o desuso do antigo costume segundo o qual era cada deputado o denunciante e acusador público da menor agressão cometida contra as liberdades individuais, em toda a extensão do Império.

Aos vícios políticos acrescem os administrativos.

Repartições centrais erradamente organizadas, cujo serviço interno é do mais difícil jogo e mais rotineiro, não contam pessoal idôneo e exigem todo o dia aumento de pessoal. Contra a economia de tempo e de dinheiro, é nas mãos dos ministros que vão parar os menores negócios, e deles é que, depois de lenta e volumosa correspondência, recebem a mais simples solução.

Nas províncias o mal é gravíssimo. Tinham, no tempo da colônia, governadores por três anos, de ordinário: têm hoje dois presidentes cada ano. Tinham, outrora, secretários do governo e conselheiros, homens bons e práticos: têm, hoje, por auxiliares dos presidentes, moços sem experiência ou os apaixonados chefes de partido. Daí procede a ausência de tradições e de um plano seguido na administração das províncias. Sem esse plano, os melhoramentos materiais, sobretudo, ficam adiados para sempre, não sem se ter feito cada ano o dispêndio de inúmeras pequenas quotas com outras tantas pequenas obras. As assembléias provinciais e as câmaras municipais, nobres instituições, jazem desanimadas, sem direção e sem vida. A câmara é um recurso demais para o influente local, e a assembléia uma aprendizagem política para o pretensioso bacharel. Ajuntem-se as dificuldades financeiras, nascidas de diversas causas, em que não cabe a menor parte ao esbanjamento e à funestíssima criação de novos empregos. Ajunte-se a necessidade de recursos mais abundantes, como ainda agora o reconhece, em seu relatório, o Sr. Ministro do Império, e faça-se, como geralmente se faz, o paralelo, que levanta tantas queixas, entre a receita e a despesa geral e provincial. Certo, tudo acusa um grande vício administrativo, e tudo ergue a voz contra o regímen centralizador.

Não esqueçamos a educação pública, mãe do progresso. Pois bem! Temos observado nisso o sistema pior. A nulidade da instrução elementar; o ensino do pernicioso latim como de um instrumento de civilização; a falta de difusão das ciências naturais e conhecimentos úteis; a existência de professores, ou totalmente inábeis, ou principiantes ainda; a ausência de rigor nos exames dos cursos superiores; a conseqüente abundância de médicos e bacharéis, outros tantos solicitadores de emprego, outros tantos braços perdidos para o trabalho livre e para a empresa individual, eis, sem dúvida, uma cadeia de causas bastante fortes para comprometer seriamente o futuro de um país qualquer. Resta, por fim, ver-se ondular sobre esse quadro a sombra do lazarista e da irmã de caridade, convertidos em diretores do ensino em colégios ou seminários, alguns dos quais se pretende isentar do único remédio contra o mal da sua existência, a inspeção administrativa.

A agricultura empeçada pela rotina e pela disseminação dos centros povoados, ainda mais do que pela falta de braços;

A emigração, suspendendo o seu curso por causas em que tem grande parte a indesculpável tolerância e criminosa indiferença do governo para com certos abusos dos contratos de parceria;

O tráfico horrível da escravatura, dissimulado por tanto tempo, e suprimido de uma vez, à força, sem que os lavradores pudessem prevenir os meios de substituir um recurso com que contavam;

O comércio, comprometido pelo decrescimento da produção e assustado pelo espírito regulamentador e preventivo, que tem dominado nas leis e nos atos do governo;

As rendas, decrescendo na razão da louca elevação das despesas, e despesas com vencimentos de secretarias, com uma marinha nominal e um exército transformado em força de-polícia;

As dívidas, internas e externas, elevadas à enorme cifra de cerca de 200 mil contos;

As leis de orçamento, o mais importante exercício do poder legislativo, anuladas por créditos suplementares, em que até se decreta o aumento de verbas como "gratificações diversas" e "despesas extraordinárias";

E, por último, a perspectiva sombria de um *deficit*, cujas exatas proporções o governo tem até receio de definir precisamente, mas que é, talvez, igual a uma quarta parte da receita futura, *deficit* acumulado, desde 1858, pela maior imprevidência...

Enfim, tudo, no mundo político e no mundo industrial, no fundo dos espíritos e no íntimo das famílias inquietadas pela escassez e carestia dos objetos de primeira necessidade, tudo parece acumular-se à espera do derradeiro de nossos infortúnios, o pálido fantasma da bancarrota!

    Sim, percorrendo a longa série dos males do presente, os olhos fecham-se de involuntário pavor, e espontâneo aperta-se o coração. Quando, sobretudo, se observa a decadência moral, de que tudo o mais é próximo resultado, quase rompe dos lábios uma apóstrofe veemente, que só o patriotismo reprime, como essa de Rousseau: "Peuple français, tu n'est peut-être pas le plus esclave, mais tu es bien le plus valet de tous les peuples!" Sente-se, então, o pungir dos espinhos da recriminação alegórica que recentemente F. Otaviano pôs na boca da sombra do primeiro reinado contra as apostasias dos patriotas de 31.

    Mas devemos, por isso, perder a fé no futuro e abandonar a esperança de remédio?

    Devemos ver este gigantesco Império desaparecer por um terremoto político, como se o engolisse uma invasão do Atlântico irritado?

    Devemos murmurar à cabeceira do Brasil moribundo o derradeiro salmo? e, como José Bonifácio a Rodrigues dos Santos, exclamar com piedade:

"Cubra-lhe a campa a liberal bandeira?" M. — 27/40

II — *Escravidão — Emancipação e trabalho livre*

    Esse governo, prosseguindo nas idéias do tempo da independência, reatando o fio dos projetos do venerável José Bonifácio, e de todos os corações generosos, estudaria os meios práticos de emancipar-se lentamente a escravatura, reconstituindo-se sobre bases naturais a organização do trabalho. M — 51

    Mas a um século de interesses práticos, como aquele em que vivemos, não basta só mostrar a hedionds da injustiça, falar ao sentimento e estimular o coração; é preciso ainda assinalar os prejuízos palpáveis resultantes do fato que se condena.

Em primeiro lugar, e antes de estudar os efeitos obtidos no Brasil, é lícito inquirir qual seria o progresso daquelas províncias de África aonde os traficantes exerciam o seu comércio. Ali deviam ir ter muitos capitais, e estes haviam de fomentar o desenvolvimento dos recursos do lugar. O contrário, porém, sucedeu; nem podia deixar de suceder. Para os estabelecimentos da Costa d'África, o tráfico era uma peste horrível; dizimava a população, não alimentava o comércio livre, não fixava ali os capitais, ao passo que desmoralizava e embrutecia os pequenos povoados. Em uma carta ou relatório dirigido ao Sr. Visconde de Autouguia, o Sr. Teixeira de Vasconcelos referiu, como presidente da Câmara Municipal de Luanda, o que acabamos de afirmar. Ele mostrou extensamente que, no tempo do tráfico, os estabelecimentos portugueses em Angola definhavam e se empobreciam de dia em dia. Depois que o tráfico declinou foi que alguns melhoramentos se introduziram, tomando o comércio um caráter sério com os indígenas e os antigos habitantes, desenvolvendo-se a cultura, e, com ela, a prosperidade material da colônia.

Eis aí, pois, meu caro amigo, os efeitos que o tráfico exercia sobre as suas próprias fontes: e quais os benefícios que ele vinha trazer aos países de seu destino, e particularmente ao Brasil? Desnecessário fora, para isso, repetir o que se tem escrito a propósito dos Estados do Sul da União Americana, de Cuba e de outras colônias. O que dissermos relativamente ao Brasil, é-lhes mais ou menos aplicável.

Aqueles que lastimaram a repressão do tráfico, acreditavam talvez que isto equivalia para o Brasil à expulsão dos judeus ou dos mouros de certos países católicos da Europa. Estes representavam em França, na Espanha e em Portugal os capitais e a indústria; os africanos eram os nossos arados, a nossa lavoura. Não pretendemos negar que os negros importados concorriam para o aumento da produção de gêneros do país. Isto é evidente. A questão, porém, é saber se não havia outro meio mais vantajoso para aumentar a prosperidade do Brasil. Eu respondo positivamente que havia, e era a emigração européia, como vou mostrar.

Certamente, não poderíamos obter um número de emigrantes igual ao dos negros que o tráfico anualmente importava. Houve ano, com efeito, o de 1847, em que este despejou em nossas costas 57.800 escravos. Atenda-se, porém, que está verificado que o trabalho escravo se acha na razão de metade para o trabalho livre. Em nosso próprio país e particularmente nas colônias de parceria, pode-se bem observar a diferença indicada. O homem livre, o homem branco, sobretudo, além de ser muito mais inteligente que o negro, que o africano boçal, tem o incentivo do salário que percebe, do proveito que tira do serviço, da fortuna enfim que pode acumular a bem da sua família. Há entre esses dous extremos, pois, o abismo que separa o homem do bruto. É fato, que a ciência afirma de um modo positivo. — Assim, podemos calcular que, se obtivéssemos no tempo do tráfico um número de emigrantes europeus igual à metade dos negros importados, teríamos a certeza de que aqueles produziriam tanto como estes. Mas essa proporção não é ainda a exata. Os escravos da Costa d'África morriam em grande número durante o transporte, e eram também horrivelmente dizimados em terra pelas moléstias contraídas na viagem e por outros motivos. Acresce que o trabalhador livre, no seio de sua família, de ordinário reproduz-se de um modo lisonjeiro: ainda há pouco ouvíamos afirmar que a população das colônias do Rio Grande do Sul aumenta na razão de 5% cada ano. O contrário acontecia e acontece com os escravos. Não seria raro o ano em que o número de óbitos excedesse nas fazendas ao dos nascimentos, mesmo não grassando a febre amarela ou a cólera, que tantos estragos causaram nelas principalmente. Calcula-se no sul dos Estados Unidos, segundo o Sr. Molinari, que o termo médio da duração de um escravo empregado em serviço freqüente é cinco anos. A importância destas duas causas combinadas, isto é, a pequena reprodução dos negros de um lado e, de outro, o excesso dos falecimentos, pode autorizar-nos a reduzir a proporção acima estabelecida, de metade do trabalho escravo para o livre, a muito menos e porventura a uma terça parte. Creio, pois, que não me afasto da verdade dizendo que um terço de emigrantes europeus é igual, quanto à produção, a um número dado de africanos. C — 158/161

Meu desígnio, porém, não se limita a provar que o Brasil podia dispensar o comércio de escravos. Desejo ainda mostrar que ele foi muito prejudicial a certos respeitos, e tanto que, quando mesmo não pudesse ser substituído pela emigração européia, fora preciso bani-lo em todo o caso.

Confessei acima que os africanos vinham engrossar as fileiras de nossos trabalhadores e aumentar, portanto, a produção. Mostrei, porém, que eram precisos três negros para conseguir a mesma quantidade de trabalho produzido por um só europeu. Donde concluí que era, e continua a ser, muito mais proveitosa a aquisição dos últimos. Resta-me agora indicar que, além da desproporção quanto à quantidade, o europeu é incomparavelmente superior ao africano quanto à qualidade dos produtos e à variedade das indústrias e culturas que pode exercer. É um fato que dispensa demonstração. A que deve o nosso café ser considerado o pior do mercado na Europa, aonde o seu preço ínfimo é só o que pode animar os compradores? Há, porém, dentro do próprio país outro exemplo mais frisante do que desejo assinalar. Faça-se um paralelo entre o desenvolvimento da província da Bahia, que possui relativamente o maior número de negros, e o do Rio Grande do Sul, que contém os maiores núcleos de colonos europeus. Enquanto a agricultura, o comércio e as rendas da primeira definham a olhos vistos, a outra prospera em tudo. No Rio Grande a lavoura aperfeiçoa-se; as indústrias aparecem; o povo contrai os hábitos de trabalho: derrama-se a abundância e tudo vai por diante. Nas colônias do Rio Grande a cultura não se restringe a um produto somente; aproveita-se o terreno de todos os modos. Cada dia se vê ali introduzir um melhoramento; há pouco começou com muito sucesso a cultura da vinha e o fabrico do seu precioso licor. Ainda mais: o colono é lavrador e fabricante ao mesmo tempo. Enfim, o Rio Grande do Sul é a província que conta uma navegação interna a vapor mais numerosa. Estes fatos são tão eloqüentes que dispensam comentários. Cada africano que se introduzia no Brasil além de afugentar o emigrante europeu, era, em vez de um obreiro do futuro, o instrumento cego, o embaraço, o elemento de regresso das nossas indústrias. O seu papel no teatro da civilização era o mesmo do bárbaro devastador das florestas virgens.

Depois disso, há quem pretenda negar a influência horrível da escravatura sobre os costumes de um povo? E, ainda mais, a fisionomia grosseira, materialista e brutal de um comércio, cujo ramo mais lucrativo era o de uma especulação horrível sobre a sorte, a liberdade e a vida de muitos milhares de miseráveis? Atenda-se bem para o extraordinário contágio desses fatos. O tráfico era uma verdadeira peste; infelizmente ele não desapareceu sem deixar no espírito, nos hábitos e nas tradições do povo muitos sinais de sua passagem!

Costuma-se desculpar o comércio de negros com a impossibilidade de se habituarem os emigrantes europeus ao rude clima da mor parte de nossas províncias e ao plantio da cana-de-açúcar. Nunca julguei impossível a colonização para as províncias do Norte; seria difícil, é verdade, atrair para ali uma corrente de emigrantes alemães, suíços, irlandeses, etc.; mas, no sul da Europa, existiam os portugueses, alguns dos quais formam hoje núcleos coloniais no Maranhão. Quanto à cana-de-açúcar, se não houvesse meio de melhorar, facilitar e adaptar o cultivo da planta (não trato do fabrico do açúcar, aonde o inconveniente é menor) a trabalhadores menos grosseiros do que o africano; se isto não fosse possível, é natural que esse ramo da lavoura cedesse gradualmente o terreno a outros, aos gêneros alimentícios, e ao algodão sobretudo.

Vedes bem, meu amigo, o lado por que encaro esta questão. Para mim, o emigrante europeu devia e deve de ser o alvo de nossas ambições, como o africano o objeto de nossas antipatias. Além de tudo, eu descubro ainda no desenvolvimento de emigração um grande resultado, que porventura poderia fixar ou mudar a face política deste país. O emigrante é, cedo ou tarde, o pequeno proprietário; e na pequena propriedade está o espírito de conservação e liberdade, que caracteriza os habitantes dos campos em todos os países. C — 163/166

Chegando a esta parte final do meu trabalho, sinto que não respondi ainda a uma pergunta, que geralmente se faz: Se o tráfico de negros era um comércio horrível perante a moral, e pernicioso em vez de útil, como se compreende que muitos lamentassem a sua extinção? Além da cessação de lucros rápidos, havia para essa queixa um motivo sério. O tráfico tinha impedido e matado a emigração; estava dissimulado e quase permitido, ao ponto de se tornar o meio único de fornecer braços à agricultura. Para suprimi-lo, portanto, não se devera ter procedido de chofre; devia-se reprimi-lo com paciência e constante energia desde a época de sua abolição (1829). O seu desaparecimento súbito, em 1850, não podia deixar de ser sensível. Foi, com efeito, este um dos maiores erros do nosso governo. Os processos bárbaros e rotineiros da nossa lavoura exigem uma perene substituição e aumento do pessoal das fazendas. Ora, não havia ainda uma corrente de emigrantes para satisfazer a essa necessidade, que o tráfico preenchia. As vistas, pois, do governo deviam voltar-se com energia para aí; e, extinguindo com uma mão o tráfico, deveria com a outra fomentar e desenvolver a colonização. É verdade que se procurou fazer alguma coisa, mas quase se reduziu tudo às formalidades do estilo. Criou-se, tarde e mal, uma repartição das terras públicas. Qual devia ser o seu primeiro cuidado? destacar alguns pequenos lotes de terrenos próximos dos grandes povoados do litoral, demarcá-los, cobri-los de edifícios provisórios, e, feitas algumas derrubadas, entregá-los a colonos, poucos mas bons. Cada um destes núcleos seria um atrativo poderoso, que mais tarde facilitaria aos agricultores nacionais o meio de conseguir braços. Ao contrário, a repartição desenvolveu-se em pessoal, anexou uma sociedade de colonização, contratou milhares de vagabundos, de proletários e condenados, mandou abrir picadas e fazer demarcações nos desertos e nos sertões, e tem consumido com isso muitos milhões. E, para completar o sistema de esbanjamento, afilhadagem e desperdícios, que caracteriza o governo brasileiro, a mesma repartição vai afundando e comprando colônias de particulares, sofríveis ou más, que brevemente serão as piores e mais dispendiosas do Império. Assim pois, à inércia fatalista com que se deixou ir desenvolvendo o tráfico, e à imprevidência que acompanhou a sua repressão executada de chofre, sucedem agora o êxito infeliz e a esterilidade das medidas miseráveis por cujo meio o governo pretende fomentar a emigração. Não é, portanto, infundado o pesar que se ouve manifestar a propósito do desaparecimento do tráfico.

Para o filantropo, há, além disso, uma circunstância importante. O comércio interno de escravos, a sua exportação do Norte para o Sul, é um fato que se tem agravado de 1850 para cá. Ora, eu acredito que, se as províncias do Norte perdem momentaneamente com isso, ganharão mais tarde, já porque possuirão menor número de escravos, já porque isso atrairá para elas os emigrantes. Aumentando a sua população escrava, quem definitivamente perde é, a meu ver, o sul do Império. Mas, em todo o caso, é inegável que nada existe mais bárbaro do que esse comércio em que se calca aos pés o respeito devido aos laços de família e às exigências do pudor. — Quem sabe se não iremos ter, de conseqüência, de barbaridade em barbaridade, à selvajaria do sul dos Estados Unidos? Quem sabe se, como o acredita o Sr. Molinari, a proibição do tráfico não vai tornar-se no Brasil um prêmio dado à indústria dos criadores, e terá por único resultado agravar a condição dos escravos? Vosso espírito ilustrado compreende bem, meu amigo, a solidariedade que prende certas questões sociais. Entre a repressão do tráfico e a emancipação da escravatura há uma afinidade íntima e importantíssima... C — 178/180

Contestar o horror histórico associado à instituição da escravatura, no Brasil, seria uma pretensão arriscada. Nos conscienciosos e profundos estudos sobre o regime colonial, o Sr. Lisboa (*Jornal de Timon*) recorda-nos que "os africanos, como gado ou mercadoria, marcavam-se e carimbavam-se para se não confundirem uns com outros... Se cometiam crimes, julgavam-se em voz, sem forma nem estrépito de juízo. " O mesmo escritor refere a mortalidade desmesurada dos escravos, proveniente de sevícias, malefícios cruéis e alimentos mais ou insuficientes; e a propósito acrescenta que não raras vezes eram "menos numerosos os *fôlegos-vivos* (assim chamados os africanos) nos engenhos que as cruzes plantadas em cada sepultura nos cemitérios contíguos". A condição do escravo, que uma frase dos jurisconsultos romanos caracterizava com um laconismo terrível por estas palavras brutais: *nom tam vilis quam nullus,* — essa desgraçada condição tem porventura melhorado depois da independência? É o que parece difícil responder. A escravidão ostenta diariamente as mesmas cenas edificantes: suicídios, crueldades, assassínios. Pessoas livres são também reduzidas ao cativeiro. As folhas públicas, em fins do ano passado, falaram de um mísero proprietário de Lorena, em S. Paulo, no laranjal de cuja fazenda a polícia descobriu sepultados 54 escravos que sucumbiram a toda a sorte de flagelos. Por outra parte, o sistema penal da Lei de 10 de junho de 1835 resiste a todas as exigências de reforma, nem conseguiu triunfar uma modificação do processo dos recursos proposta em 1857 pelo ministro da Justiça. É certo que, relativamente à crueldade cínica dos *criadores* de escravos do Delaware, do Maryland, do Kentucky, do Missouri, etc., e às extravagantes selvajarias de alguns dos habitantes do sul dos Estados Unidos, sobretudo durante a presente guerra, os nossos senhores de escravos merecem, na sua grande parte, alguns elogios. Não se repetem entre nós fatos como os dos quadros lamentosos de B. Stowe, a caçada de escravos, a *lynch-law*, a proibição legal de toda a instrução e educação religiosa, etc. Na falta da antiga abundância de negros a preço ínfimo, e com as devastações da febre amarela e do cólera-morbo, são hoje menos desprezadas pelos senhores as regras de higiene, a comodidade das habitações, o asseio e a alimentação.

Entretanto, seja ou não puramente relativa a humanidade que vai sendo moda atribuir aos proprietários brasileiros, é certo, todavia, que a instituição da escravidão foi e é a causa mais eficaz de nossa miséria moral e material.

Contudo, raras vezes se tem aventado em nosso país a idéia de reforma do regime do trabalho. C — 453

No meu humilde entender, chegará também para o Brasil um tempo em que esse problema entre na ordem das questões do dia. A importação de negros, que se reputou essencial quando os índios não bastavam para a exploração das minas, a escravatura, que a essa causa fatal deve a sua origem, irá criando gradualmente uma solução industrial e política cada vez mais intolerável. Eu antevejo duas grandes crises no futuro do país. A crise agrícola e industrial: — o café e o açúcar das possessões inglesas, holandesas e francesas, sendo, pelo trabalho livre, melhores, terão um consumo mais geral em prejuízo dos nossos gêneros. O escravo tornar-se-á, pois, para nós, mais pesado que útil, porque cada vez mais será preciso um número maior deles para um trabalho igual. A crise política: — sendo assim, avulta outro fenômeno, que já conhecemos hoje; o escravo tende a passar das mãos do pequeno proprietário e da cidade para o grande proprietário e para o campo. Daí uma luta entre o grande proprietário e o trabalhador livre, a guerra surda de classes, a verdadeira aristocracia das grandes riquezas, a influência predominante dos grandes proprietários, como na Inglaterra. Essas crises serão tanto mais sérias quanto é certo que hão de operar com mais força no sul do Império, aonde agora se acumulam os escravos, enquanto o norte se despovoa deles.

O escravo, que é hoje uma propriedade má, o escravo, cuja compra desregrada e sem cálculo explica os comprometimentos sérios e a ruína de muitos e dos mais abastados fazendeiros, o escravo será em breve a causa primordial de uma crise constante.

Será lícito cruzar os braços e pedir ao tempo e à indolência a palavra da solução?

Ao contrário, é preciso antecipar o seu exame, e ser previdente.

Qual deve ser o caminho para a reforma da organização do trabalho no Brasil?

Como se poderá chegar à abolição sem revolução?

Eis o problema mais enredado da nossa sociedade.

Não estou longe de crer, como dizia L. Napoleão em um dos artigos escritos de Ham para o *Courrier du Pas de Calais*, que fora mister começar habituando os escravos, por meio de uma aprendizagem gradual, a passarem insensivelmente do trabalho forçado ao trabalho livre.

Mas confio antes de tudo no efeito da medida que, segundo propunha com o seu espírito sagaz o venerável José Bonifácio, permitisse ao escravo a propriedade do seu pecúlio, e a alforria obrigatória logo que ele a pudesse resgatar. Tal foi o que se fez em França em 1845. Como na Itália antiga, o escravo formará com esforço o seu pecúlio, o pecúlio trará a alforria, a alforria de um é a liberdade de uma descendência inteira, e a emancipação caminhará lentamente numa progressão constante.

A instituição do pecúlio, reconhecido e protegido por lei, deve logo acompanhar outra medida: a da taxa máxima dos salários que os senhores podem exigir dos escravos alugados nas cidades ou nos trabalhos do campo.

A taxa progressiva sobre os escravos das cidades, começando por quantias pequenas de modo a não irritar a população, seria vantajosa e poderia atingir a estes resultados muito apreciáveis: retirar gradualmente o escravo da cidade para o interior; facilitar emprego nas cidades à imigração livre, que tem horror aos nossos ínvios sertões; apressar, com a retirada da escravatura, a transformação de hábitos nas cidades, centros de civilização; aplainar, portanto, o caminho para a lei que nelas proibir a existência de escravos; dar um passo, enfim, para a emancipação gradual.

Eu ajuntarei agora outra medida mais imediata: a da alforria anual pelo Estado de um número de escravos (preferido o sexo feminino) correspondente ao número máximo do excesso ânuo dos nascimentos sobre os óbitos. Poder-se-ia, porém, adotar outro pensamento: a emancipação, dentro de prazos curtos e fatais, em províncias determinadas, com empréstimo público para indenização, dos escravos de cada província de *per si* começando-se por aquelas que os possuem em menor quantidade, partindo, v.g., do Ceará e do Rio Grande do Sul para as demais.

Ao mesmo tempo, dever-se-ia proibir a todo o estrangeiro residente no Brasil possuir escravos.

Não dissimularei que, para as províncias do Norte, é útil, em vez de prejudicial, a exportaçao dos seus escravos para o Sul do Império. Segundo os dados colhidos zelosamente pelo Sr. Dr. Muniz Barreto, um dos poucos brasileiros que seriamente se preocupam com este assunto — a importação nesta cidade de escravos nacionais das províncias tinha subido, de janeiro de 1850 até 15 de abril de 1862, em cerca de doze anos, a 37.408. O ano de menor afluência foi o de 1862, durante o qual a importação não terá excedido de 2.000, enquanto que nos outros vacilava entre 3 e 4.000. Pode-se, portanto, calcular que, anualmente, se empregam no Brasil cerca de 5 a 6 mil contos nesse bárbaro e infame comércio interior de escravatura. Isto é uma cousa séria; e esse comércio nos pode ser exprobrado pelo estrangeiro como uma das mais evidentes provas da imoralidade e irreligiosidade tradicional da nossa raça. Entretanto, para as províncias do Norte, a exportação de seus escravos, mal passageiro, será um bem definitivo. As suas conseqüências morais e a revolução econômica que ele apressa, são evidentes. Apontarei o fato de já estarem em Pernambuco, no Rio Grande do Norte e na Paraíba, os homens livres, admitidos por salário dos próprios engenhos e plantações de açúcar. Digo o mesmo do Ceará quanto à nascente lavoura de café. A importância deste fato é manifesta. Não obstante a cólera e a exportação de escravos para o Sul, a produção daquelas províncias não tem diminuído, a do Ceará tem aumentado muito. A sua agricultura vai-se melhorando, introduzindo o arado e aplicando os motores a vapor. O senhor do engenho, nalgumas localidades, quase que se vai tornando mero fabricante do açúcar, sendo plantada por vizinhos, ou lavradores agregados, grande parte da cana moída no engenho, o que é uma divisão econômica do trabalho. Andam, pois, errados os governos e assembléias provinciais do Norte quando pretendem embaraçar a exportação de escravos, impondo-lhes taxas pesadas.

Era, ao contrário, o Sul que deveria repelir esse dom funesto da escravatura que o Norte despeja nas suas províncias.

Sobre esta questão da reforma do regime do trabalho, ou lenta emancipação da escravatura, não declamo, nem pretendo discutir. Aponto idéias. Talvez sejam as piores. Estou convencido, porém, de que se já não pode arredar este assunto culminante do círculo dos debates. Meu fim, pois, é promover a discussão, concorrer para ela, alimentá-la, provocá-la, alargá-la — quaisquer que sejam os receios infantis da escola moderada, quaisquer que sejam os sarcasmos daqueles que consomem o tempo nas questiúnculas da atualidade e não encaram o futuro, que não conhece impossíveis nem admite protelações.
C — 458/461

O governo brasileiro propunha-se resolver com a Bolívia as mesmas questões discutidas ou ajustadas com outros Estados vizinhos, a saber, a devolução de escravos, a extradição de criminosos e desertores, o trânsito fluvial e a linha divisória. Nenhum destes assuntos chegou a ser regulado.

Quanto ao primeiro (devolução de escravos) basta o simples senso comum para indicar que é uma pretensão desarrazoada propormos a governos de povos, onde nunca existiu ou foi abolida a instituição servil, que restituam aos brasileiros o escravo foragido, o desgraçado que em uma terra de liberdade foi procurar garantia da sua liberdade; isto é, que neguem a sua proteção aos miseráveis que fogem da nossa opressão. Nunca deveríamos ter feito perante as Repúblicas vizinhas as altas diligências, que se empregaram outrora, particularmente em relação ao Estado Oriental, para alcançarmos inserir no código internacional esses capítulos repugnantes dos tratados de extradição. Nunca deveríamos ter manchado as mãos da nossa diplomacia, nem gasto e amesquinhado a nossa influência e o nosso poder em negociações francamente indecentes. Gritasse embora o Rio

Grande inteiro, não deveríamos jamais passar pelas forças caudinas dessa ignomínia. Que os proprietários de escravos das províncias fronteiras se resignem à sua sorte: se querem manter aí a escravidão, não esperem nunca que o governo nacional faça no estrangeiro o ignóbil papel de *capitão-do-mato*, de aprisionador dos escravos fugidos! Em suma, a devolução de escravos, dignamente negada pela Bolívia, não é assunto que deva mais figurar na lista dos nossos pleitos internacionais: bastem-nos as vergonhas domésticas da escravidão; não as prolonguemos até o exterior. V — 80/81

Nas províncias fronteiras, estou convencido de que cumpre abolir desde já a escravidão quanto aos recém-nascidos e, dentro de um período curto, quanto a todos os escravos existentes. Nisso interessam a segurança do Império e a sua dignidade. Eu não acredito que a abolição seja acompanhada das desgraças irreparáveis que alguns figuram, se ela se verificar com prudência em qualquer parte do Império, ou em todo ele simultaneamente. E tenho por certo que no vale do Amazonas não só se pode efetuar a abolição sem abalos, como que se pode ela fazer mais depressa que em qualquer região. Eis os motivos: é esse o ponto do Brasil em que o comércio há tido mais rápido incremento, subindo a 300% em 15 anos. Ora, aí o trabalho é geralmente livre. O trabalho a salário é conhecido e usual. Assim, a abolição da escravidão pode passar pelo Pará e pelo Alto Amazonas sem afetar a base da sua prosperidade. V — 368

Esse motivo é a crise que durante um certo período sucederá à inevitável abolição da escravidão. Será preciso, na verdade, auxiliar àqueles que reclamarem braços, facilitando-os, ou, pelo menos, será preciso que o governo, alvo de violentas agressões durante a crise, possa oferecer essa corrente como compensação dos escravos que gradualmente se forem emancipando. Os imigrantes, aumentando a soma dos produtores, dos consumidores, dos contribuintes, atenuarão os efeitos da crise.

Transposto esse período, a missão do governo simplificar-se-á; a imigração ficará dependente das causas naturais, que a promovem nos Estados Unidos. Entretanto, cumpre hoje reconhecer que o regímen servil exige este sacrifício dos princípios da ciência, a intervenção do Estado.

Mas em que consiste e como deve o governo exercer a sua intervenção? Onde deve ela parar?

A missão do governo limitar-se-ia, no exterior, a engajar alguns excelentes emigrantes agricultores ou operários agrícolas, e, no interior, a desenvolver os seus núcleos coloniais. Quanto aos particulares, importem eles os que quiserem, observando as leis de polícia, à sua custa e por sua iniciativa. O favor eficaz que o governo devia fazer aos particulares seria, em vez de tornar-se o intermediário dos seus contratos, alargar esses núcleos coloniais, centros de atração para a Europa e de expansão para o Brasil, na frase de um escritor. I — 68/69

Da mesma sorte, os defensores da escravidão, que avilta e desmoraliza suas vítimas, apregoam-na como o meio eficaz de educar raças inferiores; e o termo deste bárbaro tirocínio é sempre procrastinado pela suposta insuficiência do período de provação, ainda que três vezes secular. P — 43

Que poderíamos nós dizer de novo sobre "essa exageração sacrílega do direito de propriedade", a escravidão?

Não é para assinalar-lhe as tendências e descrever-lhe o caráter, que a compreendemos no quadro deste estudo. Não se trata mais no Brasil, felizmente, de ponderar a gravidade deste crime, "resumo de todas as infâmias"; trata-se agora de aplicar ao vício hereditário remédio, pronto e eficaz, a desapropriação por utilidade pública, de que falava Lamartine.

Mas quem há de empregá-lo? o Estado somente? não haverá, porventura, na obra da emancipação, tarefa bastante para as províncias? Eis o lado por onde o sombrio problema toma lugar na reforma descentralizadora.

Que do governo nacional dependem as mais diretas medidas sobre este assunto, escusado é demonstrá-lo.

O imediato reconhecimento da condição ingênua dos recém-nascidos;

As providências sobre serviços dos filhos de escravas, até certa idade;

As garantias do pecúlio, da alforria forçada, da integridade da família, do processo judiciário, da igualdade perante a lei criminal;

A liberdade dos escravos que prestarem serviço relevante, e dos da nação, das comunhões religiosas, das companhias anônimas, do evento, das heranças vagas e daquelas onde não houver herdeiro de certo grau;

A matrícula de escravos e seus filhos;

Finalmente, a gradual alforria dos cativos atuais;

São, ninguém duvida, assuntos próprios da lei geral.[1]

A última destas medidas, porém, acaba de ser antecipada por várias províncias, que consignaram em seus orçamentos verba especial para o resgate de cativos. Nada impede que, cumulativamente, empregue o Estado maiores recursos para o mesmo fim.

Mas, neste ponto, quanto à escravatura existente, não poderia ser mais decisiva a ação do governo supremo? Assim o entendem aqueles que recomendam a fixação de um prazo de (20 ou 30 anos) para a extinção definitiva do regímen servil em todo o Império. Quanto a nós, conforme já foi mui sabiamente ponderado, nem isso fora prudente, por abalar a propriedade, nem é necessário, pois que, libertado o ventre e com o acréscimo das alforrias espontâneas ou forçadas, em poucos anos a estatística acusará um número tão reduzido de escravos, que poderá o Estado decidir-se a emancipá-los todos em muito mais curto prazo. P — 241/242

Mais importante do que geralmente parece é o papel das províncias no movimento abolicionista. São os poderes locais

---
[1] Estas são, em geral, as idéias do projeto em 1868 elaborado pelo Conselho de Estado, e dos oferecidos, a 21 de maio de 1870, pelos Srs. deputados Perdigão Malheiro e Araújo Lima.

que hão de completar a obra iniciada pelo Estado, pondo em contribuição, para o fim comum, a estatística, o imposto, a polícia, a justiça e a escola.

A providência preliminar neste assunto é averiguar o número de escravos, a sua distribuição pelo território e as profissões que exercem. Se é urgente que o Estado organize o censo decenal, não é menos forçoso que, auxiliando os comissários nacionais, montem as províncias as suas repartições de estatística, pensando que se acaba de iniciar na do Rio de Janeiro. Indispensável para as medidas abolicionistas, a estatística permitirá também a reforma das imposições locais e o estabelecimento de um largo sistema provincial de taxas diretas. Tanto basta para recomendá-la.

O censo dos escravos fará conhecer o limite a que cumpre elevar o fundo anualmente destinado pelas províncias para o resgate de cativos, e mostrará quais as regiões do Império onde, sem o risco de crise econômica, poder-se-ia adotar desde já a emancipação simultânea, como acima indicamos. P — 250

Este fato, que aliás é urgentíssimo averiguar por um censo completo, não só dissiparia exagerados receios, como plenamente justificaria a medida, em que insistimos, a abolição imediata e simultânea nas províncias de insignificante trabalho escravo. P — 251

Passemos aos impostos.

Taxas fortíssimas na introdução e na exportação, seja por via terrestre ou marítima, de escravos de umas para outras províncias, medida necessária enquanto o parlamento não proibir absolutamente esse tráfico; impostos severos sobre casas de venda, depósito ou aluguel de escravos; taxa de capitação, adicionada à taxa geral existente, mas estendida a todos os que esta não compreende ainda, sejam de menor idade, sejam rurais: são recursos de que poderiam valer-se as províncias, para a obra dos resgates periódicos.

Não aconselhamos o imposto progressivo sobre os escravos urbanos, que aliás outrora nos parecera útil. Expelir os escravos das cidades para o campo, ou como se exprimiam decretos relativos a Cuba, transformar a suavíssima escravidão doméstica em escravidão rural, é por si só uma iniqüidade: não roubemos ao escravo urbano o único favor que a ingrata fortuna lhe depara, o de nascer nas cidades. Por outro lado, fornecendo novos braços servis à lavoura, facilitando-lhe a aquisição dos *fôlegos-vivos*, que repelem o arado e as máquinas, não iríamos perpetuar a sua degradação, agravar a sua decadência, aumentar os seus embaraços presentes como o jogo aleatório da compra de cativos, origem de tanta ruína? Acometamos a escravidão nas cidades, não expelindo-a para o campo, mas abolindo-a diretamente nos grandes portos comerciais e nas cidades populosas onde o trabalho livre se ache generalizado e ao alcance de toda a gente. P — 252/253

Entre as medidas de polícia local, já aludimos às que tomará cada província por amor da emancipação. Para criarem curadores e juízes privativos dos libertos, ou para confiarem tais funções a outras autoridades, como melhor convenha e a experiência recomende, há de se reconhecer-lhes a mais plena competência. Da mesma sorte, quão imprudentes, impraticáveis aqui, insuficientes ali, não haviam ser regulamentos gerais contra os vagabundos, ou medidas a bem do trabalho!
Verificou-se nas colônias inglesas que, mais necessária que o exército e a polícia, a magistratura especial encarregada de resolver as questões entre proprietários e libertos prestou, durante o período da aprendizagem, relevantíssimos serviços, mantendo a ordem e restabelecendo o trabalho nas plantações. Só na Jamaica 200 desses juízes funcionaram, e com um labor insano.
Acaso poderia uma lei expedida do Rio de Janeiro prever as circunstâncias particulares do movimento abolicionista em cada província, e adaptar-lhe a mais conveniente organização judiciária e policial? P — 254/255

Não esqueçam nossas províncias este fato eloqüente: para fazerem do escravo um homem, os anglo-americanos não o submetem ao tirocínio de escusados vexames; fazem-no passar pela escola. O mundo jamais assistiu a uma tal revolução, na mesma sociedade, em meia dúzia de anos.

A escola para todos, para o filho do negro, para o próprio negro adulto, eis tudo! Emancipar e instruir, são duas operações intimamente ligadas. Onde quer que, proclamada a liberdade, o poder viu com indiferença vegetarem os emancipados na ignorância anterior, a abolição, como nas colônias francesas, não foi mais que o contentamento de vaidades filantrópicas, não foi a reabilitação de uma raça. A abolição da escravidão e o estabelecimento da liberdade não são uma e a mesma cousa. P — 256

Ei-lo, portanto, assaz indicado o alvo dos nossos esforços: emancipemos e eduquemos. A despesa que com isso fizermos, civilizando infelizes compatriotas, é muito mais eficaz para o nosso progresso do que a difícil importação de alguns milhares de imigrantes. P — 259

Queixa-se a grande lavoura de falta de braços? Singular queixa sob o império da escravidão, que permite a cada canto os mercados de cativos! Queixe-se de si, da sua rotina, da sua resistência a qualquer melhoramento. Pode-se ouvir sem impaciência lastimar a falta de braços o proprietário que ainda lavra a terra a enxada? Quanto aos capazes de progresso, tenham eles ânimo, e avante! Renovem o seu material, mudem os seus processos, abandonem a rotina: e, quando soar a hora da emancipação, aí têm à mão o melhor trabalhador dos países tropicais, o negro indígena e aclimado. P — 277/ 278

Fosse embora de reação política, muito perdoar-se-ia ao presente reinado se, abolido o tráfico, houvesse logo empreendido a obra da emancipação, criado uma corrente de imigrantes, construído grandes vias de transporte, fundado por toda a parte escolas, preparado, em suma o caminho da liberdade, a exaltação da democracia. P — 304

No vale do Paraíba (Rio de Janeiro, S. Paulo, Minas) concentra-se um milhão de escravos. Outrora, os interesses da sua grande propriedade procrastinaram a repressão do tráfico, humilhando a nação inteira e corrompendo um governo em que influíam os Cresos, negreiros da capital; hoje, esses mesmos interesses adiam indefinidamente as medidas abolicionistas da escravidão e repelem até as indiretas. No Norte, porém, várias províncias quase não possuem escravos, e todas, inclusive Bahia e Pernambuco, praticam o trabalho livre em escala considerável: o algodão, o café, o fumo, a borracha, o cacau, que elas exportam, não os produz o escravo; o próprio açúcar, em parte que aumenta progressivamente, é também fruto da liberdade. Algumas dessas províncias podem por si mesmas remir os seus cativos e desejam aproximar a época da emancipação: nenhuma encara com pavor a política abolicionista. Fora, entretanto, mais plausível a exigência do lavor servil no clima ardente das nossas regiões do equador, que nos amenos campos e temperados vales das províncias tropicais. Todavia, naquelas, se ele diminui, cresce sem cessar a sua prosperidade; nestas, onde tudo favorece o trabalho livre e convida o imigrante, acumulou-se a escravatura; e, cavando a ruína de duas gerações, retardando o progresso, derramando pânico, tornando incertos todos os cálculos, falíveis todas as empresas, a funesta instituição dominadora no Sul obriga a um adiamento temerário o resto do país, que pode afrontar o futuro com menos susto ou mais coragem. Repetindo a memorável frase de Sumner se pode, portanto, dizer aqui, com a mesma exatidão que nos Estados Unidos: *Freedom national, slavery sectional.* P — 368/369

Quanto ao elemento servil, limitar-nos-emos a corrigir os defeitos da lei votada e a decretar mais robusto fundo de emancipação? Não é essa lei apenas o primeiro degrau de uma escada progressiva de medidas? Suprimir o tráfico interno de escravos; restringir os casos de transmissão hereditária; com a cooperação das províncias que poucos escravos possuam ou onde seja geralmente livre o trabalho rural, nelas extinguir rapidamente o regímen servil; estender ao liberto o direito político do ingênuo; atenuar as severidades da lei civil e penal quanto ao escravo, difundir a instrução elementar e a profissional, abrindo ao próprio cativo as portas da escola; promover o desenvolvimento da pequena propriedade, não só pelo alívio da sisa de transferência do imóvel, como pela ação do imposto territorial; fomentar o trabalho livre e a imigração pela indissolubilidade do contrato civil de matrimônio, pela igualdade de cultos, pelo ativo e incessante aumento dos meios de comunicação, pela modicidade do frete das estradas de ferro, e tal que permita o florescimento da cultura de cereais em regiões menos próximas do litoral; em auxílio da grande propriedade, cuja sorte merece toda a solicitude do Estado, formar estabelecimentos de crédito real, e, além da redução da taxa geral de exportação, negociar com os países consumidores mediante algumas concessões, o abaixamento dos onerosos direitos que cobram dos nossos principais produtos; criar, por lei das assembléias provinciais, sob a direção das municipalidades, a polícia paroquial, garantia da propriedade e da vida nos distritos rurais; finalmente, caminhar para a emancipação simultânea dos restantes escravos, indenizados os senhores, o que demanda muita providência e severidade na administração de nossas finanças, que os hábitos do período bélico infelizmente corromperam: eis os complementos lógicos da política abolicionista iniciada este ano. Serão, porventura, utopias de um *millenium* social medidas cuja execução requer apenas um pouco de perseverança e tato? S — 154/155

Subitamente a fé emancipadora iluminou a legião revel que poucos meses antes, ardendo em santo zelo pelo direito de propriedade do homem sobre o homem, queimava em efígie os negrófilos e propagandistas da abolição. Ao mesmo tempo, anunciava, propunha e efetuava reformas políticas, essencialmente liberais, um ministério conservador. Ora, o país conhece quem operou o milagre, que o deixou atônito, estupefato. S — 158

O ano passado apresentou-se no Senado um projeto sobre as vendas de escravos em leilão. Esse projeto, como V. Exa. sabe, foi iniciado pelo Sr. Senador Silveira da Mota, e, sendo aprovado, é hoje uma das proposições daquela Câmara a esta. Ora, na ausência de matérias mais interessantes para a ordem do dia eu acredito que V. Exa. procederia muito convenientemente se se dignasse fazer entrar em discussão esse projeto.

A escravidão, Sr. Presidente, é a mais grave questão social do país, se não é a única verdadeiramente grave; mas é certo que a medida proposta não afeta em nada a realidade da instituição servil, assim como não a abalam nem a transformam quaisquer providências regulamentares de igual natureza. O próprio governo por exemplo, acaba de reconhecer em dois documentos solenes a conveniência de o poder legislativo desde já começar a regular as condições da existência da escravatura em nossa sociedade, tal como a têm constituído o desenvolvimento do trabalho livre nas cidades e a carência de braços no campo... Assim, pois, associando-se à opinião manifestada na imprensa e à do governo, é necessário que a Câmara faça alguma coisa acerca do regime da escravatura. O projeto votado pelo Senado é digno de consideração da Casa. Eu não pretendo discutir aqui a instituição servil; mas, sem fazê-lo, posso lembrar à Câmara que o modo por que ela funciona atualmente, e sobretudo nos casos de vendas públicas e judiciais, é uma das maiores vergonhas da nossa sociedade, e eu não sei como, sendo fácil cobrir com um véu uma parte dessas vergonhas, continuaremos a alardeá-las perante o estrangeiro. D — 4/2/64 — 271/2

Três graves defeitos encontrou o nobre deputado no pequeno e modesto projeto que se acha sobre a mesa. Considerou-o inexeqüível, vexatório à lavoura, e terrorizador... Digo com a maior franqueza, e afianço aos homens da escola do regresso; eu já vejo sinais tão evidentes que não posso fechar os olhos às reformas lentas, graduais, que se hão de indubitavelmente promulgar acerca da propriedade do escravo. Acredito também que essas modificações elaboradas lentamente, a pouco e pouco, serão não só felizes, como nunca aterradoras. E eu não estou longe de esperar da inteligência vigorosa e do patriotismo sincero do meu nobre amigo que ele não continue a fazer a corte aos direitos adquiridos, e antes venha conosco fazer continência ao espírito do progresso que se adianta...

A produção agrícola do país veio a ser em 1860, por exemplo, dez anos depois da extinção do tráfico, cinqüenta por cento maior. A grande lavoura do café não só cresceu na quantidade produzida, como teve a fortuna de ver os valores totais da sua exportação aumentarem quase oitenta por cento. Esse desenvolvimento geral do país acompanhou o progresso do seu comércio exterior: a importação, com efeito, foi durante o mesmo decênio subindo até cinqüenta por cento mais. As rendas públicas, finalmente, elevaram-se no fim do decênio a setenta por cento mais do que no começo, isto é, no último período do tráfico.

A que se deve tão estrondoso triunfo? A uma causa poderosa: o país convenceu-se da necessidade de auxiliar com estradas e navegação a vapor a sua indústria agrícola, o espírito do governo convergiu para aí, o dinheiro que o tráfico absorvia para aí se encaminhou, e, assim dissipada a nuvem negra, os capitais estrangeiros confiaram nos destinos do país, e vieram fecundar o seu nascente progresso. Mas também o emigrante acompanhou aos capitais.

Não se trata de suprimir essa propriedade; trata-se apenas de limitar o exercício dela por bem da moralidade pública. Sr. Presidente, é uma coisa tão clara como a luz do sol que o governo de um país ilustrado não pode esquecer a primeira condição da prosperidade das indústrias, a moralidade do trabalho... Sr. Presidente, se fosse eu só o legislador desse art. 1º, ele seria muito mais lato e mais completo; mas não sou daqueles que, não podendo ganhar tudo não se satisfazem com alguma coisa, não; caminhemos, caminhemos, caminhemos sempre, porque lá havemos de chegar... Concedamos, para argumentar, que a medida do projeto embarace a aquisição de escravos; peço à Câmara que pese bem as conseqüências. É uma questão de lógica: — se vós limitais a propriedade de escravos, se a tornais difícil, *ipso facto* facilitais o desenvolvimento do trabalho livre... Todas as medidas que tenderem a dificultar a aquisição de escravos, a tornar menos vantajosa a sua compra e venda, são sempre favoráveis ao princípio fecundo do trabalho livre, ao aproveitamento dos braços nacionais e ao crescimento da emigração... O parlamento há de acreditar que não é consagrando a propriedade de escravos que ele favorecerá a lavoura; mas, ao contrário, concorrendo para que ao trabalho escravo se substitua gradualmente o trabalho livre. D — 31/3/64 — 295/306

Minuta de carta ao Imperador — Sede do vosso tempo, Senhor!... Senhor, não acrediteis que bastem os caminhos de ferro e certa benignidade política para a glória do vosso reinado. Ele passará inútil para a história, se lhe não associardes o pensamento da grande emancipação. Ms — 1864

Emancipação — Meios indiretos e diretos. Já demos dois grandes passos: — A extinção do tráfico dos africanos. — A emancipação de todos os africanos livres existentes em servidão. Medida prévia: *estatística,* para conhecer a situação real dos escravos no país. Deve ser *provincial e nacional,* como em Buenos Aires. Ms — 1864

Comércio interprovincial de escravos — Os vapores da Companhia de paquetes o fazem, aliás tem privilégios de navios de guerra! Sob a bandeira do Estado, e com subvenção dele, comercia-se em escravos! Ms — 1864

Nas condições em que se acha o trabalho no Brasil, a generalidade do trabalho escravo sobre o qual já desceu a maldição dos séculos, poderemos olhar sem preocupações para o dia de amanhã? E porventura, cruzando os braços, adiando o que já está muito adiado, poderemos aspirar aos favores da opinião estrangeira? D — 1/6/65 — 3765/736

Eleição direta em relação à escravidão — Para não prescindir de indicar uma idéia importante, acrescentarei que há uma reforma política da qual depende em grande parte o êxito feliz da política abolicionista no Brasil. Atualmente, as eleições para os membros do parlamento se fazem por dois graus, ou são indiretas, como se costuma dizer, isto é, os cidadãos alistados nas paróquias elegem os eleitores, e estes nomeiam os deputados e os senadores. Pela influência de que os grandes proprietários dispõem, e pela presente organização da polícia e da guarda nacional, concentrados nas suas mãos ou nas dos seus amigos, as eleições afinal trazem ao parlamento só os representantes dos senhores de escravos. Ora, é natural que estes embaracem qualquer reforma, por mais tímida que seja; e, para evitá-lo, só resta ao governo o recurso extremo de assumir a ditadura. A eleição direta, porém, daria aos abolicionistas possibilidades de obterem maioria nos colégios eleitorais, principalmente nos das grandes cidades, onde abundam os brancos sem escravos ou possuidores de poucos escravos *(little white,* como se diz nos Estados Unidos) — os homens que exercem profissões liberais, os artistas, os operários, os trabalhadores livres. Demais, se fosse proibida a existência de escravos nas cidades, estas poderiam mandar ao parlamento representantes não-escravistas. A eleição direta, mesmo nos colégios do campo, poderia emancipar os brancos pobres do jugo dos grandes proprietários; estabelecer-se-ia uma porfia de classes em proveito e em honra do trabalho livre. Hoje o número de brancos sem escravos é considerável, em alguns municípios é superior ao dos possuidores de escravos; ora, a Constituição não reconhece em cada brasileiro mais do que o direito de um voto, por maior que seja o número de seus escravos. Em resumo, com a eleição direta, as províncias e os municípios que tiverem menos escravos poderiam vir a ser bem representados no parlamento. Ms — 1868

Com a atenção fatigada pelos detalhes administrativos, não é natural que os nobres ministros tenham tempo e ânimo para se ocuparem de assuntos sérios. Por exemplo, uma conferência internacional de comissões abolicionistas acaba de dirigir ao

Imperador uma nova carta sobre a emancipação dos escravos propondo a abolição imediata.

Pergunto: acaso essa carta foi lida pelos nobres ministros, e teve resposta? Se a teve, muito importa saber em que sentido se considerou a questão que ela envolve — abolição imediata. Não é conveniente ao decoro do parlamento que só tenhamos conhecimento da resposta de torna-viagem. Desejaria saber se os nobres ministros são ou não alheios aos projetos em discussão sobre esta matéria. Será uma ocasião mais de averiguar-se o que vale essa entidade — ministério. D — 9/6/68 — 599

Entre a emancipação imediata de todos (impossibilidade financeira) e a liberdade imediata das gerações futuras, me parece que está posto o dilema. Como filósofo, prefiro a primeira; as circunstâncias do Brasil obrigam-me à segunda...

A causa da emancipação tornou-se, sob a imperial política da corrupção, a causa dos áulicos. Todos os caracteres depravados alistaram-se sob esta bandeira desde que alçou-a o amo. De outro lado, os Martinhos Campos e os Ottonis. Não admira o meu silêncio: é o acanhamento de me ver na companhia que prefiro. Mas a idéia é generosa, não duvidarei confessar que pertenço ao número dos *fanáticos* da emancipação. Sei quanto é cego o fanatismo; mas ninguém dirá que é desprezível, como o servilismo. E pode-se ser fanático com Voltaire, que disse: "A guerra de Espártaco é a mais justa, e talvez a única justa de todas as guerras." Ms — 1871

III — *Questões sociais — Classes e miséria — Defesa dos pobres*

Caro amigo. — Ordenais que eu tome de novo a minha frágil pena. Dizeis que pode haver utilidade nestas conversações ligeiras sobre assuntos sérios. Cumpra-se o vosso desejo, cumpra-se, apesar do meu acanhamento em ocupar segunda vez um lugar na vossa grande oficina.

Eu desejaria envolver-me nas dobras largas e escuras do meu silêncio. Saí a público; levantei a voz com entusiasmo; falei com franqueza decidida, mas com sinceridade profunda; esbocei e analisei a máquina administrativa do Império; julguei, censurei, discuti. Abri os olhos dos que não querem ver e gritei aos ouvidos dos que não sabem ouvir. Perorei com energia e escrevi com indignação. O que ficou porém, depois de tudo isso? O fumo que se esvai, a nuvem que se desvanece, o pó que voa, o som que morre.

A indiferença mata o vigor do espírito. E há indiferença moral, política e religiosa, maior do que a que estamos observando?

Mas, uma vez que vindes bater à porta da choupana do anacoreta, ei-lo que se ergue ao canto do galo e se põe a caminho.

Ai de mim! este coração exangue não alimenta hoje um sentimento grande, uma paixão veemente. Outrora, como a lira do poeta, a sua pena eletrizada poderia rasgar alguns quadros imaginosos, abundantes de luz, belos de sombra. Como a ode do vate, que brinca e chora, que brame e pragueja, que salta e desliza suave, a sua prosa poderia ser forte e meiga, doce e enérgica, colorida e triste, segundo o objeto, a idéia e a paixão do momento. Então era a aurora da juventude; hoje o crepúsculo da velhice!

E é por isto, meu caro amigo, que não sinto forças para prosseguir no terreno escabroso, estéril e incandescente dos negócios políticos, em que me tenho revolvido até agora. Solto as velas aos ventos; deixo a costa escarpada da política. Largo aos mares ainda não praticados! Vogue, vogue o baixel!

E nem um pesar, ligeiro sequer, de haver-me afastado daquele mundo dos ódios funestos e das paixões mesquinhas! Nem uma sombra daqueles climas abrasadores me distrai o pensamento fixado em outras regiões mais escuras, sim, porém mais profundas.

Amigo, desviemos por algum tempo os olhos desses átomos políticos que absorvem toda a atenção. Estudemos agora os fenômenos de um mundo muito diverso.

Tomemos o caminho de um terreno inteiramente neutro. Passemos a campos desconhecidos. Exploremos terras longínquas. Não haverá lugar para o preconceito político, não caberá aí o prejuízo liberal ou conservador, saquarema ou luzia.

Ocupemo-nos dos interesses permanentes do país. Cuidemos do futuro, alongando os olhos através do presente. Tratemos, meu amigo, das questões sociais, da essência desse todo em cujo centro habitamos. Em uma palavra, tratemos do povo, e para subir gradualmente, comecemos pela miserável.[1]

A estas palavras: *povo* e *miserável*, imagino que encarais com ar de estranheza... Não, vós não as estranhareis!

Sim, há uma cousa que se esquece muito no Brasil: é a sorte do povo; do povo, que não é o grande proprietário, o capitalista riquíssimo, o nobre improvisado, o bacharel, o homem de posição. Fala-se todo o dia de política, canta-se a liberdade, faz-se de mil modos a história contemporânea, maldiz-se dos ministérios, e evoca-se a constituição do seu túmulo de pedra. Ora-se a propósito de tudo, menos a propósito do povo. Escreve-se a respeito de Roma e Grécia, de França e Inglaterra; mas não se escreve acerca do povo. Enviam-se os sábios do país a estudar a língua dos autóctones, a entomologia das borboletas e a geologia dos sertões; mas não se manda explorar o mundo em que vivemos, não se observam os entes que nos rodeiam, não se abrem inquéritos da sorte do povo.

Queixava-se Bastiat, aquele homem de coração, de que os jornais importantes em 1849 se agarrassem exclusivamente à política militante e estéril dos partidos, e se esquecessem de agitar as questões de fundo, as questões sociais. Eu dirijo a mesma queixa à imprensa e aos homens do nosso tempo.

Desçamos, meu amigo, desçamos às mais baixas camadas. Penetremos na escuridão. Avivemos uma esperança no coração do oprimido e acendamos um farol nas trevas do seu futuro.

---

[1] Estas linhas não foram escritas sob a impressão do poema social, uma das preocupações do espírito do autor. O estudo da miséria no Brasil parece-lhe novo e importantíssimo. Nos artigos, porém, que constituem a segunda série do presente volume, apenas se pôde discutir uma questão e tocar de leve em outra.

Mas parece-me ouvir que se duvida da nossa sinceridade ou que se desconhece o mundo aonde vos peço que me acompanheis. Em que é o povo oprimido, e de que se pode queixar nesta boa terra do Brasil?, perguntar-me-ão talvez. Eu respondo-vos lembrando o modo por que se organiza a força pública, desde o recrutamento até à guarda nacional. Eu cito a ignorância dos sertões com a sua barbaridade e com os seus potentados, e a miséria prematura das cidades com a sua prostituição. Eu aponto para uma chaga que invade mais e mais o corpo social. E não está dito tudo. Há ainda abaixo do homem livre, o homem escravo; há ainda, depois do miserável que se possui, o miserável africano livre de nome somente.

Vedes bem: o assunto é vasto, e mais grave ainda do que vasto. Penetrando nessas galerias, por assim dizer subterrâneas, descendo a essas minas da miséria, falta o ar aos pulmões, e o pensamento parece envolver-se numa nuvem pesada de tristeza e desânimo.

Com a energia de um estóico, porém, com a solicitude religiosa de um nobre inglês cumpramos a nossa missão. Comecemos pelo quadro negro que parece mais tristonho; comecemos pela sorte dos negros. É justo meu amigo, que nos lembremos primeiro daqueles que são mais infelizes, daqueles para quem justamente se escreveram estas palavras de fogo: *Lasciate ogni sp'ranza!*

Não sei se o meu novo tema merecerá, como o outro, o mesmo assentimento. Confio, entretanto, que o vosso espírito generoso aprove o segundo programa do amigo. C — 119/122

Ora, meu amigo, a carestia é um suplício intolerável. Quaisquer que sejam as sua causas, é um fato positivo. E que providências medita o governo a esse respeito? Não acredito que o governo tenha autoridade ou força bastante para impor certas medidas vexatórias, como, v.g., a taxa do pão: isto seria o despotismo. Mas é incontestável que na sua esfera própria encontrará o governo recursos legítimos contra o mal. Vejamos. Qual é a causa que mais influi sobre a carestia no Brasil? É a circunstância funesta de achar-se um país vastíssimo tão pouco habitado, e não só pouco como mal habitado. Quero dizer: a população existe disseminada pela superfície do Império, com longos intervalos incultos, e até com desertos intermédios como o de Piracicaba a Goiás, como o de Goiás a Cuiabá. Ora, todo o mundo sabe que o transporte encarece, segundo as distâncias, em uma medida proporcional, o preço dos produtos. Isto é inevitável, é natural. O que não é natural, porém, o que se pode evitar é que se agravem os ônus de uma situação tal, abandonando-se as estradas à rotina dos chamados engenheiros ou à rapacidade de seus conservadores; o que também não parece natural nem inevitável é que o caminho franco do oceano, o comércio costeiro esteja e permaneça embaraçado por um privilégio vexatório, inútil, odioso e antiquado. Nas circunstâncias do Brasil, com efeito, a grande questão é facilitar as comunicações, desenvolver os meios de transporte, tanto mais que a carestia afastará a muitos das grandes cidades para o campo, tanto mais que o bárbaro processo agrícola do africano, o processo das derrubadas e dos incêndios selvagens, estraga as terras mais próximas e determina emigrações novas e incessantes para o sertão virgem.

Aqueles que passam a vida nas ruas da cidade, que aliás não deixam de patentear tantas cenas de miséria; aqueles que vivem nos salões dourados; aqueles cuja imaginação é sopitada pela vaidade e não transpõe as raias do seu pequeno círculo; esses poder-se-ão rir quando se fala da miséria no Brasil. E contudo, não há uma realidade mais desanimadora. Procurai os casebres; é a miséria. Estudai o baixo vulgo ignaro, descuidoso e degenerado no corpo, tanto como embrutecido na alma; é a miséria. Vede o campônio selvagem, que pesca ou caça, joga, bebe e folia no intervalo; é a miséria. Não vos falo do escravo, trato somente dos homens livres, dos *cidadãos* deste país. — Vede as províncias: uma vez, é a fome que estende suas asas negras sobre o Ceará, e assinala a sua passagem fúnebre juncando de cadáveres as estradas e as ruas das povoações, como nas florestas os troncos das árvores derrubadas pelo furacão. Outra vez, é na Bahia, nas margens do mesmo S. Francisco, que o gênio dos desertos sequiosos vem rir-se das recentes festas da visita imperial, alastrando de crianças abandonadas, de velhos desfalecidos de homens semivivos, de cenas pungentes e incríveis, as mesmas estradas por onde voara, como voava então o pó ressequido de uma terra adusta, o alegre tropel do acompanhamento imperial. Quem não sente a fome avizinhar-se, e, cada vez mais perto das costas, anunciar-se: Aqui estou? Parece que a mão invisível de um gênio irritado por nossos crimes a impele, nuvem de fogo, que só talvez as águas abundantes do oceano, atraindo-a, poderão tragar. A fome! "O que afeta a vida social, o que fala a todas as inteligências e palpita em todos os corações é a fome! A mãe que busca, em vão, alimento para seus filhos; o rude trabalhador que vê o salário converter-se em migalha de pão: o povo, enfim, a quem a carestia cerca e ameaça afogar, não quer discutir nem *conciliação*, nem *moderação*; o povo quer saciar a fome de hoje, de amanhã, de todos os dias; o povo quer um presente de fartura, que garanta a abundância do porvir; deixa as belas teorias para esses políticos que afetam alimentar-se de ar e flores." Assim se exprimia um dos vossos estimáveis colaboradores, e assim digo eu, contemplando a inércia de nossos estadistas e a sua pasmosa indiferença pela sorte do povo. C — 242/244

E não é nas classes inferiores somente que lavra a peste: os mais infeccionados pelo vício infame da degradação são o que se chama as classes elevadas. Não é na *plebe* das cidades que a democracia francesa, abandonada dos nobres e poderosos, há procurado abrigo e alento para afrontar o Império?

Do seio do povo não contaminado ainda, surgem às vezes os regeneradores das nações aviltadas: mas quão difícil não é esta gestação dos Filopemens, e quão inútil quase sempre para suspender o curso dos maus dias! Se um largo período permitiu ao veneno insinuar-se lentamente por toda a circulação, já não haverá mais (na frase de um publicista) "nem dedicação desinteressada, nem coragem cívica, nem generosas indignações contra a violação do direito, nem simpatia pelos oprimidos e desgraçados: o menor encargo público parecerá insuportável, aterrará o mais leve ruído; ninguém interessar-se-á pelo mal que lhe não toque direta e pessoalmente; *juízo* apelidar-se-á esse estreito e ininteligente egoísmo". P — 20/21

Os princípios que professamos a duas classes pertencem. Emancipar o trabalho, fomentar a riqueza pública, consagrar a liberdade de opiniões e crenças, e promover o melhoramento moral do povo, são o objeto da primeira; da segunda, restituir à Nação o direito de governar-se, estabelecendo solidamente o sistema parlamentar.

Que prazer sincero e calmo depara aos homens públicos a investigação dos problemas sociais! Em outras circunstâncias, por mim o digo, não duvidara preferir às incandescentes questões da alta política a suave tarefa de apregoar as soluções das três necessidades capitais do Brasil: instrução, emancipação, viação.

A aceleração do movimento emancipador e as medidas complementares que demanda a transformação do trabalho; a liberdade religiosa e suas conseqüências de direito civil e político, suprimidas as exclusões provenientes de culto diverso da religião do Estado; o desenvolvimento do ensino público de todos os graus e a liberdade do particular, ampliado o primeiro ao adulto analfabeto para combatermos o elemento bárbaro que entre nós acampa e o que, diariamente acarretado pela imigração, se apodera das indústrias e apodrece no culto ao bezerro de ouro, espalhando na sociedade os miasmas do materialismo brutal: eis assuntos sociais dignos por certo da solicitude de um grande partido.

E quantas necessidades mais, da ordem econômica, a exigirem os cuidados do estadista! O amplo uso do direito de associação sem medidas preventivas; o impulso que ao comércio interior, ou antes à comunhão nacional, devem dar facilidades econômicas e rápidos meios de transporte; o alívio das taxas adicionais lançadas durante a guerra na importação e na exportação; o decrescimento gradual da tarifa permanente das nossas alfândegas, onde as mercadorias de maior consumo pagam taxas que, com os nossos aditamentos, equivalem hoje a 50%; o abandono do imposto *geral* de exportação; o abaixamento da onerosíssima sisa da venda de imóveis, imposto quase proibitivo; a economia das despesas mormente nos orçamentos militares, em proveito dos encargos do resgate de cativos e do ensino público!, não são, como aqueles outros, temas que deveram de absorver nossa atenção, se a não reclamasse também a crise que ora reduz toda a questão de progresso à questão política? S — 151/152

Finalmente, não é do censo alto, de eleitores capitalistas e proprietários, que depende a nossa salvação. A França dos Bourbons e de Luís Filipe nos sirva de ensino. Os ricos... por que não confessá-lo?, os ricos por si sós não representam no Brasil nem a inteligência, nem a ilustração, nem o patriotismo, nem até a independência. A prova é que proprietários e capitalistas fazem timbre neste país da indiferença em matéria política, que é o seu belo ideal, quando não são as criaturas mais submissas e mais dependentes do poder, que dá cargos de polícia, patentes da Guarda Nacional, fitas e honras com que se apascentam estultas vaidades ou perversas ambições de mando, contratos e empresas com que se dobram e tresdobram fortunas. Aqui, como em qualquer parte do mundo, não se poderá cometer erro mais funesto do que entregar a sociedade ao domínio exclusivo e tirânico de uma classe, a plutocracia, a menos nobre e a mais corruptível. R — 183

Tratemos agora dos marinheiros. Antes de tudo há um aviso, o de 11 de abril deste ano, que declara ao presidente da província de Mato Grosso que, de cada cinco recrutas que entrarem para a companhia de imperiais marinheiros, só se dê baixa a uma praça que tenha acabado o seu tempo de serviço.

É admirável que o ministro profissional não descobrisse o meio de preencher as fileiras dos corpos da armada sem cometer injustiças, como essa, contra miseráveis marinheiros que, depois de 20 e mais anos de serviço, não podem obter suas baixas sem que se apresentem cinco recrutas! Isto é detestável... Foi na administração última que se agravou a sorte de muitos infelizes marinheiros sujeitos irregularmente ao serviço de camaradas. Esses camaradas são verdadeiros criados; todos os gêneros de trabalhos, ainda o mais ínfimo, pesam sobre eles, e nenhuma medida, nem sequer uma dessas ordens de palavrões que se expedem todos os dias, publicou-se a tal respeito para condenar esse abuso...

Eu desejaria ouvir a S. Exa. a respeito da modificação do regímen penal dos navios de guerra. Refiro-me particularmente ao emprego dos castigos corporais. Conheço as retas intenções do nobre Ministro, e ao mesmo tempo estou certo das dificuldades que se apresentariam se se efetuasse rápida e instantaneamente a passagem de um para outro sistema penal. Mas não será possível acabar gradativamente com esses castigos lamentáveis e vergonhosos?

Acredito que o nobre Ministro consultará a tal respeito os homens experimentados, e averiguará com todo o cuidado se será possível ir pouco a pouco minorando esse regímen penal, até que de todo desapareça essa tradição funesta dos anais de nosso governo. D — 3/6/62 — 106/107, 118

Resta uma questão capital, sobre a qual desejo ouvir o nobre Ministro da Fazenda, que tão profundos estudos tem sobre as questões de impostos.

Todos sabem do grande uso que no mundo moderno se começa a fazer, a exemplo da Inglaterra, dos impostos diretos. Estou certo de que o nobre Ministro terá de aplicar de algum modo ao nosso país o imposto direto sobre a renda. Nas condições em que se acha o tesouro, para que possamos formar juízo sobre esta questão, convém que S. Exa. nos diga o que pensa sobre este imposto, e acerca da conveniência de aplicá-lo aos funcionários públicos por meio de uma redução ou porcentagem sobre os seus vencimentos. D — 23/3/1866 — 452

Carta a Martinho Campos — Em todo caso, cumpre não confundir a prosperidade da nação com a abastança que ostentam algumas grandes famílias de proprietários... Quereis uma demonstração evidente da ilusão que consiste em ligar a prosperidade do Brasil à sorte da escravidão? Ms — 24/8/1871

IV — *Educação*

Não esqueçamos a educação pública, mãe do progresso. Pois bem!, temos observado nisso o sistema pior. A nulidade de instrução elementar; o ensino do pernicioso latim como de um instrumento de civilização; a falta de difusão das ciências naturais e conhecimentos úteis; a existência de professores, ou totalmente inábeis, ou principiantes ainda; a ausência de rigor nos exames dos cursos superiores; a conseqüente abundância de médicos e bacharéis, outros tantos solicitadores de emprego, outros tantos braços perdidos para o trabalho livre e para a empresa individual, eis, sem dúvida, uma cadeia de causas bastante fortes para comprometer seriamente o futuro de um país qualquer. Resta, por fim, ver-se ondular sobre esse quadro a sombra do lazarista e da irmã de caridade, convertidos em diretores do ensino em colégios ou seminários, alguns dos quais se pretende isentar do único remédio contra o mal da sua existência, a inspeção administrativa. M — 39

Que a atualidade das províncias do Império é péssima, mostra-o a descrença que lavra por todas elas. Onde outrora havia uma esperança, há somente hoje uma decepção.

Com efeito, estude-se bem o desenvolvimento moral do povo de cada uma dessas grandes regiões. Reconhece-se algum progresso, mas sem dúvida diminuto em relação ao tempo decorrido. E uma cousa o explica. O derramamento da instrução elementar e o dos conhecimentos úteis marcam a medida do progresso de um povo. Mas essas noções fundamentais constitutem porventura uma necessidade e um alimento do espírito das nossas classes inferiores, e, particularmente, dos habitantes do campo e dos sertões?

Não me respondam com estatísticas falsas de interessados. Eu mesmo já assisti em uma vila do interior, a 10 léguas de distância da capital, ao exame de uma menina de escola, e notei admirado que ainda não lia correntemente, não obstante declarar a própria professora que essa discípula contava já seis anos de estudo. As escolas primárias, em verdade, não são confiadas a indivíduos de habilitação. Criam-se desses estabelecimentos para *sinecuras* de agentes eleitorais ou de suas mulheres. Para isso decretam-se anualmente outros, e cresce a despesa.

Como *sinecura*, os salários que geralmente se pagam ao magistério não são medíocres; mas, para atrair pessoas de mérito ao exercício desse cargo, parecem realmente irrisórios. Pois um moço, no Amazonas, ou no Paraná, ou em Goiás, que saiba ler, escrever, aritmética, doutrina, elementos de geografia e gramática nacional, prestar-se-á a ensinar meninos por 400$ anuais? Decerto que não. Vai aprender latim e formar-se em direito, ou procura logo um emprego público de certa ordem, ou, finalmente, é escolhido delegado de polícia, eleito vereador, nomeado membro da assembléia, etc., etc.

Entretanto, sendo essa a realidade, que remédio lhe têm oposto os presidentes? Nenhum. O verdadeiro era reduzir o número das cadeiras, remunerar muito bem as que ficassem, destituir todos os mestres inábeis e contratar professores nacionais ou estrangeiros, da província ou fora dela, clérigos ou leigos, para reger as poucas escolas subsistentes. Essas escolas, situadas nas cidades e vilas mais crescidas, dotadas toda de uma *school-house*, isto é, de um pequeno edifício circular, decente, acomodado às leis da acústica, em anfiteatro, e com os repartimentos necessários; essas escolas normais seriam a fonte abundante de onde sairiam meninos bem educados e ilustrados, que, dentro de pouco tempo, se derramariam pelos campos e pelo interior, facilitando a seus habitantes a aquisição de bons professores. É este o sistema adotado nos estados da União Americana. O que atualmente praticamos é, como tudo entre nós, uma simples aparência para iludir os olhos do povo. Desde que essa idéia entrasse nos planos administrativos dos governos, preocupados aliás com os meios de corromper as câmaras e de ganhar as eleições; desde que ele a recomendasse eficazmente a seus delegados, operar-se-ia no Brasil a mais salutar das revoluções.

Mas a instrução primária obtida nas escolas não é ainda em si mesma outra cousa mais que um instrumento: e a que se deve logo aplicar este instrumento? à aquisição de conhecimentos úteis, às ciências positivas, à física, à química, à mecânica, às matemáticas, e depois à economia política. Estes são os alimentos substanciais do espírito do povo no grande século em que vivemos. Em vez disto, porém, as províncias subvencionam alguns mestres de latim, de retórica e poética, matérias cuja utilidade prática ainda não pude descobrir, e cujo resultado palpável é a perda para os moços dos quatro ou cinco anos mais preciosos da idade.

Vós meu amigo, tão lido na história do progresso do mundo, vós percebeis que eu estou colocado no ângulo oposto ao dos nossos governadores no que respeita à instrução pública. Em vez de aprofundar a questão; em vez de estudar os exemplos da Alemanha, da Inglaterra e dos Estados Unidos; em vez de se esforçarem no governo, e fora dele, como filantropos, como homens sinceros e crentes, pela reforma dos estudos, eles consomem o seu tempo queixando-se inutilmente da ignorância e depravação geral dos costumes dos nossos mancebos. Ah! isto é bem verdade, mas o mal vem de baixo, está na raiz. Não será criando uma universidade na Corte, centralizando nela o ensino superior, como se pretende, que se há de instaurar uma nova era. Se há dinheiro para organizar uma universidade, sem extinguir as faculdades das províncias, façam-no; mas aproveitem a oportunidade para diminuir o pessoal existente e aumentar os ordenados. Fiquem certos, porém, de que isso em todo o caso não extingue o Vício.

O Ato Adicional descentralizou a instrução primária e secundária; mas isto não é embaraço para uma reforma séria como a indicada acima, desde que o governo imperial abandone os seus hábitos herdados de indolência e aparência, e inspire energia e seriedade aos seus delegados, que desenvolvam nas províncias, de acordo com as respectivas assembléias, um sistema de reformas eficazes. Entretanto, a que se tem limitado neste assunto a atividade dos governos? A criar diretorias e inspeções das escolas e a expedir regulamentos. Pois acreditam que estas formalidades servem para alguma coisa? Podem os tais diretores e inspetores, com os seus regulamentos e os seus ofícios, mapas e relatórios, produzir aquilo, cuja falta é a razão de tudo — aquilo que resolveria todas as dificuldades, isto é, o professor ilustrado e aplicado? É para esse ponto primordial, é para esta base, que deve convergir a atenção dos governos e dos homens que se interessam pelo progresso do país. Se querem fazer alguma cousa séria, comecem por aí. Mas, ao contrário, sob o pretexto de animar o ensino público, é moda andar examinando às carreiras meninos de escola e estudantes de latim. Remédio certamente heróico!

Adquiri bons professores, convidai para isso o próprio estrangeiro, estabelecei graus de ensino e classes de cadeiras, abri canais legítimos às aspirações dos bons mestres da instrução primária à secundária e desta à superior, e tereis empreendido uma reforma radical. Não acrediteis, porém, que na expedição de regulamentos, na criação de inspetores, na mesma existência de escolas normais, onde haverá tudo menos professores capazes, consiste o remédio.

Dai ao menino da cidade e do campo a chave da ciência e da atividade, a instrução elementar completa; dai-lhe depois as noções das ciências físicas; livrai-o dos mestres pedantes de latim e retórica, e o jovem será um cidadão útil à pátria, um industrioso, um empresário, um maquinista, como é o inglês, como é o norte-americano, como é o alemão; será um homem livre e independente, e não um desprezível solicitador de empregos públicos, um vadio, um elemento de desordem. C — 63/67

A paciência do leitor, já fatigada por tantos detalhes, não me acompanhará em minudências. Entretanto, cuido não ser impertinente rogando que lance os olhos para os seguintes algarismos acerca da instrução pública no Amazonas; são também oficiais: em 17 escolas primárias do sexo masculino, havia apenas 407 alunos; e em 3 do sexo feminino (únicas providas) somente 36 meninas! E destas freqüentam 23 a escola da capital. Eis aí, pois, um assunto proeminente: não há para o Amazonas inteiro negócio mais grave que o derramamento da instrução elementar. Felizmente, quanto ao ensino profissional, por mais socialistas que sejam e são tais instituições, já a província conta com um estabelecimento útil, proveitoso e eficaz, o dos Educandos de Manaus. Ainda que modesto, ele revela, pelos resultados obtidos, quanto pode a perseverança. Instrução elementar, instrução popular, instrução leiga, instrução profissional, isto é, ensino útil sem latim, sem retórica, sem clericalismo, mas abundante de noções práticas e de conhecimentos físicos — eis a alavanca do nosso progresso. V — 238/239

Não somos um povo, somos o *Império*. Temos, temos infelizmente que fazer uma educação nova. P — 87

Demais, não se previne o crime armando a autoridade de um poder imenso, diante do cidadão trêmulo de susto e humilhado; a prova está nesses abusos tão comuns em nosso interior, donde se originam reações e vinganças, crimes que produzem crimes. O crime previne-se, principalmente, elevando o nível moral do cidadão, fazendo-o amar a paz e a liberdade, facilitando-lhe o trabalho e a riqueza, ilustrando-o e educando-o por uma instrução primária completa, largamente difundida pelo país inteiro. A penitenciária, um progresso aliás que mal conhecemos de nome, seja dito de passagem, a penitenciária não é o alvo social nestes assuntos: o ideal é a instrução, a moralidade, a liberdade. P — 211

Comecemos pelo interesse fundamental dos povos modernos, a instrução.
Escusado fora discutir os obstáculos que nesta matéria tem a centralização oposto às províncias, e que já citamos a propósito

de graus literários, cadeiras de ensino secundário, penas para a sanção de regulamentos, etc. Nosso fim aqui é outro: é indicar as medidas principais, que devem as assembléias adotar, com a máxima urgência, para elevarem o nível moral das populações mergulhadas nas trevas.

Em verdade, o mais digno objeto das cogitações dos brasileiros é, depois da emancipação do trabalho, a emancipação do espírito cativo da ignorância. Sob o ponto de vista da própria instrução elementar (e não falemos do estudo das ciências), nosso povo não entrou ainda na órbita do mundo civilizado. É o que atesta a freqüência das escolas primárias. P — 215/216

Vede o triste espetáculo, resultado fatal da imprevidência com que descuidaram da educação do povo: — nossos costumes que se degradam, nossa sociedade que apodrece, o fanatismo religioso que já se chama o partido católico, um país inteiro que parece obumbrar-se, na segunda fase deste século, quando as nações carcomidas pelo absolutismo e ultramontanismo, Itália, Áustria, Espanha, França, reatam gloriosamente o fio das grandes esperanças do século XVIII! P — 217

Abolir os vexames de regulamentos compressores da mais liberal das profissões, é justo e é necessário. Seja livre o ensino: não há mais abominável forma de despotismo do que o de governos nulos que, sem cooperarem para o progresso das luzes, embaraçam os cidadãos que empreendem esta obra evangélica, e ousam sujeitar ao anacrônico regímen das licenças e patentes a mais nobre das artes, aquela que lavora com o espírito.

Mas não basta permitir a todos, sem exceção alguma, e sem exigência também alguma, o exercício de um dos direitos do homem, o de ensinar. Contingente poderoso para o grande resultado, a liberdade do ensino, que é muito, não é tudo nas condições imperfeitas de nossa sociedade e de todas as sociedades modernas. O século propõe-se realizar o ideal da máxima simplificação do mecanismo que se chama Estado; onde é, porém, que o sentimento da responsabilidade individual, o poder da iniciativa particular e o espírito de associação subiram ao ponto de dispensá-lo?

Sob a influência da filosofia inspirada na eterna moral do evangelho, quase simultaneamente os povos modernos, sem condenarem aliás o ensino particular, organizam um poderoso sistema de instrução elementar baseado no imposto. O mais atrevido exemplo dessa organização o deram, um após outro, ao impulso de Horácio Mann, os Estados da União Americana, onde outrora vastas e ricas associações fundavam e mantinham numerosas escolas. Em Inglaterra duas associações igualmente vigorosas desempenham a mesma missão humanitária; mas lá se propôs agora ao parlamento, e agita-se seriamente o problema da organização oficial do ensino. É que aí também o nobre esforço dos cidadãos e das sociedades não satisfaz às aspirações de cada localidade tão plenamente, como o ensino público nos Estados Unidos, na Alemanha do Norte, na Suíça, na Holanda, na Suécia, no Canadá, na Austrália, no Chile.

Abrindo o corpo legislativo, recomenda Napoleão III "o desenvolvimento mais rápido do ensino primário gratuito". Por toda a Europa, os parlamentos ocupam-se, com particular desvelo, do supremo interesse social, a educação do povo. Para isso não hesita a Inglaterra em acelerar a incessante transformação do seu governo, na qual o mundo a vê absorvida desde 1832; e a França, se quer nesta matéria disputar a precedência que em outras lhe cabe, há de também resolver-se a imitar o magnífico exemplo das democracias do novo e do novíssimo continentes.

Não aconselhemos às províncias, portanto, a abolição somente de regulamentos vexadores do ensino particular de qualquer grau, fácil cumprimento de um dever intuitivo; recomendemos-lhes, com a mais viva instância, que tenham previdência, patriotismo e coragem para se imporem de bom grado sacrifícios consideráveis, únicos eficazes, a bem do rápido desenvolvimento da instrução.

Um escritor que tanto encarece os direitos do indivíduo e a extensão da liberdade, e que plenamente expôs as vantagens do ensino particular, reconhece, entretanto, que nas sociedades atrasadas, onde não possa ou não queira o povo prover por si mesmo à criação de boas instituições de educação deve o governo tomar a si essa tarefa, preferindo-se dos males o menor.

Referindo-se a inquéritos oficiais, confiados a pessoas mui competentes, asseverou o Sr. Forster ao parlamento inglês que as escolas meramente particulares, sem o auxílio do tesouro nem inspeção pública, eram as piores do reino. Meditem sobre este depoimento os que tudo esperam somente do ensino livre; vejam o que se diz da Inglaterra, cujas poderosas associações filantrópicas e comunhões religiosas não conhecem superiores no mundo! Quando Horácio Mann começou a famosa agitação, donde saiu o vasto sistema de ensino público da União Americana, muitos dos Estados pretendiam que as escolas das associações e seitas eram suficientes, nem seriam excedidas: a experiência patenteou a sua ilusão. O sistema que Mann fizera adotar no Massachusetts foi logo imitado pelos outros Estados à porfia; e as escolas para os filhos de todo o povo, para o rico e para o pobre, para o branco e para o negro, as escolas nacionais são hoje o mais belo título das Repúblicas Unidas.

Esqueçam-se as prevenções que o despotismo aliado aos jesuítas criara contra as tendências do ensino oficial. Depois que a democracia apoderou-se do governo dos Estados, o ensino oficial revelou toda a sua eficácia. Afugentando o absolutismo que o envenenava, ele cessou de oferecer perigos à liberdade. Os povos compreenderam desde logo; e assim vai passando às legislações contemporâneas um princípio saudável da escola socialista, cuja propaganda, apesar dos desvarios de sectários exclusivos, há triunfado tantas vezes da rotina conservadora. P — 220/223

Na província a taxa escolar consistiria em uma porcentagem adicionada a qualquer dos impostos diretos, o pessoal ou a décima urbana, por exemplo. Seu produto acresceria à contribuição local, necessariamente modesta no primeiro ensaio, até que o povo abraçasse cordialmente o novo sistema, apoiando sem relutância, como nos Estados Unidos, todas as combinações destinadas a aumentarem o orçamento da instrução. P — 229

O imposto que propomos, estreitamente se liga a um novo programa do ensino público, impraticável com os estreitos recursos atuais.

A taxa direta cobrada nos municípios e a importância da porcentagem provincial adicionada a um dos impostos diretos, teriam o seguinte emprego exclusivo:

Salários dos professores e seus adjuntos;

Aluguel de casas, onde ainda não houvesse prédios especialmente construídos para escola;

Custeio e conservação destes estabelecimentos;

Vestiaria e socorros dos meninos indigentes;

Instrução primária dos adultos.

Calculada a soma destas despesas, conhecer-se-ia a da taxa escolar, ou a importância a repartir com igualdade entre a contribuição local e a provincial. P — 230/231

Não são escolas elementares do *abc*, como as atuais, que recomendamos às províncias. O sistema que imaginamos é muito mais vasto. É o ensino primário completo, como nos Estados Unidos, único suficiente para dar aos filhos do povo uma educação que a todos permita abraçar qualquer profissão, e prepare para os altos estudos científicos aqueles que puderem freqüentá-los. P — 232/233

Dispam-se dos prejuízos europeus os reformadores brasileiros: imitemos a América. A escola moderna, a escola sem espírito de seita, a escola comum, a escola mista, a escola livre, é a obra original da democracia do Novo Mundo.

Mas, pois que nos achamos em país eminentemente agrícola, não esqueçamos que "o ensino primário tem sido até hoje dado em sentido antiagrícola, e que é preciso ajuntar-lhe noções sumárias de lavoura e horticultura, elementos de nivelamento e agrimensura, princípios de química agrícola e de história natural, e, para as meninas, lições de economia doméstica".

Das escolas profissionais são as agrícolas sem dúvida que mais precisamos. P — 233/234

Não menos úteis e urgentes parecem as escolas de minas, e, todavia, mais de uma província possui tesouros imensos que apenas aguardam uma indústria menos imperfeita e um trabalho mais inteligente.

Tudo nos falta, de tudo carecemos neste ramo principal dos interesses sociais, a instrução do povo.

Ao invés das tendências do século, o que possuímos nós? — Escolas de *abc*, estas mesmas raríssimas, sem edifícios próprios, sem mobília e utensílios, e, pior que tudo, sem mestres idôneos: e, fora disso, algumas aulas de latim espalhadas aqui e ali.

Estudos clássicos, estudo das línguas mortas, não é o que necessitamos mais: haja liberdade de ensino, e não faltarão colégios particulares, onde as classes abastadas mandem educar e aperfeiçoar seus filhos no gosto da antigüidade. Demais, é um erro manifesto confundir o ensino clássico com essas imperfeitas e insuficientes aulas de latim, onde nem se aprende a língua de Cícero, e muito menos se estuda a grande literatura do século de Augusto. P — 235

Para manterem escolas normais dignas deste nome, deveriam as províncias mais vizinhas estender-se, associando-se por grupos, o que lhes fora muito mais proveitoso que a ação isolada de cada uma.

Preferimos, em regra, a iniciativa do governo local à ação coletiva, a variedade à centralização, porque esta conduz quase sempre à inércia, e a variedade da iniciativa provincial fomenta incessantes aperfeiçoamentos, desperta o zelo e a emulação entre as províncias. Todavia, estamos de tal sorte convencidos de que não há salvação para o Brasil fora da instrução derramada na maior escala e com o maior vigor, que para certos fins aceitaríamos também o concurso do próprio governo geral, ao menos em favor das menores províncias e durante o período dos primeiros ensaios. Assim, para se criarem verdadeiras escolas normais, instituições cuja utilidade depende de subvenções generosas, fora bem cabido um auxílio do Estado, cuja missão aliás —

não o desconhecemos — é propriamente reerguer ou antes fundar os estudos superiores. P — 236/237

O próprio governo central, até hoje tão indiferente a este gravíssimo objeto, parece inclinar-se às idéias que temos sustentado. Revelando, com a mais louvável franqueza, a insuficiência e inferioridade, senão a nulidade do nosso ensino público, o Sr. Ministro do Império, no relatório de 1870, acaba de confirmar quanto dissemos sobre a nossa triste situação. O governo imperial, que não consente medrar a liberdade no Brasil, é que depõe contra si mesmo, atestando a sua incapacidade administrativa, confessando a negligência de que o acusamos e o proverbial desleixo dos seus agentes.

Depois de tão solene confissão, só há para ele um meio de resgatar sua enorme culpa: ação decisiva, impulso eficaz, reformas perseverantes, largas, completas, sem receios e sem hesitações.

Compreendam governo e povo que não há mais urgente reforma: a emancipação do escravo o exige, porquanto ela há de prosseguir a sua marcha fatal por entre dois perigos, o instinto da ociosidade e o abismo da ignorância. Diminuí o segundo; tereis combatido eficazmente o primeiro.

Fatal punição! os países onde o trabalho é forçado são aqueles justamente onde o próprio homem livre é mais ignorante. A indiferença pela instrução é um dos sinais da escravidão. A oligarquia dos proprietários, ou seus representantes nas assembléias e no poder, não tomam interesse algum, em países tais, pelo ensino popular. Com efeito, quanto à própria população livre, ocupa o Brasil o lugar da lista que os Bourbons legaram a Nápoles: um aluno por 90 habitantes, no século em que reputa-se infeliz o povo que não contempla nas suas escolas um menino por 7 habitantes. E será hipérbole dizer que, neste ponto de honra dos povos modernos, acha-se nossa pátria fora do século XIX? Ajuntai a coexistência do trabalho escravo: não é o século XVI ou XVII, quaisquer que sejam as aparências de algumas capitais marítimas?

Uma lei da divina harmonia que preside o mundo, prende as grandes questões sociais; emancipar e instruir é a forma dupla do mesmo pensamento político. O que haveis de oferecer a esses entes degradados que vão surgir da senzala para a liberdade? o batismo da instrução. O que reservareis para suster as forças produtoras esmorecidas pela emancipação? — O ensino, esse agente invisível, que, centuplicando a energia do braço humano, é sem dúvida a mais poderosa das máquinas de trabalho. P — 238

Do honrado Sr. Ministro do Império desejo que se digne expor-nos qual seja o seu pensamento acerca da instrução pública superior; se pretende conservar o *status quo*, ou se, como parece-me urgente, medita no meio de limitar, por um lado, o pessoal das faculdades, fortificando, por outro, a severidade dos exames. D — 18/7/1861 — 22

Sr. Presidente, agradou-me muito ler, num dos maiores órgãos da imprensa do Império, o *Diário do Rio*, um artigo em que se mostra a necessidade de concentrar-se o ensino de certas matérias, de que existem cadeiras em diversos estabelecimentos da Corte, num só deles. Assim, diz o artigo, a física, que se ensina na Faculdade de Medicina, na Escola Central e na da Marinha; as matemáticas puras e outras ciências podiam estudar-se em um só estabelecimento.
Ora, quando não abundam os nossos recursos, quer em dinheiro, quer em pessoal habilitado, não é melhor, muito mais vantajoso, que as cadeiras de uma mesma disciplina se concentrem em um só estabelecimento? Com isto faz-se uma redução de despesa e colocamo-nos na possibilidade de remunerar melhor os lentes, porque este é o único meio de entregar o ensino a pessoas habilitadas, ainda que, verdade seja, com os exíguos vencimentos atuais, muitos lentes distintos ornam os estabelecimentos públicos. D — 14/7/1862 — 202

V — *Liberdade de cabotagem*

Vereis, meu amigo, especialmente no que respeita à primeira questão, a da liberdade da cabotagem, que se trata de um objeto intimamente ligado à sorte do povo deste país e às causas de sua miséria, de que comecei a ocupar-me em algumas das cartas anteriores.

Costuma-se alegar que o privilégio nacional, ou por outra, o monopólio da navegação costeira, é exigido por um princípio político, o da segurança do Estado, que ainda não pude compreender. Mostrar-vos-ei, ao contrário, que o monopólio, exagerando o preço dos gêneros do comércio, criando e justificando a exploração injustíssima das grandes capitais sobre as pequenas províncias, fomenta um estado de coisas desagradáveis, uma agitação surda, um ciúme entre províncias irmãs, perigoso para a ordem pública, e que só não descobre quem não quer ver. A essas teorias de segurança pública e de poder marítimo do Brasil podem os homens do povo responder com a máxima latina tão cheia de senso: *Primo vivere, deinde philosophare*. Os políticos teóricos insistem, com efeito, e insistem com ênfase, no poder e influência marítima do Brasil. Estudaremos este ponto oportunamente. Eles descrevem o oceano com as mesmas idéias dos Bartolomeus Dias e Vascos da Gama. O oceano é sempre um campo de batalha, onde os pavilhões dos reis pleiteiam a vitória da influência exclusiva e da supremacia universal. Discutiremos a inanidade de tais recordações históricas, opondo-lhes desde já estas belas palavras do Sr. Louis Reybaud: "Point de combats sur mer;... la mer est un chemin et non un champ de bataille."

A satisfação pública é a base da segurança do Estado. O parlamento que desejar fortalecer essa base, faça ao povo o benefício de dar-lhe o pão mais barato e de tornar-lhe a vida mais cômoda, abrindo definitiva e realmente os portos do Império aos navios de todos os pontos do horizonte. C — 187/188

Portanto, o privilégio de cabotagem, que agrava a carestia

para o povo, que é uma inconseqüência palpável, comparado com a franqueza de nossas instituições civis em terra; que, finalmente, não serve para levantar e alimentar o tão preconizado poder marítimo do Brasil, o privilégio nacional da cabotagem, é, em última análise, um verdadeiro logro, uma mentira flagrante.

O monopólio, meu amigo, é uma das tradições européias.

O que temos nós os brasileiros, nós os americanos, com as tradições das cortes da Europa, com a política já desmoralizada de Luís XIV, de Cromwell, de D. Manuel, ou de Carlos V?

Eu não exagero as tendências de minha natureza americana. Eu não poderia alimentar as pretensões a independência da Europa, de que se jacta arrogantemente o *yankee* na terra de uma civilização admirável, de uma propriedade inaudita, de uma energia inabalável, de uma audácia e de uma fé de que não existe exemplo em outro país. Mas desejo ardentemente que acabemos com todos os nossos prejuízos europeus (e são tantos e tantos!), que dispamos a nossa veste portuguesa, e, abrindo os páramos deste gigantesco império a todos os estrangeiros, solicitemos os seus auxílios e partilhemos fraternalmente dos frutos de seu trabalho.

Eis, em uma palavra, o que eu chamo política americana. C — 246/247

Acredito que provei a minha tese. Se a concorrência excita e faz prosperar, o privilégio paralisa e faz morrer. O privilégio encarece o transporte costeiro e resfria as transações. A concorrência barateia o primeiro e promove as segundas. Mas eu ainda vou adiante. Para mim, embora o privilégio não existisse, embora não entorpecesse ele, pela inércia que favorece, o desenvolvimento da navegação, a inferioridade marítima do Brasil seria inevitável. Eu me explico. A meu ver, o Brasil não é potência marítima. Faltam-lhe, e por muito tempo lhe hão de faltar, as condições necessárias. Ora, o privilégio só poderá adiantar a indústria por ele protegida em um país dado, quando esse país tem recursos naturais para sustentá-la e fazê-la prosperar. Pela minha parte, reputo más todas as medidas protecionistas; entendo que, se elementos existem, as indústrias aparecerão mais cedo ou mais tarde por uma lei superior ao esforço dos governos. Em qualquer hipótese, parece-me mais econômico deixar que a liberdade arranje os seus próprios negócios, e que as artes úteis cresçam e prosperem segundo a maior utilidade dos que as cultivam e dos que consomem os seus produtos. Entretanto, os próprios protecionistas mais razoáveis pensam geralmente que só convém favorecer, por meio de privilégios ou de altos direitos fiscais, aquelas indústrias que têm condições de vida. Mas, se um privilégio existiu em vigor por muitos anos; se existiu sempre, como o da cabotagem, e em toda a sua força, até que em 1859 se lhe abriram algumas leves exceções; se ele não conseguiu criar uma marinha mercante de cabotagem; se, ao contrário, como resulta das estatísticas da carta precedente, essa marinha está paralisada e caminha para a sua ruína, o que devemos nós concluir? que, sem dúvida alguma, no Brasil não existem elementos marítimos. Falando da revolta dos gregos, Byron diz que há terras em que a liberdade é contemporânea do tempo: pois, meu amigo, há também outras em que certos privilégios são contemporâneos do tempo. Desde que o brasileiro navega por estas costas do Atlântico, ele o faz protegido por um monopólio nacional. Mas, ao tempo da independência, que marinha costeira possuíamos nós? E hoje, depois dela, há mais de três séculos da descoberta destas regiões, que navegação é a nossa?

A Inglaterra conseguiu, é certo, cobrir o oceano com a sua bandeira gloriosa, sustentada pelo Ato de Cromwell. Mas, vede, o privilégio não foi ali estéril, como sucedeu em França. Por quê? porque tudo contribui para tornar a opulenta ilha britânica o intermediário natural do comércio entre diferentes países. Ora, a França não se acha em iguais condições.

Tornemos, pois, saliente o meu pensamento. — O privilégio é tanto mais odioso, tanto mais antipolítico, tanto mais antieconômico, quanto se vê que tem sido estéril. Acrescento agora: e ele há de sempre ser estéril. Só a concorrência é fecunda. A luta em condições iguais com o pavilhão estrangeiro obrigará o pavilhão nacional a empenhar-se com entusiasmo e ener-

gia no serviço de transportes costeiros. Pergunto: tem a liberdade conseguido matar a navegação de longo curso brasileira? não tem; ela definha, certamente, mas o seu dia de prosperidade chegará quando os capitais brasileiros abundarem e tomarem a direção do oceano com igual ou maior vantagem do que obtêm nos empregos a que hoje se aplicam. Este é o verdadeiro desenvolvimento das leis econômicas. O contrário é *forçar a natureza*.
C — 263/265

Uma reforma do privilégio só pode ser favorável à agricultura do Império, se for completa. Com efeito, segundo expus anteriormente, o Decreto de 28 de setembro e o Regulamento das Alfândegas permitem que, descarregando em um porto, as embarcações estrangeiras possam navegar por cabotagem, em lastro, para qualquer porto (§ X da carta cit.), ou conduzindo tais e tais gêneros indicados expressamente para portos em que existem alfândegas (§ XI) a fim de tomarem carga *para fora* do Império. Esta condição é que realmente restringe e quase nulifica o favor. Por virtude dela, os portos pequenos, interiores, não habilitados ou só habilitados para o comércio de cabotagem, continuam trancados de fato para esses grandes navios de longo-curso, que não podem facilmente e sempre romper as nossas barras do litoral. Na realidade, pois, o navio estrangeiro continua a esperar que o costeiro faça, por exemplo, a viagem de Campos ou de Ubatuba à Corte, e lhe traga os produtos que deve levar à Europa onerados com o preço dessa pequena viagem dispendiosíssima. Quem perde, pois? — É, além de todos, o produtor brasileiro, o agricultor cujas despesas de transporte nós devêramos a todo transe diminuir, porque o mísero já sofre os enormes gastos de produção. Deduzidas essas despesas, as de comissões de direito etc., raro é o fazendeiro que possa contar com 3% líquidos de seus capitais entregues à lavoura, enquanto ele paga 16 e mais por cento de qualquer quantia que toma aos seus comissários ou a outrem. Deste modo, o país arruína-se pela base e submerge-se lentamente. — E gastam-se ainda palavras em demonstrar a irresponsabilidade dos ministros pelos atos do Poder Moderador, ou em discutir intermináveis abstrações políticas!

No que respeita à cabotagem, o remédio é cortar o privilégio pela raiz. C — 307/308

Cheguei, meu amigo, ao cabo do programa que tracei a respeito do assunto em discussão. Resta-me resumir e concluir. Quando terminar o estudo dos outros dous pontos anunciados, eu compendiarei as idéias expostas em artigos concisos e curtos. Elas procedem todas de uma mesma fonte, e será mais cômodo apreciá-las no seu complexo. Agora limito-me a uma resenha ligeira.

Esbocei a história do regime colonial, de que era parte integrante o privilégio da cabotagem.

Referi, em seguida, as bases do privilégio em nosso direito, e expus especialmente as condições que concorrem para a nacionalidade do navio.

Estudei depois os casos em que se abriram exceções, mais ou menos ligeiras e especiais, ao mesmo privilégio.

Invocando a teoria, combati-o em si mesmo e mostrei, apoiando-me em exemplos, as vantagens da concorrência quer para os consumidores, quer para os próprios armadores nacionais.

Insisti no entorpecimento resultante da restrição e aleguei as reformas liberais promulgadas sucessivamente em diversos países.

Assinalei a realidade da miséria e mostrei que o privilégio nacional dos transportes costeiros agrava a sorte do povo.

Provei, por meio de dados estatísticos, a paralisia de nossa cabotagem e navegação em geral.

Sustentei, depois, que faltam ao Brasil condições para ser uma potência marítima, desde o gênio necessário até às comodidades, para exercer com vantagem a construção naval.

Comparei o custo dessa construção no Brasil com o de outros países; mostrei a nossa inferioridade; toquei na falta de madeiras; tratei dos direitos impostos sobre a matéria-prima, e insisti no patriotismo verdadeiro com que alimento as minhas convicções.

Comparei o número de homens de nossa tripulação, o preço de suas soldadas e a importância dos fretes, com a tripulação, as soldadas e os fretes de navios estrangeiros; e tornei patente a nossa inferioridade ainda por esse lado.

Entrei, finalmente, no exame dos efeitos de cabotagem privilegiada sobre o comércio das províncias; tratei das queixas destas e fiz valer a realidade dos seus males.

Esse foi o meu processo lógico.

A minha conclusão é breve, concisa, positiva:

Abolição pura e simples do privilégio, dito nacional, da cabotagem;

Admissão livre, e em iguais condições, das bandeiras das nações amigas aos transportes costeiros;

Abertura de certos pequenos portos do litoral e sua habilitação para o comércio direto;

Revogação de muitas das condicões exigidas para a nacionalidade de navio.

Terei ocasião, como acima digo, de desenvolver em artigos as minhas teses, de precisá-las, de completá-las e de ajuntar-lhes medidas necessárias a fim de que a passagem do monopólio para a liberdade não seja fatal ao que se chama — direitos adquiridos. É uma questão legislativa, mas não será inútil apontar, ao menos, as bases dessas medidas transitórias.

Não sei, meu amigo, se consegui o meu fim principal: despertar o público e animar o Parlamento. Não sei se ao menos recolherei o fruto de ver o governo nomear uma comissão de inquérito para estudar, examinando as estatísticas e ouvindo os homens habilitados, um assunto que se liga tão intimamente à sorte do povo brasileiro. Sei, porém, que fui fiel ao meu programa. Atirei-me ao *desconhecido*, guiado pelo gênio da liberdade.

Tenho fé, tenho profunda fé nos resultados da reforma que discuto, que proponho, que reclamo, que suplico.

Não possuímos muitos caminhos de ferro, nem boas estradas ordinárias; não os possuiremos tão cedo; mas temos lagoas belíssimas, rios inúmeros e um mar vastíssimo. Quebrem-se, pois, essas velhas cadeias de prejuízos europeus que obstruem os caminhos naturais com que Deus favorecera a nossa indolência e a nossa pobreza. Eis toda a reforma em quatro palavras, eis o "impulso que há dous séculos nos falta para o engrandecimento predestinado, para garantia da integridade do Império".

E podemos confiar que se realize a reforma?

Pela minha parte, confio.

Nada espero do governo. Espero tudo da opinião.

O governo fraqueja e estremece em mãos débeis e medrosas, quando o país tem fome de uma política firme e séria, que ouse arrostar os perigos pigmeus do presente para salvar as dificuldades medonhas do futuro.

Não, eu não quero certamente o despotismo do governo. Luís Filipe era um círculo viçoso, e, contudo, para sair desse círculo estéril, eu teria pejo de invocar o napoleonismo ignóbil, astuto, compressor e deletério. Mas ninguém duvida dos perigos que acumula a fraqueza de um governo, a imbecilidade de um sistema, a inércia de uma política.

O país precisa de ser *reformado*. Eis o ponto de partida. Estudem a questão a sério. Falem ao Parlamento com franqueza. Proponham as medidas com segurança. Eis o processo. Mas não durmam a sono solto à borda do abismo. Não exerçam o ofício pelas honras do ofício. Menos egoísmo e mais devoção. Menos palavras e mais realidade. Menos teorias e mais liberdade que se veja, que se toque, que se sinta, que se aprecie, que se goze.

É a aspiração do país, meu amigo: e por que não há de ser também o caminho do governo? C — 320/324

A primeira das suas observações consiste na pergunta que eu já formulara em outra ocasião, a saber: convém que libertemos inteiramente a navegação costeira, ou que limitemos a liberdade à grande cabotagem principalmente? Disse o nobre deputado: por que sois tímidos? Façamos tudo já, libertemos inteiramente a cabotagem.

Sou obrigado a reproduzir perante a Câmara o motivo que aleguei, apoiando o projeto circunscrito que se acha sobre a mesa. Esse motivo é o seguinte: — em 1862, quando esta medida se iniciou pela primeira vez, o foi também reduzida ao círculo dos portos alfandegados, de acordo com o pensamento do governo.

Posteriormente apresentou o governo em seu relatório da repartição da Fazenda as bases da reforma e as suas idéias sobre este assunto, ainda com a mesma restrição. Estamos, pois, governo e câmaras, identificados quanto à reforma até esse ponto. Limitada a este terreno, há toda a probabilidade de ser ela votada, de alguma coisa conseguir-se em pouco tempo; entretanto, que o meu nobre amigo sabe que medida larga, extensa, amplificada a toda a navegação, nesta mesma Casa encontrará embaraços, e no Senado maiores dificuldades.

Acredito que a opinião pronuncia-se por uma modificação limitada, porém assim mesmo muito vantajosa; como presumo já ter mostrado, o projeto, libertando a grande cabotagem, abrange um comércio de cerca de 40.000:000$; e é incontestável que o favor feito a um comércio tão vasto já vale alguma coisa.

O resultado do triunfo que obtivermos dentro deste limite animar-nos-á bem depressa a fazer que o privilégio desapareça completamente. Assim damos um passo depois do outro com segurança, argumentando com uma conquista em favor de outra conquista... Eu não poderia, Senhores, ver escapar a primeira oportunidade que se me oferece de render por isso solene homenagem à sabedoria da Câmara vitalícia e ao patriotismo do governo! Já conseguimos alguma coisa; já não nos perdemos mais na infinidade das palavras, estamos sendo úteis ao país.
D — 19/6/1865 — 399/400, 40

VI — *Ligação marítima com os Estados Unidos*

Numa palavra, os Estados Unidos têm-se avançado por tal modo sobre o nosso mercado que só a Inglaterra sustenta a primazia tradicional de que goza nele e que todavia aqueles Estados estão a disputar-lhe energicamente.

Enfim, o pavilhão americano, que faz todo esse comércio, é além disso o intermediário entre nós e outras nações. A sua tonelagem, com efeito, só é excedida pela da Inglaterra.

Isto posto, pergunto: como é que, sendo tal a importância de nossas relações com a América do Norte, não nos comunicamos diretamente com ela, e só pelos paquetes europeus recebemos, com a demora de 44 dias geralmente, cartas, notícias e ordens, que aliás se podiam ter de Nova York ao Rio dentro de 22 dias fazendo escalas?

E há razões decisivas para que prosperem, em vez de diminuírem, as nossas relações com os Estados Unidos. Elas são alimentadas pelo interesse e necessidade de recíprocos. De um lado, o Brasil não produz e por longos anos não virá a produzir suficiente farinha de trigo, e só os Estados Unidos podem vender-lhe esse gênero de sua lavoura em tanta quantidade: ele representava com efeito, em 1854-55, metade de toda a importação do mesmo país. De outro, os Estados Unidos carecem de muito café barato, e só o Brasil o pode fornecer à sua população: e, na verdade, esse é o país que mais compra o produto do ramo principal de nossa agricultura. Por muito tempo haverá entre Rio Grande do Sul, Rio de Janeiro e Pará, de um lado, e Nova Orleans, Filadélfia e Nova York, de outro, uma navegação tão ativa como a que existe de longa data entre o Brasil e a Grã-Bretanha.

E não se pense que as comunicações a vapor entre os portos do Império e os da União sejam um negócio que afete exclusivamente ao Pará. Ao contrário, o sul do Império é o primeiro interessado nisso. O grande consumidor do seu café é o habitante das margens do Mississípi, o operário de Nova York, o plantador da Flórida, o mineiro da Califórnia. E compreende-se que, nestas circunstâncias, devam os nossos comerciantes receber pela Europa as notícias dos Estados Unidos? Os homens práticos da Corte reconhecem claramente os inconvenientes disso. Ordens demoradas, ignorância do estado dos mercados, notícias atrasadas, antecipação dos negociantes europeus, etc., são embaraços com que lutam sem cessar. Se há uma crise, se se anuncia guerra, como há pouco, o comércio, à falta de notícias prontas, acautela-se, não arrisca, mas retrai-se, receia comprometer-se, paralisam as transações, avultam as existências em depósito, dormem os capitais. Ultimamente, no princípio do mês de fevereiro, sucedeu haver por muitos dias consecutivos 300.000 sacas de café e mais em ser. São fatos diários, que desapareceriam em parte havendo comunicações regulares e diretas com o grande consumidor.

Não duvido afirmar, com o nobre Sr. Tito Franco que, funcionando uma linha de vapores entre Nova York e o Rio, multiplicar-se-iam espantosamente as nossas transações com os Estados Unidos. Haja vista o exemplo da Inglaterra. A nossa exportação para esse reino, depois de funcionar a companhia transatlântica, aumentou em 1854 cerca de 15% sobre 1848 e 300% em 1855, como ponderava em um relatório ao congresso da União o Sr. Flagler, demonstrando as vantagens do estabelecimento da navegação de que trato.

As duas linhas transatlânticas, inglesa e francesa, que atualmente fazem as comunicações entre o Brasil, o Rio da Prata e a Europa, são insuficientes. Servem aos nossos interesses na Europa, mas não bastam para todas as nossas transações no presente e no futuro. Toda a parte setentrional da América do Sul e toda a América do Norte se acham para nós, na ausência de comunicações diretas, a maior distância do que a Rússia. E, entretanto, nosso comércio com os Estados Unidos é vastíssimo, e, aberto o Amazonas, crescerá desenvolvendo-se também com os portos marítimos das repúblicas ribeirinhas, com as Guianas e com as Antilhas.

Uma linha de vapores que, partindo de Nova York, viesse ter ao Rio, com escala por diversos portos da União, por S. Tomás, pelo Pará, Pernambuco e Bahia seria de um alcance extraordinário. A ilha de S. Tomás, nas pequenas Antilhas, é hoje o *rendez-vous* das companhias que comunicam o norte da América com a Europa, os Estados Unidos com as Antilhas, as Antilhas entre si e com o México, com a América Central, Nova Granada, Venezuela e Guianas. Assim, pois, a linha de que trato

seria o meio de pôr o Brasil em contato com essa parte do mundo civilizado, no hemisfério do Norte e no seu continente, que para ele não existe quase. Por meio de comunicações regulares, desenvolveríamos aí o consumo de nossos produtos e particularmente do nosso café, que geralmente são levados a esses países pela via indireta de Nova Orleans ou das possessões inglesas do Golfo do México. Estabelecida essa linha, toda a América achar-se-ia ligada pelo oceano e pelos grandes rios. O Canadá e possessões do norte inglesas com os Estados Unidos, estes com as Antilhas, as Antilhas com o México, o México com as repúblicas vizinhas, estas com o Brasil, o Brasil com o Rio da Prata. Finalmente, por meio dos vapores americanos ficaríamos em contacto com o Pacífico. Desse modo, também, o vale de S. Lourenço prender-se-ia ao do Mississípi, este ao do Orinoco, o do Orinoco ao do Amazonas, o do Amazonas ao Rio da Prata.
C — 401/404

Deixemos de confiar exclusivamente em nossas forças nacionais. Tenhamos mais cosmopolitismo, menos receio do estrangeiro, mudemos de hábitos, e convençamo-nos de que, sem isso, a vida para o brasileiro será sempre essa vegetação miserável que nos transmitiram nossos avós e que nós prezamos, à maneira dos chins, como se fora o ideal da humanidade.

Invoquemos para isso o auxílio do nosso vizinho e nosso amigo natural, o americano do Norte, que tem o maior interesse em ligar-se estreitamente conosco, em estabelecer pelo vapor e pelo telégrafo elétrico relações diretas entre os seus e os nossos portos.

Não é a primeira vez que se demonstram no país ou fora dele a conveniência e a urgência da navegação a vapor entre o Brasil e os Estados Unidos.

Vários jornais americanos e a imprensa do Pará têm discutido esse objeto. Já citei o eloqüente discurso do Sr. Deputado Tito Franco, na sessão de 1860. Os Srs. Kidder e Fletcher, Hadfield e Dr. Thomas Rainey hão desenvolvido a matéria em seus livros ou em memórias especiais.

A idéia já entrou, demais, no círculo das operações práticas. Vários americanos, entre os quais o mesmo Dr. Rainey, dirigiram, em 1856, uma representação ao Congresso dos Estados Unidos, pedindo o subsídio de $ 180.000, para o estabelecimento de uma linha de paquetes a vapor entre Nova York e Savannah nos Estados Unidos, e Pará ou Maranhão no Brasil, tocando nas ilhas de S. Tomás e Barbados, em Demerara, e talvez também em outros lugares.

Informam-me que, posteriormente, outro empresário tentara fazer o mesmo serviço, mediante pequenas subvenções dos Estados Unidos, do Brasil, e da Dinamarca e Holanda, em cujas possessões deveriam os paquetes tocar.

Enfim, devo acrescentar que o próprio Sr. Dr. Rainey, no mesmo intuito, ofereceu à presidência do Pará em 1855, e ao governo imperial em 1856, duas propostas ou memórias. Pessoa autorizada asseverou-me que o Sr. Dr. Rainey não duvidaria estender o serviço até o Rio de Janeiro, se, além dos 360:000$ que esperava do governo americano, o Brasil lhe garantisse apenas 100:000$ mais. Creio que não poderia haver um negócio mais vantajoso.

Vem a propósito recordar um fato. O Sr. Rego Barros, no relatório com que, em 15 de maio de 1855, passou a seu sucessor a presidência do Pará, recomendou-lhe especialmente a proposta do Sr. Rainey, e já o tinha feito com todo o interesse ao governo central. É de notar que o Sr. Rego Barros, homem de idéias práticas e apaixonado, como quase todos os seus comprovincianos, de melhoramentos materiais, é daqueles que admiram o progresso industrial dos Estados Unidos, não se temem de suas tão exageradas ambições, e desejam a abertura do Amazonas ao comércio universal! Quereis, porém, saber, meu amigo, a importância que o governo ligou à representação do Sr. Rego Barros? Nem palavra se disse a respeito nos relatórios dos ministros ou na folha oficial, que também nada comunicaram ao país acerca da segunda representação do Sr. Rainey! O vosso *Correio Mercantil*, porém, levantou a lebre e despiu a astúcia do governo. Em artigo de fundo, de 18 de julho de 1855, lastimáveis que os relatórios dos Estrangeiros e Império nada informassem a esse respeito. As palavras com que concluíeis o artigo tornavam saliente o mistério do proceder do governo. Isso causou impressão no comércio da Corte; merecia uma resposta qualquer; entretanto, o ministério guardou-se bem de dá-la pela folha oficial ou no Parlamento, que então funcionava.

São admiráveis os expedientes deste governo patriarcal que nos dirige como lhe parece! Era seu dever, dever imperioso, descobrir, fomentar, apressar, proteger a primeira empresa que pretendesse ligar o nosso comércio com o dos Estados Unidos. Mas quê! faz justamente o contrário, tranca na gaveta as propostas que se lhe dirigem neste sentido, esconde-as do Parlamento, evita a discussão, treme de medo ao ouvir o nome pavoroso da República dos Estados Unidos.

E há de o povo sofrer, porque assim se faz mister à tranqüilidade de espírito dos seus governadores?

O que é, porém, esse país republicano que tanto terror inspira às imaginações dos nossos estadistas? C — 408/411

O outro aditivo foi-me sugerido por uma parte do relatório do Sr. ex-Ministro dos Negócios Estrangeiros, onde diz que as relações do Brasil com os Estados Unidos continuam em bom estado, e que o governo forcejará quanto estiver ao seu alcance para fazer com que elas prosperem. Estou convencido de que, mesmo sob o ponto de vista político, as relações com os Estados Unidos da América do Norte são aquelas que mais convêm ao Brasil. Devemos cultivá-las e desenvolvê-las, sobretudo porque, depois da presente luta, luta gloriosa, porque é a da liberdade contra a servidão, do progresso contra a barbaria, está reservado à grande república de Washington um papel incalculável nos destinos do mundo. Não preciso apontar as razões que prendem o comércio dos dois países, as afinidades entre os processos de sua agricultura, entre os seus meios de transporte, entre a constituição moral e material de suas populações. O artigo aditivo, portanto, vem habilitar o governo a conceder uma subvenção até 200:000$ à companhia que fizer a navegação direta a vapor entre Nova York e o Rio de Janeiro, tocando em S. Tomás, no Pará e em outros portos. D — 8/7/1862 — 190

VII — *Vias de comunicação — Linhas telegráficas*

Se o Brasil é, antes de tudo, um país agrícola (e não marítimo, como se repete aí por mera convenção, desde um escrito do bispo Azeredo Coutinho), se os centros produtores, isto é, os cantões habitados, se acham a grande distância entre si e do litoral, é evidente que a maior necessidade pública, a mais grave de todas, consiste em vias de comunicação. Ora, eu pergunto: há um sistema de estradas nas províncias? Abrir caminhos para o interior sem possuir primeiro cartas topográficas é fazer um serviço importante a esmo, às cegas. Pois bem, com exceção do Rio de Janeiro, nenhuma província possui cartas dignas de fé. A conseqüência é que não se constroem estradas; fazem-se, a arbítrio de cada presidente, pequenas seções de caminho. As assembléias provinciais, movidas pelas potências de campanário, vão decretando, uma após outra, um sem-número de pontes e estradas, que nunca passam de pontilhões e picadas abertas em um verão, para ficarem destruídas e invadidas pelo mato, no verão seguinte. Os presidentes de seis meses, bons moços, vão cedendo às pretensões já autorizadas, empreendem simultaneamente essa multidão de serviços, e retiram-se logo, deixando tudo por acabar, senão por começar.

Se eles fossem homens de experiência e dedicados ao seu dever, estudavam um plano de estradas, em vista da carta da província, subordinado à direção das vias férreas, e começavam pelas mais importantes. A pouco e pouco far-se-ia muito. Mas o essencial seria concentrar os minguados recursos da província nas obras em mão; as outras viriam depois. Ao mesmo tempo, seria preciso ter um certo bom número de bons engenheiros, ingleses ou americanos, incumbidos das cartas topográficas e da superintendência do serviço; e, igualmente, um número de operários hábeis, também estrangeiros, para a execução. Nas províncias em que houvesse pessoas habilitadas, seria mais vantajoso contratar a empreitada das obras. O que disse das estradas, afirmo dos canais, da abertura e limpeza dos rios.

Ora, o contrário é o que geralmente acontece nas províncias. C — 69

Promover a facilidade das comunicações, a comodidade e a segurança dos habitantes, é um meio indireto, mas eficacíssimo, para atrair a imigração.

Entre as medidas desse gênero contamos em primeiro lugar a abolição dos passaportes. O decreto de 10 de janeiro de 1855, regulando esta matéria, melhorou consideravelmente a legislação anterior, suprimindo os títulos de residência, dispensando o passaporte para viajar no interior aos estrangeiros que habitarem o país por dois anos e forem de bom procedimento ou casados com brasileira, concedendo-o gratuitamente aos colonos ou aos pobres, etc. Entretanto, subsiste ainda a exigência de passaportes ou do *visto* da autoridade para percorrerem o país estrangeiros que se não achem nessas condições, e para dele saírem ou nele entrarem tanto estes como os nacionais. Os exemplos dos Estados Unidos e da Inglaterra, e o de França quanto a certas nacionalidades, merecem imitar-se.

O passaporte é uma antigualha, uma exigência vexatória, uma formalidade preventiva, que aliás em casos graves não logra deter os criminosos. Aboli-lo é evitar a reprodução de queixas desagradáveis.

O desenvolvimento das comunicações interiores é, mais do que esse, um assunto capital.

Estradas e navegação a vapor, eis sobre que todo o mundo está acorde. Nos meios, porém, de efetuá-las consistem as divergências, segundo a audácia ou a timidez, a confiança ou o desânimo de cada qual.

A explicação da extraordinária corrente de emigrantes para certos países fornece-a principalmente o seu sistema de comunicações. I — 118/119

O Brasil deve empenhar-se desde já, sem demora, no desenvolvimento dos meios aperfeiçoados de comunicação.

O rio de S. Francisco, com uma navegação de 240 léguas desembaraçada para grandes paquetes, só agora será sulcado por um vapor que o Sr. Conselheiro Dantas fizera construir no ano findo. Entretanto, é a linha central das comunicações de grande parte do Brasil. A província do Rio Grande do Sul, situada entre as bacias da lagoa dos Patos e do rio Uruguai, tendo ao oeste e ao sul os territórios do Paraguai, da República Argentina e do Estado Oriental, ainda espera a sua primeira estrada de ferro. Minas Gerais igualmente não possui nenhuma. Só o Rio de Janeiro tem agora o tronco da sua rede de comunicações.

Quando em 1864 o autor desta memória oferecia, como relator de comissões da Câmara dos Deputados, um projeto autorizando o prolongamento das atuais linhas férreas e a navegação a vapor do alto S. Francisco, tocaram a rebate todos os terrores que obstaram e demoraram a construção de estradas de ferro no Brasil, como em outros países.

Tratava-se de estabelecer regras para o sistema das concessões, e permitia-se ao governo contratar as novas linhas previamente estudadas na direção do interior.

Supunha-se que esses trabalhos consumissem 100.000 contos, e que a garantia de juros absorvesse 5.000 anualmente: como eles não ficariam concluídos antes de alguns anos, como a renda cresce e a riqueza pública é cada vez maior, não padece dúvida que tal sacrifício seria inapreciável em pouco tempo.

Com efeito, há alguns anos todos se queixavam do sacrifício imposto à nação pelas estradas de ferro da Bahia e Pernambuco. Pois bem, a segunda apenas consome hoje cerca de 500:000$ de garantias provinciais e gerais, e a outra já começa a prometer alívio ao Estado. Entretanto, essas foram, em verdade, linhas mal traçadas e construídas sem economia.

Os mais tímidos dos nossos estadistas podem, portanto, encarar sem pavor a questão das estradas de ferro. Há cinco anos elas ainda estavam na infância, mal se podia augurar dos seus resultados. Pois bem, em tão pequeno período, a revelação (pois que é uma revelação) tem sido grande. Tomemos a estrada de ferro de D. Pedro II. A sua administração e custeio consomem cerca de 1.200:000$. O respectivo capital, representado por dívida do governo, paga cerca de 1.300:000$ de juros. Total dos encargos do governo, seu proprietário, 2.500:000$. Ora, a renda já orça por 1.900:000$, e calcula-se que será maior de 2.500:000$, aberta a estação de Entre Rios, dentro de poucos meses. Há quem presuma que essa receita excederá, então, de 4.000:000$, calculando o acréscimo de transporte e viajantes que a estrada absorverá da União e Indústria. Em todo o caso, é certo que a receita excederá à despesa, e permitiria, se o quisessem, a amortização do capital em um período curto, se não fosse mais útil reservar parte dela para garantias ou subvenções às empresas que prolongarem a linha construída.

Em suma, fala-se nos sacrifícios ocasionados pelas estradas de ferro: pois bem, o último projeto de lei do orçamento apenas consignava 2.107:000$ para o serviço da garantia de juros, soma que o tráfego da esperançosa estrada de São Paulo poderá reduzir consideravelmente.

Mas eis o que se vê somente: a soma paga pelo tesouro. O que não se vê, porém, é muito maior, é enorme em relação a esse sacrifício, quando mesmo fosse de 4, ou de 5, ou de 10.000:000$: é o considerável aumento da importação e da exportação nos últimos anos, é a economia de fretes para a lavoura e para o comércio, é o melhoramento da vida no interior, é a elevação do valor das propriedades rurais, é a maior moralidade pela mais fácil repressão do crime e mais eficácia da ação da autoridade, é a maior atividade no país, é a subida dos salários, é a criação de novas indústrias nas zonas das estradas de ferro, é, finalmente, a comodidade de transportes para o viajante, para o imigrante. J — 121/123

Entretanto, todos os povos e governos, até os despóticos, sentem que estradas de ferro são os nervos das sociedades modernas. Pondo ao serviço do gênio da guerra trilhos e fio de arame, a Prússia pôde em três semanas reformar a carta da

Europa, e instaurar a unidade da raça germânica. Para aumentar a força colossal dos seus Estados, despende o cesarismo moscovita centenas de milhões em caminhos gigantescos, e dobra nos últimos seis anos a extensão das suas estradas de ferro. A França, que por tanto tempo hesitara, já vê 10.000 milhas quase completarem a sua rede de comunicações internas. Mais diligentes ainda, os povos livres parecem nisto exceder a medida do verossímil. Conta uma pequena ilha, que o mundo contempla com a *magna parens* da liberdade, 14.223 milhas de vias férreas, construídas por cinco bilhões de contos de capitais particulares: e, entretanto, não está satisfeita a Grã-Bretanha, insta por caminhos vicinais e baratos *tramways* que prendem as menores localidades às grandes estações. Mais insaciável do que o inglês é o povo norte-americano. Possuía a União em 1860, antes da guerra, 28.771 milhas abertas ao tráfego; de então para cá inaugurou mais 20.089 milhas, isto é, 2.000 por ano, ou quase duas léguas por dia. Fez mais, e isto é inaudito: nesse intervalo estudou, explorou, decretou e construiu uma das maravilhas do mundo, o caminho do Pacífico, com léguas contínuas, atravessando, não terrenos cultivados, mas imensas campinas pisadas pelo urso e *pele vermelha*, ligando, não inúmeras grandes povoações, mas só duas ilustres cidades, Chicago e Sacramento.

    Não insistamos em paralelos pungentes. Se não fora razoável exigir do Brasil igual progresso, é acaso justificável a nossa proverbial negligência? A própria estrada "Pedro II", cuja renda em 1869 já subia a 4.625 contos, que, portanto, paga o seu custeamento, os juros do capital e até poderia amortizá-lo em um decênio, porque há de essa magnífica empresa esperar indefinidamente a construção do resto do seu tronco já decretada e o prolongamento até o vale do S. Francisco? Em projetos consumiram-se treze longos anos, de 1842 a 1855; quinze já decorreram na lenta execução de uma quarta parte da linha projetada, e mais tempo se perdera se a tenacidade de um ilustre brasileiro não houvesse logrado transpor a Serra do Mar; e, adiada desde 1864, ainda agora pede o governo a espera de uns dez anos para a conclusão do mais considerável de nossos melhoramentos materiais. Obra eminentemente civilizadora e política, esse caminho de ferro, que não contará afinal mais de 550 milhas, terá demandado, ainda assim, um quarto de século, se não sobrevierem novas protelações.

Dos outros o que diremos? Nem deles se fala; todos aí estão parados: apenas os paulistas tratam de construir alguns ramais da sua estrada principal. Florescentes províncias, Rio Grande do Sul, Paraná, Alagoas, Ceará e Maranhão, debalde esperam que uma locomotiva devasse o seu interior; recusa-se-lhes o que não se negou a outras muito mais ricas, a garantia de juros.

Em 1864 a Câmara liberal quisera decretar a nossa rede de estradas de ferro. Opôs-se-lhe o governo. Por quê? Porque não havia dinheiro: pediam-se três a cinco mil contos para as novas garantias; a guerra do Paraguai, depois disso, legou-nos 23 mil de despesa ordinária anual, e para ela nunca faltou dinheiro.

Quanto às províncias do Norte principalmente, a indiferença é mais grave ainda por um motivo particular. Em cada um dos últimos oito anos, a taxa do seu algodão exportado contribuiu para a renda geral com mil contos mais do que dantes: pois bem! nem por ser tão diretamente interessado no desenvolvimento da cultura deste gênero, o governo central decidiu-se a promover a prosperidade dessa porção do império. Algumas das mesmas províncias nem estradas de ferro pedem: reclamam o melhoramento dos seus portos. Podia o governo engajar engenheiros de indisputada competência, e em poucos anos construir à sua custa, emitindo apólices, as obras de portos e os faróis, se não as pretendessem empresas idôneas sob condições razoáveis. Ora, em ambos os casos, impostos adicionais sobre a navegação ou o comércio de tais portos pagariam os juros dos capitais empregados.

A nenhuma província se deve de refusar o imediato melhoramento de porto aberto ao comércio exterior, mormente àquelas onde existem estradas de ferro. O primeiro é o complemento das segundas. Por outro lado, nada mais injusto também do que privar qualquer delas, inda as menores, de uma e outra cousas.

Fora preciso, com efeito, considerar cada província um núcleo comercial, com direito a estes dois agentes do progresso: porto de abrigo e estrada de ferro. Excluídos o Amazonas e o Pará, que os dispensam, Goiás e Mato Grosso, que também preferem o vapor nos seus rios silenciosos, se devera reconhecer previamente o direito de todas a esses melhoramentos essenciais. Que fora preciso para realizar projeto tão simples, simultaneamente, em meia dúzia de anos? Não muito dinheiro: as obras dos portos sustentam-se por si, paga-as o seu comércio; os caminhos de ferro não demandariam talvez mais de... 10.000 contos de juros, na hipótese de renda apenas suficiente para o custeamento. O que é isto para um país que mal começa a desenvolver as suas fontes de receita, graças aos modestos melhoramentos timidamente inaugurados no último decênio? Quando o trabalho e o capital forem aqui auxiliados pelas modernas invenções, essas receitas excederão de sobra o nível a que as elevaram tributos de guerra. Conservar estes odiosos tributos e não fomentar a riqueza pública, ou, o que vale mesmo, simular animá-la com projetos de estradas iniciados sem energia ou votados sem confiança, é o requinte da rotina e da indiferença.

Mas onde realmente maravilha a negligência do governo é no inconcebível adiamento da navegação do alto S. Francisco. Um só vapor, mesmo microscópico (como alguns que para lá enviaram, um dos quais está a caminho há quatro anos), ainda não sulcou as 400 léguas que esse poderoso rio e seus confluentes oferecem à navegação! Custa crê-lo: a dois milhões de habitantes, seqüestrados do mundo, e a sete províncias aproveita essa facílima navegação. Que admirar, pois, se o Rio Grande de Minas, se o Jequitinhonha, se o Araguaia, se o Tapajós[1] e tantos

---
[1] O Tapajós e o Araguaia indicam ao comércio de Mato Grosso, o primeiro, e ao de Goiás o segundo, o caminho do vale do Amazonas. Que linha, porém, preferirá no futuro a primeira destas províncias? A antiga via terrestre, quando estiver concluída a estrada de ferro do S. Francisco, a linha fluvial indireta do Rio da Prata, a direta do Pará, ou todas conjuntamente? Não é fácil prevê-lo. No estado atual do desenvolvimenlo de Mato Grosso, dependendo seu comércio do Rio de Janeiro exclusivamente a foz do Prata, que apesar de rio abaixo é o mais longo caminho, parece contudo, a mais barata das presentes vias de comunicação. Não é provável que a abandone, senão quando o porto de Buenos Aires, que vai ser o empório de todo o vale do Paraná e baixo

outros, continuam a ver a majestade do silêncio assentada às suas margens primitivas.

Atrasados em caminhos de ferro e navegação fluvial, não é para estranhar que mal conheçamos o uso do telégrafo elétrico: e aliás, para a máxima energia do poder concentrado, não há mais útil auxiliar, como o não há para a defesa do Estado e para a unidade moral da pátria. Apenas uma curta linha percorre o litoral do Rio de Janeiro até Campos, outra corta o vale do Paraíba, e uma terceira, ainda não definitivamente concluída, deve ligar o Sul à capital do Império. Todo o Norte do Brasil debalde esperou o telégrafo nacional, e agora forma votos pelo êxito da empresa a quem afinal, depois de cruéis hesitações, concedeu-se a linha costeira. Já muito fizemos, em verdade: depois de laboriosíssimos estudos, entramos no período dos projetos; um para a linha transatlântica, duas vezes concedida ao mesmo empresário, outro para a linha costeira. Lancemos, entretanto, os olhos para a carta telegráfica de um pequeno Estado europeu, Portugal, que nisto nos dá lições. Três mil quilômetros de linhas elétricas possuía o reino em 1868. Não há

Paraguai, atrair também, por suas vantagens particulares de situação e vizinhança, as relações de Mato Grosso. Ao estadista brasileiro só cabe atenuar os inconvenientes deste inevitável acontecimento, abrindo ao norte de Mato Grosso, que é a sua parte povoada, a linha do Arinos e Tapajós, a qual, seja dito de passagem, ainda se não mandou reconhecer. Imaginar, em vez disso, uma extensíssima estrada militar através dos desertos da província do Paraná, é não atender à lei dos fretes. Esta idéia de estrada *de rodagem* de centenas de léguas no deserto julga a nossa administração. Os norte-americanos levaram às solidões do oeste, não estradas macadamizadas, mas caminhos de ferro: lá os trilhos são assentados no deserto por legiões de imigrantes. Há de chegar, e pela nossa parte bem o desejáramos acelerar, o dia da povoação dos ubérrimos campos do Paraná; mas nesse dia ter-se-á desvanecido a preocupação belicosa de estradas militares, e as grandes vias de rodagem, que encarecem o frete, estarão definitivamente condenadas.

Atingindo a locomotiva ao S. Francisco, navegado a vapor este rio e o Paracatu, o sul de Goiás, como o oeste de Minas, continuará a demandar o porto do Rio de Janeiro. Entretanto, por agora ao menos, o único porto de Goiás é o Pará, por via do Araguaia e Tocantins: e, em todo o caso, ainda quando inaugurada a estrada de ferro do Rio de Janeiro ao S. Francisco, o norte de Goiás e o sul do Maranhão só têm um caminho direto para o oceano, o do Araguaia ao Amazonas. Por outro lado, construído um *tramway* para Cuiabá, muito pode este caminho fluvial aproveitar a Mato Grosso, se for mais difícil ou dispendioso abrir a comunicação de Cuiabá ao Pará pelo Tapajós. Como, pois, hesitar? como não favorecer eficazmente o projeto do Araguaia? Nada justificará a falta de enérgica cooperação do governo para a pronta realização dos votos das duas províncias ocidentais.

cidade alguma, não há vila importante, que não tenha a sua estação telegráfica. Demais, a rede portuguesa está ligada à grande rede européia, e por ela aos cabos transatlânticos e índicos. E tem Portugal o seu território repartido em províncias distantes, em regiões quase independentes? Sente Portugal, como nós, este embaraço das incomensuráveis distâncias, tantos portos sem defesa, tanta dificuldade nas comunicações interiores?

Por dezenas de milhas se contam as linhas dos Estados Unidos: 73.000 milhas e 5.000 estações. A Grã-Bretanha vai generalizar o telégrafo, de sorte que haja um posto elétrico em cada estação do correio do Reino Unido. O continente europeu e parte do americano constituem hoje uma vastíssima federação quanto a correios e telégrafos. Foi preciso mergulhar nos mares e cercar o globo com uma invisível cinta de arame. As Índias, a Austrália, acham-se em comunicação instantânea com a Europa. Por via dos Andes, litoral do Pacífico, Panamá e Havana, o Rio da Prata ligar-se-á em breve ao sistema elétrico do mundo, entrando mais cedo que nós na órbita da civilização. Será indiferente aos brasileiros verem que são em tudo os derradeiros?

Agitemos estas questões; são também parte nas queixas da democracia. Oprimem o voto e ludibriam da nação, porque, isoladas, as populações não sentem vibrar em um instante, simultaneamente, como no sistema nervoso, a fibra ofendida, o sentimento conculcado em uma parte qualquer do império. Pode-se impunemente surrar um brasileiro no Piauí, ou crucificá-lo em Alagoas, porque as enormes distâncias fazem que não sejamos um povo, mas uma aglomeração de colônias do Rio de Janeiro. Acaso por isso mesmo se trava aqui, no campo dos melhoramentos materiais, entre o império e a democracia, o conflito que se observa na esfera dos interesses morais?

A urgência de imprimir em nossas instituições o cunho democrático, não deve de preterir a necessidade, igualmente indeclinável, de criar os agentes auxiliares do progresso.

Quando por toda a parte os antigos costumes, as velhas usanças, as estreitas idéias fogem diante da invasão das duas grandes forças contemporâneas, a locomotiva e o telégrafo, como há de o Brasil esquecer que um dos maiores erros da administração imperial tem sido protelar, senão obstar, a transformação dos seus meios materiais de existência? Como há de relevar essa política original, que estuda, discute, protela, e volve a estudar, a discutir, a protelar infindos projetos enterrados em incomensurável papelada? Pese o atual regímen a sua responsabilidade perante a história e abandone de uma vez os tristes hábitos e os expedientes da inércia. P — 297/304

 Acredito, Sr. Presidente, que atualmente eu não poderia consultar melhor os interesses materiais do país do que propondo o estabelecimento de uma linha telegráfica elétrica do norte ao sul do Império. Devo expor o pensamento cardeal do projeto...
 A Câmara sabe que grandes medidas são precisas para o desenvolvimento moral e material do Brasil; mas que todas elas, mais ou menos, são embaraçadas pelas circunstâncias atuais da receita e despesa públicas. Há um déficit; logo, acrescenta-se, adiemos todas as reformas dispendiosas. Sr. Presidente, não conheço política mais rotineira nem mais imprevidente.
 O equilíbrio entre a receita e despesa é uma coisa boa; mas, além de que isso há muitos anos não existe, eu não concebo como ele se possa por agora verificar, a menos que devamos conservar-nos estacionários. Uma nação, como a Inglaterra, não recorre, não deve recorrer a operações de crédito para as despesas ordinárias do seu orçamento; aí só se contraem empréstimos nos casos de guerra. Mas um país novo é como um negociante novo: vive de crédito, e o devedor que aproveita bem os recursos de crédito enriquece, avulta aos olhos do seu credor; não abate, antes levanta e consolida o seu crédito...
 Contar com um empréstimo para saldar as contas da guerra da Cisplatina era sim uma péssima política, mas recorrer a um empréstimo para pagar as dívidas flutuantes originadas em despesas reprodutivas com os novos melhoramentos materiais ou morais do país não é senão uma política previdente e indeclinável... Por agora observarei somente que o projeto autoriza ope-

rações de crédito, não para o governo construir com os capitais levantados por empréstimo as nossas linhas telegráficas, mas para que possa satisfazer as garantias de juros, à empresa particular que das mesmas linhas se incumbir, no caso em que essa garantia venha exceder os limites da receita prevista. D — 15/2/1864 — 281/288

VIII — *Livre navegação do Amazonas*

Provoquemos o governo para a discussão das questões graves, e mostremos-lhe que, se os partidos dormem, vela a imprensa. Talvez ele recue assim de suas misteriosas tentativas contra as liberdades públicas.

Creio que julgais comigo muito oportuna a ocasião para se discutir o meio de facilitar as comunicações interiores do Império, o que vale dizer o meio de tornar mais barato e mais cômodo o transporte, e de diminuir, portanto, a taxa que a circulação adiciona ao preço dos produtos. Ora, este problema tem, com efeito, assumido uma importância notável nos últimos anos, desde que uma ligeira exceção aberta nas leis do privilégio nacional da cabotagem, pelo Decreto de 28 de setembro de 1859, produziu resultados muito além da expectativa mais exagerada. Estudar este assunto por todas as faces; recordar a formação desse privilégio desde as fontes mais antigas da legislação portuguesa; expor o direito que tem subsistido entre nós; criticá-lo à luz de uma teoria baseada em fatos, alegando exemplos contemporâneos de outras nações, e traçando o quadro da atualidade dessa questão no mundo, autorizar a crítica com os dados estatísticos e fatos observados em nosso próprio país; propor, finalmente, as bases de uma reforma das leis que vigoram; tal é, meu amigo, o primeiro objeto das cartas que pretendo dirigir-vos. Se minhas demonstrações forem bem acolhidas e merecerem o vosso apreço inestimável, eu levantarei mais alto a voz, e, atacando de frente um problema que inspira terror aos nossos estadistas, discutirei a magna questão da abertura do Amazonas ao comércio do mundo. Do Amazonas aos Estados Unidos há apenas um passo; e depois de perguntar se temos o direito de bater com uma porta de bronze sobre a face do futuro das maravilhosas regiões por onde se estende majestoso o gigante dos rios, eu mostrarei se é possível estarmos em relações mais estreitas com a Europa do que com os Estados Unidos, de que parecemos fugir, em vez de fazer que, graças ao vapor e ao telégrafo elétrico, o Rio de Janeiro aperte cordialmente, por cima do oceano, as mãos de Nova York. C — 186/187

Compreende-se bem o pensamento do governo imperial sobre o Amazonas. Segundo ele, só aos ribeirinhos pertence o direito de explorar, navegar e policiar o grande rio, nos termos das convenções que forem ajustadas.

Certamente o governo não pensa que seja perpétua esta política; em várias discussões com a Grã-Bretanha e os Estados Unidos, o governo declarou que esse sistema é transitório e mantido somente à vista da pobreza e despovoamento das regiões banhadas pelo Amazonas e seus tributários. Essa política deve cessar um dia; mas entretanto o governo professa o princípio europeu de que só os ribeirinhos têm um direito *perfeito* à navegação, considerando-se *imperfeito* o de todos os mais povos.

Foi sob esse ponto de vista que o Sr. M. Antas escreveu a sua erudita e bem elaborada memória em resposta ao panfleto de Maury. Não pretendo negar que, raciocinando assim, se possa claramente justificar a política brasileira. Meu ponto de vista, porém, é outro. Em vez de estudar os tratados acerca de tais ou tais rios, os precedentes europeus ou americanos, o direito consuetudinário, o direito escrito ou positivo; em vez de preocupar-se com essa distinção escolástica entre obrigações perfeitas e imperfeitas, eu coloco a questão sobre outro terreno, examino-a à luz da razão, estudo o direito natural, peso as conveniências econômicas e políticas. C — 354/355

Penetrai no leito do Amazonas, assisti à luta gigantesca da pororoca, estudai a fertilidade daquelas margens, a abundância daquelas águas, a multidão daqueles rios, a extensão daquelas províncias, a variedade daquelas florestas; combinai todas essas impressões, e dizei-me se aquilo pode ser um tesouro improdutivo de dous ou três povos somente, se aquela parte de um mundo, que Colombo deixou aos pés da humanidade, pode ser a propriedade exclusiva dos comerciantes e dos navegantes de alguns pequenos estados.

Se a região amazônica é o que há na terra de mais portentoso e de mais incrível, como se concebe que deva permanecer inculta e inútil?

Não pode o mundo civilizado valer contra nós o mesmo direito com que arrancou as concessões do Celeste Império e domou o Japão?

Consideremos a outra face da questão. Um povo reduzido em número, raro em artistas, em agricultores, em operários, em construtores, em navegantes, habita as margens do Amazonas. Se esse povo se comunicasse diretamente com o europeu e com o norte-americano, é fora de dúvida que teria mais barato o pão, mais cômodo o pano, mais abundante o transporte, mais fácil a vida. Se ele, porém, continua a ser explorado por um comércio mesquinho, pela pequena navegação de cabotagem ou por uma companhia privilegiada, é evidente que dificilmente crescerá, se desenvolverá, adquirirá forças e acumulará capitais. Esse povo, ajudado pelo colono europeu ou pelo americano, aprenderia a arte da agricultura, afeiçoar-se-ia à terra, abandonaria os hábitos da vida errante, engrandeceria o Estado e aumentaria as forças da nação.

Não tem esse povo, portanto, o direito de exigir que o deixem viver livre, que não lhe suprimam o ar, não lhe confisquem a luz? C — 358/359

Não há maior incoerência do que essa de nossa política internacional fechando o Amazonas ao norte do Império, mas aderindo no sul à abertura do Prata a todas as nações.

É curioso este lado da questão, e permiti-me ajuntar algumas reflexões.

A nossa posição no Prata é a mesma da Bolívia, do Peru, do Equador etc., no Amazonas. O papel de Buenos Aires é o papel do Pará. Situações idênticas, direitos idênticos. Se podíamos exigir a livre passagem até Albuquerque, porto franqueado a todos os pavilhões, podem os nossos limítrofes das fronteiras setentrionais alegar o mesmo direito para Nauta, para a Exaltação, para o Porto Espanhol. Isto não carece demonstrar-se, é claro como a luz do sol.

O fato conhecido de todos é que, se combatemos Rosas para obter o direito de navegação comum no Uruguai e Paraná, como ribeirinhos que éramos; se na campanha de 1851 nossas pretensões não excediam disso; se não aspirávamos à liberdade plena e para todos, é, contudo, certo que depois enviamos ao Paraguai a missão armada de 1855 e a de 1857, e lhe faríamos a guerra, se fosse preciso, para obtermos a liberdade de navegação até à nossa alfândega em Mato Grosso.

A incoerência é manifesta, e não há, meu amigo, quem não tenha assinalado por isso a má fé do governo brasileiro.

Poderia eu terminar aqui, mas desejo ponderar-vos que tal é o espírito de nossa política internacional, que nem sequer podemos ostentar a glória de ter sido nossa a iniciativa da franqueza do Rio da Prata e de seus afluentes principais ao comércio do mundo. Tanto não caberia no círculo estreito dos nossos estadistas. O regime colonial é para eles sagrado, e só compelidos poderiam abandoná-lo uma vez. Era, por isso, que um distinto escritor alemão, o Sr. Kerst, em um livro elogiado, além de outros, pelo *Journal des Economistes,* acerca do Rio da Prata, dizia em 1854 que no Brasil continua a pesar o regime das trevas, do egoísmo, da compressão e do isolamento, que começou com a conquista. O mesmo escritor acusava-nos de hipocrisia e de ciúme, e o *Journal des Economistes,* atenuando a censura, acrescentava contudo que infelizmente o Brasil se tinha manifestado pouco favorável à liberdade comercial e sobretudo à livre navegação do Amazonas e do Rio da Prata. Tudo isto é perfeitamente histórico. Imaginem o efeito que tais cousas produzem na Europa, e esperem depois que se desenvolva a emigração espontânea.

Acreditem os brasileiros sinceros; não é como um povo livre, liberal e progressista que nós aparecemos no mundo. Ao contrário, os nossos melhores amigos fazem esforços para provar que pelo menos não somos bárbaros. E, na verdade, tudo, dentro e fora do país, concorre para confirmar o conceito desfavorável que ainda não podemos desfazer. C — 365/367

Se as considerações de uma política liberal e generosa, único meio de angariar as simpatias do mundo civilizado; se o amor à coerência, tão comprometida pelo disparate entre o sistema a que aderimos no Prata e o proceder que observamos no Amazonas; se os conselhos da prudência, que nos está mostrando o perigo oculto de uma política egoísta, que faz de cada um de nossos vizinhos, não um aliado, mas um inimigo; se tudo isso não aconselha a abertura do Amazonas, exige-o, pelo menos, a prosperidade de duas grandes províncias, e a do Pará sobretudo, exige-o também o descontentamento que lavra aí contra o espírito centralizador do governo do Rio de Janeiro.

O Pará já não pode ser tratado como pupilo, como território sem importância. Ali, como no Rio Grande do Sul, como no vale do Mississípi, como na margem ocidental do Prata, ali caminha-se a passo de gigante. O Pará de hoje não é a província anarquizada pela caudilhagem de 1835 e 1836. Consultem-se as estatísticas. C — 372/373

Fora escusado alegar aqui a importância e navegabilidade do gigante dos rios e dos seus tributários. Todos o conhecem, todos sabem que a bacia do Amazonas é o país do mundo de comunicações mais fáceis. Seus rios, seus canais naturais, seus lagos são inúmeros. Daí uma fertilidade espantosa e uma inaudita variedade de produtos. Enquanto as margens do Rio Negro ou do Solimões podem desenvolver perfeitamente o próprio café, as do Madeira produzem o melhor algodão conhecido, que ali é tão silvestre, como nelas e nas de outros confluentes a salsa, a baunilha, o cacau, a seringa, etc. O vale do Amazonas é uma série de ilhas e uma sucessão de lagos e de ribeiros. Ali por muito tempo não se há de falar em estradas de ferro ou outras: os habitantes possuem as verdadeiras estradas, esses caminhos que andam, os rios, na frase de Pascal.

Um país, assim rico pelas propriedades do terreno, pelos seus produtos naturais, pelos meios de transporte, pelo clima, pelo maravilhoso e pelo real, um país semelhante não pode desfalecer debaixo do peso de um regime desconfiado, impotente e detestável. Ele clama em altos brados pela liberdade: teimarão em recusar-lhe os meios de prosperar?

Para o vale do Amazonas, para as nossas belas províncias do Equador, o comércio livre nos rios é como o ar para os pulmões. Não podem dispensá-lo, porque não têm abundância de braços: e só o navio estrangeiro introduzirá braços. Não o podem ainda, porque hoje seus habitantes se acham dispersos e vivem uma vida errante: e só o estrangeiro desenvolveria os portos das margens do Amazonas, atrairia a eles a população disseminada, fixá-la-ia em derredor desses centros e transformaria assim a constituição econômica dessas regiões.

Nem se pretenda argumentar com a existência da Companhia do Amazonas. O serviço que ela presta é incontestável, mas acha-se muito aquém das necessidades. Os paquetes da Companhia serão sempre muito úteis a todo o vale do Amazonas, mas eles não transportam todas as mercadorias que se lhes oferecem. As mais pesadas, e sobretudo madeiras, são de ordinário preteridas pela goma-elástica, pelo cacau e outros produtos. À pequena cabotagem de porto a porto do Amazonas, a Companhia não presta senão serviços insignificantes. Seus paquetes têm todo o interesse em só levar mercadorias para os pontos de maior consumo, e de ordinário para os extremos de cada uma das linhas, e creio que não se prestam a servir de rebocadores às canoas e montarias. C — 379/380

O espírito público, que já condenou outros erros, decidiu soberanamente da questão do Amazonas. Os interesses econômicos de uma vasta região do Império e a fisionomia da nossa política exterior encontrarão no livre comércio do grande rio, os primeiros um auxiliar poderoso, e a segunda um característico saliente que deve acentuá-la. Tais são em resumo os motivos que atuam sobre a consciência pública. Mas, se todos aceitam e muitos proclamam o princípio, não faltam astuciosos rotineiros, que na discussão dos meios práticos esmaguem a idéia capital sob o peso de reticências ardilosas, ou entre as paredes de uma regulamentação casuística. Porquanto, tanto vale conservar o Amazonas fechado, como tornar esta medida dependente de mil providências cautelosas, convenções, fortes, artilharia, frotas, desse arsenal de chaves e ferrolhos velhos, com que trancamos a porta à civilização do século. Presumo haver assinalado o erro fundamental dessa doutrina funesta, que é a história do cão na manjedoura. Não voltarei a essa discussão geral, porque não há quem se proponha domar a rotina ou convencer a má fé; a primeira esmaga-se, e a segunda pune-se arrancando-lhe a máscara. Para assinalar, porém, o outro lado da questão, pretendo agora indicar a importância atual das nossas províncias ribeirinhas; ver-se-á do quadro ligeiro da sua situação que o que mais reclama a medida do livre comércio do Amazonas, é o próprio interesse do Brasil, e que pois essa medida deve ser decretada como coisa sua, como ato da sua soberania, necessário ao bem-estar dos povos e ao desenvolvimento da riqueza pública. V — 196/197

Abra-se o Amazonas; é o único meio de frustrar as ambições de quem quer que seja. Interessemos o inglês, o americano do Norte, o peruano, o boliviano, todos enfim, na conservação de nossa propriedade, que mostraremos apreciar e tornar útil ao mundo.

E quer-me parecer que, para concluir as nossas pendências com a França a respeito de limites, outro meio não existe mais eficaz. Se abrirmos franca e inteiramente o Amazonas ao comércio universal, nem os ingleses nem os americanos consentirão que os franceses nos arranquem uma grande parte até o Araguari, como pretendem; nem os mesmos franceses alimentarão mais as suas pretensões, cujo fim manifesto é tornarem-se ribeirinhos para usufruir as vantagens que a estes competem.

Outro susto inquieta o governo: receia que a prosperidade aconselhe ao Pará a idéia de separar-se do Império. Quando deva ser assim, não é um egoísmo bárbaro pretender impedir esse fato tratando uma província irmã como se fora país conquistado? Mas, meu amigo, a verdade parece-me justamente o contrário. O que excita o descontentamento no Pará, o que alimenta ali, entre os homens ilustrados sem distinção de partidos, uma idéia vaga de independência, é justamente o regime a que tão rico território está sujeito.

Abra-se o Amazonas; dêem-se às províncias presidentes ilustrados, estudiosos e duradouros; abaixem as tarifas e os impostos gerais; façam menos despesas, e nem o Pará nem província alguma terá necessidade de formar um Estado à parte, em que pode correr todos os perigos da anarquia, quando, no seio do Império, goza de paz interna, benefício inestimável certamente.

Sei bem, meu amigo, que este modo de ver os negócios de nossa pátria não é geral. Muitas pessoas quereriam seguir o caminho oposto, *fortificar* a autoridade, que já é fortíssima, para *resistir* à anarquia. Empenho vão! Tarefa enganosa! É preciso convencermo-nos de que o povo deste país está peado. O governo é tudo, o povo é nada. À lei permite-se intrometer-se em tudo, à iniciativa particular consente-se fazer o menos possível. Um país pobre, que vive à custa do estrangeiro, recebe com direitos pesadíssimos os produtos estrangeiros. É necessário, em vez de comprimir, alargar, fomentar, deixar correr desimpedidas as fontes vivas do trabalho, da riqueza, da produção. O *deficit* aí está batendo à porta há três longos anos. A bancarrota virá a seu tempo. Querem conjurar a tempestade? Não despendam o que não podem e libertem o país. Recuem no caminho do desperdício estéril, recuem na política compressora, dois meios únicos para chegar a este resultado próximo: prosperidade real do país e abundância do tesouro.

Abra-se o Amazonas, repito. Deixem respirar o país. Abandonem a política tímida do egoísmo japonês.

Todos os escritores que disso tratam, não se esquecem de pôr em evidência o característico de nosso governo, e insistem geralmente em um caso acontecido a Humboldt. Na sua *Viagens às regiões equinociais do novo continente*, liv. 8º, cap. 23, Humboldt conta que, pretendendo visitar as missões do Rio Negro e examinar o canal que une dois grandes sistemas de rios, deixou de fazê-lo por causa das complicações políticas entre as cortes de Lisboa e Madri. Mas, voltando à Europa, foi que soube dos perigos que correra; tinham-se dado ordens para se apoderarem de sua pessoa, de seus instrumentos, e sobretudo desses registros de observações astronômicas, tão perigosos, diz ele, para a segurança dos Estados. Deviam conduzi-lo ao Grão-Pará pelo Amazonas, e daí a Lisboa. Humboldt ajunta, é verdade, que a medida provinha do governo colonial, que o Ministério de Lisboa a desaprovara, e que ela procedia de o suporem comissário de limites dos espanhóis. Entretanto, a história é repetida por todos, e nem sequer podemos defender o Brasil do espírito acanhado que o fato revela.

Certamente ninguém pensa que devamos decretar a entrada de todos os pavilhões no Amazonas sem tomar cautelas e dar providências necessárias.

A entrada de navios de guerra estrangeiros deve ser regulada em tratados, segundo os princípios aceitos no Prata.

Dever-se-ia cuidar de um sistema de fortificações no Pará, em Macapá, em Manaus, em Óbidos, em Tabatinga e em alguns outros pontos.

As duas províncias deveriam formar uma de nossas quatro grandes divisões militares.

O desenvolvimento do arsenal de marinha do Pará, a organização de uma flotilha de canhoneiras, e outras medidas seriam convenientes.

Quanto ao mais, nem a mais leve restrição, porque estas tendem a nulificar os favores. Estabeleça-se o estrangeiro aonde quiser, à margem dos rios ou no interior, exerça a indústria que lhe for mais vantajosa, navegue por todas as águas sem limitação, não se lhe proíba fazer o comércio de cabotagem entre porto a porto dos rios e lagos, e permita-se-lhe importar diretamente as suas mercadorias, não só na cidade de Belém (único porto habilitado de todo o vale!), mas ainda em outras povoações do interior, centros de produção e de consumo. C — 382/386

Em 1862, quando no *Correio Mercantil* abríamos debate sobre a livre navegação do Amazonas, esta questão estava bem longe das preocupações do público e do governo. Hoje ela prende a atenção geral.

Não era então esse um assunto de atualidade, conquanto o tivesse sido alguns anos antes.

Com efeito, pela vez primeira em 1847, o segundo congresso de Lima, que se propunha fundar a liga sul-americana, pretendeu dirigir a ação comum das Repúblicas do Pacífico (Chile, Peru, Bolívia, Equador e Nova Granada*) para o fim de alcançar a livre navegação dos grandes rios; bandeira que anos depois, em 1864, hasteou de novo o último congresso reunido naquela capital.

As repúblicas representadas no congresso de 1847, uma após outra, proclamaram isoladamente o princípio que ele devia firmar entre as bases da liga intentada.

A 7 de abril de 1852 o presidente de Nova Granada publicava um decreto abrindo todos os rios do seu território aos barcos a vapor de qualquer procedência.

A 26 de novembro de 1853 o governo do Equador adotava igual medida, quer em relação à parte do Amazonas de que se reputa ribeirinho quer quanto aos respectivos tributários.

A 27 de janeiro do mesmo ano, o da Bolívia, proclamando indispensável a este país a livre comunicação pelos afluentes do Prata e Amazonas, os franqueara a todas as nações, designando, entre outros portos de comércio, Exaltación e Trinidad sobre o Mamoré, Magarinos sobre o Pilcomayo, e Baía Negra na costa ocidental do Paraguai.

Na mesma época, a 15 de abril do citado ano, o Peru declarou que podiam as nações amigas navegar e comerciar até Nauta, desde que obtivessem a entrada pelo Amazonas.[1] Neste

---
* Atual Colômbia (N. da Edit.)
[1] Relatório do Ministério dos Estrangeiros de 1854; anexo G, documentos 1 a 5.

sentido celebrou o Peru convenções com a União Norte-Americana e a Grã-Bretanha.

A diplomacia brasileira recebeu logo instruções para reagir contra a política que inauguravam os seus vizinhos.

A discussão com o gabinete de Lima e com os representantes daquelas duas grandes potências, associadas à medida da livre navegação, é assaz instrutiva.

A atitude do Brasil, cumpre confessá-lo, ficou desde então bem acentuada.

Reclamou perante o Peru contra um ato, que infringia o tratado de 23 de outubro de 1851, em que se combinara incidentemente no uso comum do grande rio, e não na sua livre navegação por todas as bandeiras; protestou contra esse ato,[2] e solicitou que lhe franqueassem navegar além de Nauta e nos afluentes peruanos. O protesto surtiu efeito. O decreto de 1853 foi interpretado por outro de 4 de janeiro de 1854, que excluiu os Estados não-ribeirinhos da navegação do Amazonas e permitiu-a ao Brasil sem o limite consignado naquele. Dessa nova política do Peru resultou a convenção de 22 de outubro de 1858, que desenvolveu os princípios reguladores dos ribeirinhos.

Desde então falhou a tentativa das repúblicas do Pacífico. Debalde, ainda em julho de 1853, o Peru convidara o Brasil para, em congresso com Venezuela, Nova Granada e Equador regular-se comumente a livre navegação do Amazonas e dos seus tributários.[3] Esse hábil passo do governo peruano foi objeto de consulta ao Conselho de Estado que, fiel às idéias da época, aconselhou a recusa da proposta, aconselhou o isolamento.

Assentada essa política, triunfante a nossa diplomacia, nenhum incidente mais chamou a atenção para o Amazonas, senão quando, em dezembro de 1862, um presidente do Pará proibiu a viagem rio acima aos dois vapores peruanos que se destinavam à navegação na forma do convênio de 1858. Daí um conflito surgiu, que perturbou as relações entre os dois Estados

---

[2] Relatório citado, pág. XVI, anexo C, documentos 9 e 11.
[3] Relat. cit., pág. XVIII, anexo C., doc. 12.

vizinhos, posto fosse resolvido por um acordo de abril de 1863,[4] facilitando-se desde então, com toda a lealdade, a navegação aos peruanos.

Costuma-se exagerar as injustiças das grandes potências contra nós. No negócio de que tratamos, porém, o proceder da Grã-Bretanha e dos Estados Unidos merece louvor. As repúblicas do vale do Amazonas haviam franqueado os seus portos fluviais às bandeiras dessas potências, e o Peru celebrara convenções com elas para esse fim. Os atos daquelas repúblicas eram geralmente aplaudidos; nos Estados Unidos, até, organizaram-se empresas para navegarem a vapor o grande rio. Só o Brasil se opunha, e opunha-se tenazmente; pois bem; sem o emprego de outro recurso mais que a discussão, viu-se as duas grandes nações marítimas cederem diante da nossa política (1854). Respeitaram o que apregoávamos ser direito nosso.[5] Deixaram pesar inteira sobre nós a responsabilidade de recusar-lhes a livre navegação, medida que aliás interessava antes de tudo ao próprio Brasil. A pretensão delas era popular em toda a América; a nossa recusa, antipática: nós preferimos isolar-nos entre as quatro paredes do nosso direito, mas elas não o violentaram.

Entretanto, no Rio da Prata, se o Brasil não foi quem iniciou a política da livre navegação que ali prevalece desde a queda de Rosas, ao menos associou-se a ela e sancionou o princípio estendendo-o ao seu próprio território.

O tratado de paz de 27 de agosto de 1828 e os convênios de aliança de 1851 entre o Brasil, Uruguai, Entre Rios e Corrientes contra o ditador de Buenos Aires, só contemplaram o princípio do uso comum para os ribeirinhos. Em 1852, porém, os governos provisórios da confederação argentina, da província de Buenos Aires e da Banda Oriental abriram certos portos do Paraná e do Uruguai aos navios de todas as potências,[6] celebrando logo tratados com algumas destas (Estados Unidos, França,

---
[4] Relat. do Min. dos Estr. de 1863, pág. 23, anexos 144 e 145.
[5] Relat. do Min. dos Estr. de 1855, pág. XXXV, anexo F.
[6] Relat. cit. de 1854, anexo G. docs. 6, 7 e 8.

Grã-Bretanha e Sardenha). Em março do ano seguinte, na mesma época em que igual medida adotavam as repúblicas do vale do Amazonas, o presidente do Paraguai assinava com os ministros daquelas potências um acordo permitindo-lhes a livre navegação do Paraguai até Assunção e do Paraná até Itapua. Já em janeiro, como acima disse, havia a Bolívia permitido o acesso até à Baía Negra na margem do Paraguai junto à nossa própria fronteira de Mato Grosso. Então o governo brasileiro expediu o decreto de 9 de abril de 1853, que habilitou dois portos para o comércio universal no Alto Uruguai e no Alto Paraguai, e sobre essa base nova do livre trânsito celebrou acordos com a confederação argentina em março de 1856, com a do Uruguai em setembro de 1857, e com a do Paraguai em fevereiro de 1858.

Mas o que melhor assinalava a incoerência da política seguida no Amazonas com a adotada no Prata é a história dos incidentes da nossa questão com a república do Paraguai. O governo desta pretendia não regular conosco a navegação dos rios comuns sem acordo simultâneo sobre os limites contestados: nós alcançamos pela convenção de 1858 o livre trânsito até Mato Grosso para todas as bandeiras, adiando-se a outra questão. Enviamos para este fim uma expedição armada ao Paraguai (1855) e preparamos outra (1857), que então poderia ter dado a esses negócios uma solução completa e digna do nosso incontestável direito, se não houvessem preferido a solução média, o expediente das procrastinações. Assim a guerra com o Paraguai, que já em 1853 se afigurava iminente,[7] veio surpreender-nos... Ela, porém, fechara esse capítulo das nossas pendências particularmente assegurando a livre navegação dos rios Paraná e Uruguai, de modo que o governo paraguaio não possa mais dificultar e onerar o trânsito, como deixa esperá-lo o compromisso do art. 11 do tratado de aliança entre o Brasil, a República Argentina e a do Uruguai.

É certo que a política por nós seguida no Prata tem, ainda até hoje, uma exceção quanto à Lagoa Mirim e rios confluentes.

---
[7] Relat. do Min. dos Estr. de 1853, pág. 10.

Pelo tratado de limites com o Estado Oriental do Uruguai,[8] a linha divisória, partindo da embocadura do Chuí, não se prolonga pelo álveo da mesma lagoa, mas pela sua costa ocidental, ficando exclusivamente reservada à bandeira brasileira a navegação não só da lagoa, como do seu afluente, o rio Jaguarão, por onde continua a fronteira. Nas conferências para celebração do tratado de navegação de 15 de maio de 1852, o nosso plenipotenciário recusou admitir o uso comum dessas águas, reclamado pelo lado oriental.[9] Esta exceção ao princípio do uso comum entre ribeirinhos, aliás na mesma época adotada quanto ao rio Uruguai, é odiosa e tem-nos valido severas argüições. O tratado de comércio de 4 de setembro de 1857 (hoje suspenso) reconheceu em princípio a conveniência de tornar-se comum à bandeira do Estado Oriental a navegação dessas águas, de que é ribeirinho, mas tornou a aplicação dos princípios dependente "de exames e estudo e de negociação ulterior" (art. 13): cláusula que por si só demonstra a intenção da promessa[10]

Tais exclusões não correspondem mais, com efeito, ao estado da opinião pública no Brasil, mais ilustrada e esclarecida hoje acerca dos verdadeiros interesses do país.

Ela vê com pesar que o Amazonas é sempre assunto aproveitado para a exploração dos censores, que na grande imprensa européia não cessam de doestar-nos.

O princípio proclamado no congresso de Viena sobre a navegação dos grandes rios,[11] e aplicado ao Danúbio depois da guerra da Criméia pela França, Áustria, Grã-Bretanha, Prússia, Rússia, Sardenha e Turquia;[12] as providências liberais que, sob a

---

[8] Tratado de 12 de outubro de 1851, arts. 3º e 4º.

[9] Relat. do Min. dos Estr. de 1853, anexo A, nº 1.

[10] O espírito dessas combinacões ressalta do seguinte trecho do relatório do Ministério dos Estrangeiros de 1859, pág. 25: "Por um acordo conveio o governo imperial que a vila de Artigas *possa ter duas canoas ou botes no rio Jaguarão para o transporte de pessoas*, medida... até necessária para facilitar a prestação dos socorros espirituais aos habitantes da margen direita daquele rio, que pertence à República." O decreto fiscal de 29 de setembro de 1859, que ainda vigora, foi redigido sobre essa base exclusiva.

[11] Ato final, anexo 16.

[12] Tratado de paz de 30 de março de 1856, art. 15 e segs.; Convenção de 7 de novembro de 1857.

influência da Prússia, acabam de isentar de direitos e de quaisquer embaraços a navegação do Reno; o sucessivo resgate das taxas que antes os navios pagavam na passagem de certos estreitos da Europa; as grandes concessões às marinhas estrangeiras e às indústrias rivais feitas pelos últimos tratados de comércio de Inglaterra e França com muitas das potências européias; esses, como outros acontecimentos deste século, assinalam uma nova política nos anais do mundo.

Enquanto a Europa, governada pela aristocracia dos grandes talentos, se transforma lentamente e opera nas relações econômicas a fraternidade que telégrafos e caminhos de ferro internacionais já entretêm e fortalecem, esses princípios generosos, pela força de expansão que possuem, tendem a generalizar-se do Oriente ao Ocidente, do setentrião ao meio-dia.

A América não escapa à sua influência.

A questão da livre navegação do Amazonas deve o seu triunfo a esse espírito fecundo que prevalece no Velho Continente.

A este respeito nós temos sempre ganho terreno.

A primeira moção sujeita ao parlamento para vencer a resistência oposta a esta medida foi um projeto do autor, aliás rejeitado, na sessão de 14 de agosto de 1862, pela Câmara temporária. Outro que se iniciou em 1864, foi na sessão de 17 de julho adotado por grande maioria, mas, remetido ao Senado, aí deliberou-se adiá-lo.

Ultimamente, a discussão não versava mais sobre a questão em si mesma, mas sobre a sua forma e os seus complementos.

O decreto de 7 de dezembro, digno das ovações que já lhe tributou a imprensa desta capital, acaba de encerrar o debate.

Com a mão estremecendo de júbilo, o autor passa a transcrever esse ato eloqüente do governo de seu país:

DECRETO DE 7 DE DEZEMBRO DE 1866

No intuito de promover o engrandecimento do Império, facilitando cada vez mais as suas relações internacionais, e animando a navegação e o comércio do rio Amazonas e seus afluentes, dos rios Tocantins e São Francisco, ouvido o meu Conselho de Estado, hei por bem decretar o seguinte:

Art 1º. Ficará aberta, desde o dia 7 de setembro de 1867, aos navios mercantes de todas as nações, a navegação do rio Amazonas até a fronteira do Brasil, do rio Tocantins até Cametá, do Tapajós até Santarém, do Madeira até Borba, e do rio Negro até Manaus.

Art 2º. Na mesma data fixada no art. 1º ficará igualmente aberta a navegação do rio São Francisco até a cidade de Penedo.

Art. 3º. A navegação dos afluentes do Amazonas, na parte em que só uma das margens pertence ao Brasil, fica dependendo de prévio ajuste com os outros Estados ribeirinhos sobre os respectivos limites e regulamentos policiais e fiscais.

Art. 4º. As presentes disposições em nada alteram a observância do que prescrevem os tratados vigentes de navegação e comércio com as Repúblicas do Peru e da Venezuela, conforme os regulamentos já expedidos para esse fim.

Art. 5º. Os meus Ministros e Secretários de Estado pelas repartições competentes promoverão os ajustes de que trata o art. 3º, e expedirão ordens e regulamentos necessários para a efetiva execução deste decreto.

Antônio Coelho de Sá e Albuquerque, do meu Conselho, Senador do Império, Ministro e Secretário de Estado dos Negócios Estrangeiros, assim o tenha entendido e faça executar.

Palácio do Rio de Janeiro, em 7 de dezembro de 1866, 46º. da Independência e do Império — Com a rubrica de S. M. o Imperador.

ANTÔNIO COELHO DE SÁ ALBUQUERQUE

Não é no momento em que cumpre dar parabéns aos povos do Amazonas e São Francisco e felicitar a opinião liberal por uma medida que ecoará no mundo, não é neste momento que cabem reparos. Demais, esses reparos ficaram prevenidos na discussão preliminar contida no Capítulo I deste volume.

O autor não deixará, todavia, de recomendar novamente os complementos indispensáveis dessa medida capital, indicados no Capítulo II. De uma administração, que mostrou compenetrar-se dos interesses do país, não se deve esperar que os esqueça nas providências secundárias, que aliás podem prejudicar ao pensamento do decreto de 7 de dezembro, e das quais depende que ele não venha a ser estéril.

Feita esta reserva, ele aplaude sinceramente a deliberação do governo. Honra lhe seja!

Eis aí, pois, um grande passo dado com firmeza, e em boa hora, na verdade. A política anterior do nosso governo em relação aos Estados deste continente, legando-nos uma guerra com o Paraguai, quase nos isolou na América. Na Europa esse isolamento é acaso menos sensível? Não se poderá perguntar por que é que, entre o Brasil e o Paraguai, as Repúblicas do Pacífico, apreciando-nos mal, governadas por uma antipatia irrefletida, preferem o Paraguai? No fundo dessa antipatia instintiva não se achará um pouco dos resultados da nossa política no Amazonas? Pode-se dizer que o governo brasileiro de súbito foi surpreendido em uma rede de dificuldades sérias. Em circunstâncias tais, um ato destinado a realçar o conceito do país no exterior, um ato de política generosa e previdente, um ato de liberalismo que podem invejar certos governos retardatários da Europa, é um grande serviço à nação, é granjear-lhe força pela estima dos povos civilizados, é atrair-lhe simpatias que ela carece cultivar.

Paz e liberdade têm sido, e devem ser, a honrosa legenda da nossa política! Possa o mundo deduzir de atos semelhantes a convicção da sinceridade com que o governo do Brasil, por um órgão competente, o seu ilustre plenipotenciário, falava há pouco ao chefe de um dos Estados do Prata:

> "Imenso para os seus destinos no futuro e para a sua atividade no presente, o Brasil não alonga olhos de cobiça pelo território das Repúblicas limítrofes, nem aspira a uma supremacia política que lhes quebrante a soberania e a liberdade. Amigo desinteressado e constante de todas as nacionalidades sul-americanas, deseja sinceramente que elas prosperem e tenham tal sentimento de dignidade, que as resguarde de sujeição a qualquer despotismo."[13]

9 de dezembro de 1866.

---

[13] Discurso do Sr. Conselheiro F. Otaviano perante o Sr. general Flores na apresentação das suas credenciais (abril de 1865).

IX — *Descentralização — Federação*

Nestas linhas, soltas ao voar do pensamento, sem formas acabadas, sem linguagem polida, vosso espírito elevado não enxergará um plano misterioso de desacreditar o governo, este ou aquele governo, este ou aquele ministério, esta ou aquela administração. A meu ver, os erros administrativos e econômicos que afligem o Império não são exclusivamente filhos de tal ou tal indivíduo que há subido ao poder, de tal ou tal partido que há governado: não; constituem um sistema seguido, compacto, invariável. Eles procedem todos de um princípio político afetado de raquite, de uma idéia geradora e fundamental: a onipotência do Estado, e no Estado a máquina central, e nesta máquina certas e determinadas rodas que imprimem movimento ao grande todo.

É, sobretudo, para estudar este enorme erro tradicional de nossa raça e de nosso país; é para apreciar a confusão que tem produzido, as ruínas de que tem alastrado o chão, o mal que há feito e o bem que há impedido; é principalmente para expor à censura pública esse verdadeiro Proteu, através de todas suas faces e em todas as suas manifestações, no ápice do centro ou no recanto mais escuso da circunferência; é para despertar o povo, convocar a sua atenção e reclamar os seus esforços contra o inimigo comum, que deliberei levantar, das alturas da imprensa, de espaço em espaço, um grito de observação, um sinal de reconhecimento, uma voz de combate, um hino de guerra. C — 29

Ativa ou consultiva, graciosa ou contenciosa, a nossa administração é sempre essa máquina pesada que, se alguma coisa útil vem a produzir, é só depois de haver atropelado e esmagado, no seu andar sonolento, muitos interesses individuais e gerais.

Antes de tudo, eu não exagero afirmando que luta não existia mais desigual, como o demonstrou o Sr. Dupin, do que aquela que se estabelece entre o Estado e o particular no terreno do contencioso administrativo, invenção francesa que outro escritor, o Sr. A. Herculano, não duvidou qualificar de monstruosa. C — 32/33

Em grande parte, a certeza de inútil perda de tempo desanima os particulares ofendidos no seu direito. Essa perda é tanto maior, quanto pode o processo começar na província remota, e, partindo das baixas regiões de uma câmara municipal, subindo penosa e gradualmente de esfera em esfera, vir tocar ao sétimo céu do conselho de Estado, onde, demais disso, depois da longa peregrinação, o homem do povo somente penetra com os pés descalços, a cabeça pendente, e sob o patrocínio dos advogados de privilégio! C — 33

Apontei a circunstância de ser o ministro árbitro de todas e ainda das menores questões.
É um fato das mais graves conseqüências.
Todos aqueles que trataram com a administração devem ter conhecido que nisso está a explicação de muitas demoras, da fraqueza das autoridades inferiores que nada fazem por si, dos embaraços à marcha do serviço e imperfeição de seus resultados. Este sistema deplorável, transmitido das secretarias do governo patriarcal de Lisboa, constitui a enfermidade mais profunda do processo administrativo. C — 37

As relações entre os dois pontos extremos, o centro e a província, oferecem exemplos significativos do modo por que se operou em ambos a marcha administrativa. Aos embaraços naturais de uma população disseminada por um extenso território, acrescem as delongas e a falta de resolução própria das diversas autoridades, ou o sistema de consultas ao superior imediato, em que acima tocamos, e, finalmente, a dependência direta em que tudo está do centro, onde se estudam, se examinam e se decidem questões que respeitam exclusivamente aos interesses locais. C — 38

O mal, pois, existe realmente; e eu não exagero quando

procuro mostrar que as leis econômicas mais rudimentares são completamentre transgredidas: em vez de brevidade, desperdício de tempo, demora e embaraços no jogo do expediente; em vez do pessoal indispensável, um grande pessoal e muitas estações. O que produz maior despesa para o Estado e prejuízo duplo para os particulares.

Mas a causa geradora ninguém a ignora, reside inteira na infração de outra lei de todo o serviço, a iniciativa e responsabilidade própria de cada trabalhador. Esse erro antigo, que deu nascimento à centralização que lamentamos, é o que um escritor conservador assinalava, ainda há pouco, nestas palavras:

"Il faut que l'État se dégage enfin des formes de centralisation mécanique et bureaucratique, se oppressives pour la liberté, et qu'il devienne un véritable organisme, dans lequel tous les organes aient une sphère d'action propre, jouissent d'une autonomie relative, concourent à entretenir la vie générale, même l'action centrale par la spontanéité de leurs mouvements." C — 40

Em nosso país mesmo, não foi a descentralização bandeira dos liberais de 31, assim como é a glória da reforma promulgada em 34?

Nem podem os verdadeiros liberais (porque os há também falsos, à Cormenin), sustentar a centralização. Ninguém pretende certamente repudiar a centralização governamental ou política, segundo a diferença introduzida pelo autor da *Democracia na América*. Mas é impossível não combater a centralização administrativa. Ela, com efeito, compreende assunto mais vasto do que geralmente se costuma ligar à palavra.

Há, em primeiro lugar, o regime protetor, regulamentador e preventivo; isto é, a intervenção do Estado em todas as esferas da atividade social, desde a indústria até à religião, desde as artes às ciências.

Há, depois, a absorção dos interesses da circunferência no centro, a acumulação de negócios diversos em um ponto único.

Há, finalmente, no mesmo centro, outros menores que não

gozam de vida própria, que dependem inteiramente de um ponto de apoio mais alto. C — 44

Não reconheço, meu amigo, quais sejam os nossos partidos políticos. Enxergo, sim, de um lado, a facção que, como o tigre à presa, se agarra aos despojos que soube acumular depois das guerras civis; vejo, de outro, o país inteiro, constituindo uma só entidade, com a fé posta em Deus, na constituição e na liberdade. E como nós, os servos da gleba, o povo, já nos sentimos dotados de certa fortaleza, a facção vai todo o dia cedendo de suas antigas teorias e de suas velhas pretensões. É assim que ela própria concorda na necessidade de conceder algumas franquezas mais às províncias, consistindo, porém, toda a divergência no modo, no alcance e nos limites.

Mas, outrora, quando se falava em descentralizar, opunham-nos a anarquia das assembléias provinciais, e respondiam-nos com a lei de interpretação de 1840. Era uma luta aberta. Hoje, não se contestam a importância e as conseqüências de uma reforma, fazem-se até discursos neste sentido, formulam-se promessas, abrem-se esperanças. É tudo inútil, porém; é só palavra que ilude e voa. Uma reforma séria, que um ministério qualquer prometa, lembra-me logo essas miragens enganadoras dos desertos africanos. Coração de patriota, vós correis atrás do fantasma com que vos acenam, e por meio do qual vos arrancam facilmente a aquiescência a um novo erro, a um crime talvez, à Lei de 22 de agosto, por exemplo. Assim, pois, coloquem a tribuna e a imprensa bem claro a questão, e forcem o governo ou a aquiescer às suas idéias, ou a morrer opondo-se-lhes. Não se conceda novo adiamento: não se leve à extremidade o profundo desgosto das províncias.

E faltam, caro amigo, motivos de queixas às províncias do Império?

A Lei da Reforma de 10 de agosto de 1834 é um triunfo tão esplêndido, como foi legal. Se alguma coisa pode comunicar elastério, energia e independência aos brasileiros; se alguma coisa pode lavar-nos do pecado original da nossa raça, a fraqueza, o temor e a imbecilidade, é essa bula de ouro em que não posso falar sem ênfase, o Ato Adicional. Por meio dele, as províncias brilham no firmamento do Império, verdadeiras estrelas, com a sua luz própria, cada uma; e não como planetas opacos sobre que se reflete a esmola de luz do astro que o acaso colocou no centro. Mas o Ato Adicional é como um grande princípio que pressupõe um sistema, uma generalidade que resume muitos indivíduos. A autonomia das províncias não existe só porque lhes destes, além das câmaras de município, uma assembléia provincial. Dissestes à assembléia que legisle; mas a faculdade de fazer a lei não é tudo. Vós, portanto, forneceis à lei um executor; mas esse, que é o presidente, está amarrado ao centro, ao governo imperial, que lhe não permite, às vezes, nem mesmo toda a liberdade na execução dos decretos da legislatura provincial. Em suma, se abristes o caminho da iniciativa e franqueza para os interesses meramente locais, vós o fechastes e embaraçastes no que respeita aos negócios gerais.

Os inconvenientes de um tal sistema são vulgarmente apontados. Eles tornam-se manifestos, sobretudo, quando se trata da nomeação e demissão de certos empregos exercidos nas províncias. Um carcereiro, um partidor, um distribuidor, um escrivão, os párocos, os porteiros e empregados de escrita das repartições gerais nas províncias, por que hão de ser nomeados pelo imperador? Para garantia da escolha? Uma de duas: ou esta é feita segundo a proposta do presidente, ou contrária a ela; no primeiro caso, é evidente que, se o proponente merece uma fé irrecusável, seja ele o nomeante; no segundo, isto é, se a proposta é recusada, indica-se que não merece confiança o seu autor. E pode o governo central, sem conhecer os indivíduos, acertar melhor do que o seu delegado, presente no lugar das pretensões? Em regra, para escolher, o governo central dirige-se pelas recomendações de pessoas de influência; é assim que as nomeações para as províncias, solicitadas pelos seus representantes, se tornam um meio fácil de corromper as câmaras. Por outro lado, se com esse jogo de solicitações de deputados e favores dos gabinetes ganham alguns votos ministros transitórios, perde muito no conceito público o princípio da autoridade: o nomeado não atribui ao merecimento próprio uma escolha lembrada todo o dia pelo seu patrono, que faz assim valer o serviço prestado e influência de que goza. Esta observação, já proferida na câmara dos deputados pelo Sr. Saraiva, não é menos frisante do que a lembrança dos gastos a que a centralização atual obriga os pretendentes das províncias, quando sobretudo cometem a empresa de vir à corte solicitar lugares. Por isso é que me parece indispensável facultar aos presidentes a nomeação e conseqüente demissão dos empregados de que tratei.

Emitindo este voto, eu não digo uma novidade; há, porém, outro lado da questão, que se não tem querido ver e que julgo tão importante. Não basta que os presidentes nomeiem e demitam os funcionários gerais de ordem secundária; é preciso ainda que resolvam por si mesmos, e sem sujeitar a sua decisão ao governo central, certos negócios de pequeno alcance, que não há conveniência alguma em serem julgados ou examinados pelos ministros. Esta idéia prende-se ao pensamento, em que tenho insistido, da mais plena iniciativa e autonomia para cada um dos círculos do serviço público. Estabelecer-se-ia assim uma alçada para os presidentes: todos os negócios nela compreendidos seriam resolvidos definitivamente nas províncias; afetar-se-iam somente ao governo central, sob informação do provincial, os objetos de uma importância elevada. Ao passo que isso apressava o expediente com grande proveito das partes, aliviava as secretarias de Estado e as estações da Corte de enorme peso inútil. Não há nisso uma inversão de atribuições dos poderes; há apenas uma deslocação das faculdades de certos funcionários para outros, agentes de um e o mesmo poder, o executivo.

Nem se diga que dessa maneira se enfraqueceria a autoridade do governo imperial. Eu não compreendo, em primeiro lugar, que a força do governo de Sua Majestade exija a opressão dos interesses dos habitantes das províncias; ao contrário, acredito que, quando esses interesses gemem, o governo não pode estar satisfeito. O homem de vista mais longa deste século, Luís Napoleão, assim o entendeu. Ele pôde bem medir a força com que Paris pesava sobre os departamentos; e o Decreto de 25 de março de 1852 veio delegar aos prefeitos uma autoridade mais extensa, que não foi possível conceder-lhes mesmo durante o governo de julho. São os prefeitos agentes de confiança do imperador; e não pode este recear que se enfraqueça o seu despotismo, porque aqueles decidem por si mesmos, bem e depressa, negócios que dantes se discutiam e resolviam, mal e devagar, em Paris.

Dir-se-á talvez que é mais aparente do que real a importancia que ligo à centralização dos negócios locais. Espero demonstrar, porém, que os efeitos deste sistema são tão vastos, quanto palpáveis. Ser-me-á preciso fazer para isso um quadro ligeiro do desenvolvimento moral e material das províncias; ser-me-á preciso tocar na questão da renda, e, sobretudo, na rapidez com que os presidentes se sucedem uns aos outros. É o meio mais eficaz para julgar da desvantagem do regime administrativo que estou combatendo. C — 59/63

Nas províncias o desgosto é profundo; e é talvez por isso que muitas pessoas considerariam um grande progresso facultar-se às assembléias respectivas a eleição periódica dos presidentes, como determinava o Ato Adicional a respeito dos substitutos daqueles altos funcionários. Haverá, porém, uma reforma razoável e constitucional que produza o efeito desejado? É o que parece manifesto ao vosso amigo, o *Solitário*. C — 72/73

Resta-me assinalar, numa síntese abreviada, as conseqüências do sistema.

Avultam em primeiro lugar os efeitos das protelações e da concentração dos negócios. A perda de tempo, a exageração da correspondência, a míngua do pessoal e o seu constante aumento, a confusão no serviço e o desespero das partes são os resultados administrativos do regime que combato. — Há, porém, outros efeitos mais graves, e são aqueles que produzem as restrições à liberdade de indústria. Eu deixei-os entrever numa das cartas precedentes, e poderia torná-los muito mais distintos ainda, se reunisse aos exemplos que citei o do privilégio nacional quanto à navegação de cabotagem. Este é porventura o caso mais sério das restrições, e aquele a cuja importância se atende menos. É o consumidor, isto é, o pobre povo, que definitivamente sofre o excesso dos preços resultante da elevação dos fretes, conseqüência natural da pequena concorrência de transportes, isto é, do número diminuto de armadores e navios nacionais. — Os efeitos morais da centralização afiguram-se ainda mais funestos. Desde que o governo é tudo; desde que ele exerce do centro uma tutela incessante sobre cada um dos pontos da circunferência, todos se acostumam a considera-lo como o oráculo sagrado, como a divindade protetora, cuja cólera terrível se não deve provocar. Daí, como ainda agora o observava o Sr. Odillon Barrot, daí uma subserviência imposta pelo interesse, a fraqueza da clientela romana, a degradação do espírito público. Por outro lado, o tutor não está mais seguro do que o pupilo, nem pode brincar com as ondas da popularidade. Quando esta passa e o oceano começa a irritar-se, os olhos do povo cravam-se no ponto final de todas as aspirações, de todas as esperanças e de todos os temores. É assim que, para esmagar a centralização, algumas pessoas só enxergam um caminho, a anarquia; e que, para fortalecê-la, outras só conhecem uma espada, o despotismo.

Quanto a mim, penso, meu caro amigo, que o nosso Brasil pode evitar este círculo vicioso; e isto depende somente de entrarmos na série de reformas administrativas que tenho procurado indicar. C — 74/75

Ora, a grande questão, que no Brasil se agita, resume-se na eterna luta da liberdade contra a força, do indivíduo contra o Estado.

Reduzir o poder ao seu legítimo papel, emancipar as nações da tutela dos governos, obra duradoura do século presente, é o que se chama descentralizar.

A descentralização, que não é, pois, uma questão administrativa somente, parece o fundamento e a condição de êxito de quaisquer reformas políticas. É o sistema federal a base sólida de instituições democráticas.

Limitar o poder, corrigi-lo desarmando-o das faculdades hostis à liberdade, eis a idéia donde este livro nasceu.

Se a causa das reformas demandava o estudo dos problemas que envolve a descentralização, exigem as novas pretensões do governo que excitemos as províncias à defesa dos seus direitos.

Sob o pretexto de suavizar o regímen que as oprime, um recente projeto de interpretação prepara algumas restrições mais ao ato adicional, mutilado tantas vezes.

Sem sobressair por concessões, todas insignificantes, algumas já admitidas na prática, a lei proposta por um governo temerário consterna as províncias e comove o sentimento liberal.

Às doutrinas de 1840, que ele renova, opúnhamos os princípios de 1831, que detesta.

Reatemos o fio das idéias que trazem esta nobre data: possa o ruído da sua marcha ascendente interromper o período de sonolência que começou com o segundo reinado! P — 13/14

Conhecendo o valor de um tal sistema administrativo, construído, peça por peça, com perseverança digna de melhor causa, havemos os liberais pedir uma lei eleitoral somente? Sem condenar a tendência para simplificar a dificuldade circunscrevendo-a, expediente às vezes imposto aos homens políticos, estamos persuadidos, contudo, da insuficiência das reformas que não invistam uma das origens, talvez a mais remota, mas não sem dúvida a menos viciosa, da desordem de nossas instituições.

A centralização é essa fonte perene de corrupção, que envenena as mais elevadas regiões do Estado. Suponhamos o eleitorado melhor constituído e o voto menos sofismado pelo processo eleitoral. Não é tudo: falta que o sufrágio se manifeste livremente e tenha toda a sua eficácia. Mas, se deixais concentrada a polícia, o juiz dependente do governo, a guarda nacional militarizada, toda a administração civil hierarquicamente montada, o governo das províncias preso por mil liames ao governo supremo, as dependências da centralização, os interesses formados à sua sombra, todas essas falanges que marcham uníssonas à voz de comando, partidos cuja força local aviventa influências que se distendem do centro, todos, povo e estadistas, com os olhos postos na capital, que, como Bizâncio, projeta ao longe a sombra do seu negrume: — que é que tereis mudado na essência das cousas? que é que tereis resolvido no coração da sociedade, se lhe conservastes afinal o mesmo mecanismo? Podeis ornar o pórtico do edifício, mas não deixará de ser a mesma habitação infecta, se não rasgastes aberturas para o ar e a luz, se não restabelecestes a circulação embaraçada. P — 37

Vemos os espíritos aflitos em busca de um ponto de apoio no espaço: quanto a nós, não há outro; é a autonomia da província. Votai uma lei eleitoral aperfeiçoada, suprimi o recrutamento, a guarda nacional, a polícia despótica, restabelecei a independência da magistratura, restaurai as bases do código do processo, tornai o senado temporário, dispensai o Conselho de Estado, corrigi ou aboli o poder moderador; — muito tereis feito, muitíssimo, pela liberdade do povo e pela honra da nossa pátria: mas não tereis ainda resolvido este problema capital, ecúleo de quase todos os povos modernos: limitar o poder executivo central às altas funções políticas somente. Deixai-lhe o exercício das atribuições que tem, deixai a capital concentrar os negócios locais, consenti que possa estender-se por toda a parte o braço gigantesco do Estado, tutor do município e da província; e vereis, por melhores que as leis novas sejam, dominar a nação, e tudo perverter, o governo, o poder executivo. Descentralizai o governo; aproximai a forma provincial da forma federativa; a si próprias entregai as províncias; confiai à nação o que é seu; reanimai o enfermo que a centralização fizera cadáver; distribuí a vida por toda a parte: só então a liberdade será salva.

A liberdade pela descentralização, tal é o objeto do estudo que empreendemos sobre a província no sistema político do Brasil, qual existe, e qual tentara organizá-lo a revolução de 1831. P — 39/40

Quão opostos aos tristes efeitos da centralização os magníficos resultados da federação! Uma quebranta, outra excita o espírito dos povos. Uma extingue o sentimento da responsabilidade nos indivíduos e esmaga o poder sob a carga de uma responsabilidade universal; a outra contém o governo no seu papel, e dos habitantes de um país faz cidadãos verdadeiros. Uma é incompatível com instituições livres; a outra só pode florescer com a liberdade. Uma tem por condição o funcionalismo hierárquico e ilimitado, exército permanente do despotismo. Bastam à outra poucos agentes, e em caso algum os requer para negócios dos particulares e das localidades. Uma revolve os Estados; a outra equilibra as forças sociais, e, não reprimindo nenhuma, prossegue sem receio das súbitas reações. Uma é a expressão moderna do império pagão; a outra é o ideal do governo na sociedade criada pela doutrina da consciência livre e da dignidade humana.

Permitindo a expansão de todas as aptidões, de todas as atividades, de todas as forças, o sistema federativo é sem dúvida a maior das forças sociais. P — 46

Depois de estudar cada um dos poderes provinciais, o legislativo, o executivo, o judicial, examinamos também, quanto em nossas forças cabia, o vasto círculo de interesses meramente locais, ou comuns ao Estado e à Província. Quão longe nos achamos, há de o leitor reconhecer agora, de uma organização onde os primeiros funcionem independentes do poder central, e os segundos atinjam a plenitude do seu desenvolvimento!

Assembléias provinciais, peiadas pelas usurpações de 1840 e posteriores, arrastam a vida inglória de uma instituição desprestigiada.

Presidentes — agentes de outro poder, não representantes da província, comissários eleitorais, não administradores e executores dos decretos das assembléias — tudo podem, até suspender leis promulgadas.

Municipalidades extintas, literalmente extintas, sem mais prestígio que as assembléias, e muito menos sensíveis a qualquer movimento de independência, nem protestam contra a sua profunda humilhação.

Justiça e política, não separadas, mas estreitamente unidas e confundidas — puro funcionalismo, pelo governo central arbitrariamente montado, com a mais rigorosa simetria, sem atenção às diferentes localidades — exercem, às ordens diretas do presidente, a grande missão de domarem o sufrágio e de converterem o parlamento em chancelaria do império.

Melhoramentos morais ou materiais, a instrução do povo, a emancipação do escravo, o povoamento dos nossos desertos pelo emigrante do norte do globo, vias terrestres ou fluviais, tudo protrai-se lentamente ou tudo está por fazer.

Em suma, governo absoluto, dispondo a capricho da segurança, da honra, da propriedade e da vida do cidadão, que vegeta sem tranqüilidade e não cisma no futuro sem receios; espírito público corrompido, sem ideal, dominado pelas mais terrenas preocupações, inerte diante das exigências do patriotismo, indiferente à causa da liberdade — à honra de povo soberano: eis o resultado da centralização fundada sobre as ruínas do ato adicional.

De sobra alcançaram seu alvo os contra-revolucionários de 1840: entorpecidas, anuladas, carregando responsabilidade mui superior às faculdades que lhes deixaram, nossas províncias oferecem o mais triste espetáculo. Lástima é vê-las debatendo-se nesse suplício. Do que se ocupam? O que nelas comove os espíritos? O que agita a imprensa? Excessos de autoridades irresponsáveis como o poder que as mantém, eleições viciadas, e sempre eleições, favores ilegais, pretensões de empregados, e, quando muito, projetos de intermináveis edifícios nas capitais.

Fossem, porém, as províncias reintegradas na sua autonomia constitucional, formassem livremente o seu governo interior, girassem com plena isenção no círculo dos interesses locais, e sem dúvida se desvaneceriam estas cenas mesquinhas, tristes efeitos da centralização.

Esboço de obra não acabada, o que valem nossas instituições provinciais a bem da liberdade política, o que podem para o fomento do progresso? Deficientes e incoerentes, não preservam uma, nem aceleram o outro. Cumpre encher as lacunas, cumpre eliminar as incongruências da organização atual.

Para curar enfermidade tão grave, não bastam medidas moderadas. Ou promovam a larga reforma descentralizadora, ou terminem uma situação equívoca e detestável proclamando francamente a unidade monárquica à européia. Dividam então o Brasil em 200 circunscrições iguais, da ordem das comarcas, dêem a cada uma conselho de prefeitura e administrador civil: herdem o parlamento ou o governo as atribuições legislativas das assembléias. É lógico, é pelo menos uma solução clara: acaba o equívoco, cessa o engano, completa-se resolutamente a obra destruidora que um novíssimo projeto de interpretação recomeça com a habitual temeridade das reações.

Terão, porém, esta audácia das suas convicções aqueles que sistematicamente hão amesquinhado a Província? Poderá a reação monárquica preencher todos os seus desígnios e, depois de diluir o ato adicional, aboli-lo francamente?

Quanto a nós, preserva-nos deste receio a própria situação gerada pela política centralizadora, os descontentamentos que promove, as impaciências e irritações que excita. Quem desconhece, porventura, que só a descentralização pode abaixar os clamores que já ressoam contra a integridade do império?

A união não há de resistir muito tempo aos sacudimentos de sérios interesses conculcados ou desatendidos. Pedem-se de toda a parte escolas, estradas, trabalho livre, melhoramentos morais e materiais. Por si só, mal pode o governo central acudir a este ou àquele mais ardente reclamo; e por cada um que satisfaz ou ilude, vê recrescer a impaciente exigência de todos os outros. Não lhe resta, portanto, mais que uma solução: dividir a sua formidável responsabilidade, invocar o auxílio do município e da província para a obra comum da prosperidade nacional; em uma palavra, descentralizar.

Não, não é isto abdicar; é, pelo contrário, fortificar-se e habilitar-se, aliviado de um ônus excessivo, para o pleno desempenho da grande missão que ao Estado compete em nossa imperfeita sociedade.

Essa grande missão de liberdade e progresso não se circunscreve à perseverança no aperfeiçoamento da legislação, à implacável energia em moralizar o governo; compreende também a tarefa de acelerar a obra da civilização. Caminhos de ferro, navegação, telégrafos, agentes físicos do progresso moral, são meios infalíveis de fortalecer ou de consolidar a união das províncias, afrouxando os odiosos laços da centralização.

Como escurecer a imensidade do erro de um governo que, desdenhado da sua missão própria, tão grandiosa, tão nobre, há consumido trinta anos em luta aberta contra as liberdades do cidadão e as franquezas da província? Como não exprobrar-lhe a cegueira de uma política que, rejeitando o caminho que o levava a ele à glória, e o Brasil à prosperidade, preferiu trilhar obstinadamente a rota batida dos príncipes europeus? Como não embargá-lo na marcha vertiginosa em que prossegue, bradando-lhe:

Vós perdeis o país, perdendo-vos! vós o arremessais de novo nas crises revolucionárias! P — 363/366

X — *Imigração*

E os fatos demonstraram e demonstram ainda que a emigração forçada africana deteve e embaraçou a corrente espontânea, que começava a romper, da emigração européia. A sombra do braço do negro seria sempre uma imagem repulsiva do trabalho livre. C — 127

Felizmente, para desenvolver esses recursos, pode o Amazonas também apelar para a imigração. Posto que rápida, a minha viagem convenceu-me disto.

Verdade é que as experiências coloniais da Companhia do Amazonas foram malsucedidas. Estas, porém, nunca foram dirigidas com perseverança, nem com o propósito resoluto de levar-se a cabo a tentativa. Ilhéus, espanhóis e portugueses, e quaisquer imigrantes de climas meridionais, podem ali suportar o trabalho do campo. Núcleos agrícolas hão de necessariamente prosperar no Amazonas. As principais povoações recebem do exterior, por via do Pará, os gêneros de primeira necessidade. Como a indústria dos habitantes é geralmente a colheita ou o preparo dos produtos naturais, pouco plantam. Do Pará vem a Manaus tudo, tudo, desde a farinha até o sal, e é do Baixo Amazonas que Manaus recebe o próprio gado.

Mas diz-se: o imigrante não resistirá ao clima ardente do equador. Esquecem uma circunstância importante: o calor é mitigado por uma densa umidade: a temperatura à noite é deliciosa. O Amazonas não é a zona tórrida. Por outro lado, pode-se dizer que a salubridade do grande vale é incontestável. A este respeito a opinião contrária vai-se modificando sensivelmente. V — 369/370

A imigração para o Brasil depende certamente de variadas condições: o casamento civil, a liberdade de culto exterior, a proteção e favores aos cultos dissidentes, a discriminação do domínio público, o regime das terras, o sistema administrativo, a escravidão e outras causas conspiram contra esse grande interesse do país. Mas eu não parecerei exagerado assinando entre elas um lugar ao nosso regime aduaneiro. V — 379

O Brasil é um país dotado de vastos recursos naturais; um terço possui excelente clima, todo ele grandes rios, extensas costas e ótimos portos a pouca distância da Europa. Que falta para que se estabeleça aqui uma poderosa corrente de imigração espontânea, que, aliás, se promove desde o começo do século, desde o regímen da metrópole? Faltam certas vantagens materiais e condições morais do mais elevado alcance. Tal é o ponto de vista do programa desta sociedade.

Com efeito, pretender que por si só o sistema de venda das terras nacionais bastasse para atrair aos Estados Unidos os emigrantes do Velho Mundo, seria uma apreciação incompleta e inexata sem se computar a influência das liberdades individuais, das franquezas locais, da descentralização, do ensino popular, de todas essas molas que constituem o mecanismo da democracia moderna.

Certo, as leis do Brasil consagram em princípio todas essas grandes conquistas da civilização; a nossa lei fundamental é um dos mais respeitáveis monumentos da sabedoria humana; mas do princípio ao fato, da lei à prática, há uma distância considerável. Não raras vezes a lei é boa, mas os costumes do povo maus. Suponha-se, por um momento, a nossa organização social transformada: a escravidão abolida, a administração local desembaraçada da dupla centralização provincial e geral, a justiça bem remunerada e confiada a mãos hábeis, muitas vias de comunicação, completa discriminação do domínio público, subdivisão da grande propriedade, igualdade dos cultos, governo ativo e prestigioso, confiança do país nos seus destinos; suponha-se isso possível, e não se duvidará crer que desde então faria o Brasil concorrência aos focos atuais de imigração no mundo.

Entretanto há de chegar o seu dia; mas esse futuro não está próximo infelizmente. I — 59/60

O aumento das populações pela imigração ou por sua energia reprodutiva desequilibrará as forças das potências. Um motivo mais para que este assunto, tão interessante a outros respeitos, preocupe os estadistas brasileiros! I — 62

Há neste assunto uma questão capital, que antes de tudo é mister encarecer.

Deve o governo promover a imigração?

Ou deve ela ser abandonada a si mesma, às causas naturais?

Algumas pessoas opinam que tudo depende de uma boa lei de terras, da severa administração da justiça, do aumento da riqueza e do melhoramento das comunicações internas. Parece que não se deve ser exclusivo nesta matéria. Nos Estados Unidos, sim, a intervenção do governo é inútil. Aqui, porém, há um motivo poderoso, uma razão de alta política, para se recomendar que o governo continue a intervir, que as administrações geral e provinciais se apressem em criar a corrente de emigrantes para o Brasil.

Esse motivo é a crise que durante um certo período sucederá à inevitável abolição da escravidão. Será preciso, na verdade, auxiliar aqueles que reclamarem braços, facilitando-os, ou, pelo menos, será preciso que o governo, alvo de violentas agressões durante a crise, possa oferecer essa corrente como compensação dos escravos que gradualmente se forem emancipando. Os imigrantes, aumentando a soma dos produtores, dos consumidores, dos contribuintes, atenuarão os efeitos da crise.

Transposto esse período, a missão do governo simplificar-se-á; a imigração ficará dependente das causas naturais, que a promovem nos Estados Unidos. Entretanto, cumpre hoje reconhecer que o regímen servil exige este sacrifício dos princípios da ciência, a intervenção do Estado.

Mas, em que consiste e como deve o governo exercer a sua intervenção? Onde deve ela parar?

A missão do governo limitar-se-ia, no exterior, a engajar alguns excelentes emigrantes agricultores ou operários agrícolas, e, no interior, a desenvolver os seus núcleos coloniais. Quanto aos particulares, importem eles os que quiserem, observando as leis de Polícia, à sua custa e por sua iniciativa. O favor eficaz que o governo devia fazer aos particulares, seria, em vez de tornar-se o intermediário dos seus contratos, alargar esses núcleos coloniais, centros de atração para a Europa e de expansão para o Brasil, na frase de um escritor. I — 68/69

A imigração para o Brasil é, como a instrução do povo, um serviço comum às administrações geral e provinciais. No Paraná, em Santa Catarina, no Espírito Santo, onde agora não abundam os recursos, seja o governo geral o promotor principal ou exclusivo. Nas outras, desperte e provoque a intervenção dos governos locais. Não se compreende que do Rio de Janeiro se possa dirigir e distribuir todo o movimento da população de tão vasto Império. I — 77

Núcleos coloniais — Emancipar as colônias que estiverem em condições de passar ao regímen civil;

Concentrar os auxílios e esforços do governo, em poucos núcleos estabelecidos em cada uma das províncias meridionais;

Conceder a estas e àqueles subsídios elevados para a imediata abertura de estradas de rodagem, e para o sustento de escolas e de sacerdotes;

Demarcar lotes de terras nas vizinhanças ou no prolongamento da área atual desses núcleos, construindo casas provisórias em cada lote;

Estabelecer a navegação a vapor regular para os seus portos;

Permitir aos navios estrangeiros o acesso a esses portos;

Enviar aos núcleos periodicamente, ao menos no fim de cada ano, um comissário do governo, que os inspecione, resolva as questões de detalhe e transmita esclarecimentos fidedignos para se evitarem as falsas ou inexatas informações, que não são raras;

Abandonar os que se acham a grande distância dos maiores mercados, e criar um nas cercanias deste porto ou nas vizinhanças das linhas férreas, conforme autorizou a lei de 27 de setembro de 1860 (art. 11, § 26):

Tais parecem ser as medidas mais importantes sobre este ramo do serviço. I — 91

Com efeito, combinai desde já um sistema de medidas, que, reconhecendo o princípio da liberdade natural de todos os nascidos no Império, extinga a escravidão dentro de um período razoável;

Dai à magistratura vitalícia as atribuições de que carece, e os recursos indispensáveis para a sua independência;

Fortificai as garantias da liberdade individual pelo abandono das prisões preventivas, pela extinção da Guarda Nacional, pelo repúdio do recrutamento, com uma organização inteligente da força pública, e pelo real exercício dos direitos políticos mediante a eleição direta;

Equilibrai o peso dos impostos, distribuindo-os com igualdade pelo capital e pelo trabalho;

Aumentai com energia e ânimo resoluto as despesas reprodutivas, que uma timidez desconsolada e imprevidente circunscreve a uma parcimônia estéril;

Substituí a uma administração formalista, vexatória e instável a força poderosa de administradores ilustrados, perseverantes, dignos de merecerem o depósito sagrado do governo de um povo;

Afrontai com denodo o problema indeclinável da instrução gratuita e obrigatória, derramada às mancheias, bem paga e fortemente organizada;

Combatei na tribuna e na imprensa, por vossos atos como governo e por vossas opiniões como cidadão, esse pessimismo fatal, que, sendo a fórmula da impotência dos ineptos, alimenta uma insuportável atmosfera de desânimo e descrença;

Em uma palavra, tende fé nos destinos do nosso abençoado país, e vereis suceder a essas deploráveis cenas de uma crise prematura o entusiasmo fecundo de um povo que crê na sua missão, que há de bem depressa, com o auxílio dos emigrantes do Velho Mundo, fundar nos desertos da América do Sul novas cidades e novas províncias. I — 126/127

A emigração procura os países que lhe oferecem leis verdadeiramente executadas, liberdade prática, comunicações desenvolvidas, liberdade de cultos. São estas vantagens que convidam o estrangeiro a deixar a sua pátria e a arrostar os males associados à emigração. D — 30/1/1864 — 260

XI — *Liberdade religiosa (Igreja e Estado, ensino, casamento de acatólicos, imigração)*

Meu amigo, há um ponto sobre que todos concordamos hoje: a falta de verdadeira piedade religiosa nas classes superiores de nosso povo, desde os cortesãos até os capitalistas. Ora, partindo deste fato, pergunta-se: Qual o caminho para entrarmos em uma reforma de costumes, na verdade da religião? É manifesto que esse caminho não pode ser outro senão o inverso daquele que gradualmente nos trouxe ao estado deplorável que lamentamos. Mas na designação dele, é que reside a dificuldade. Dizem os padres e os beatos que o amortecimento das crenças é, no Brasil como na Europa, o resultado próximo do regime livre, político-social, dos tempos modernos. Os homens de espírito forte, porém, contestam, sustentando que foi o abuso ou excesso de religião que matou a religião. Francamente o digo, eu penso como estes últimos. Sim, foram os horrores do Santo Ofício, os absurdos da censura, o ridículo de um culto exterior exagerado, as pretensões clericais e o espetáculo, ainda hoje subsistente, da imoralidade, da intolerância e do feudalismo reinando em Roma, foram essas as causas tristíssimas da reação ímpia que hoje se ostenta.

Como, porém, se pretende combater este mal? Justamente ressuscitando as mesmas práticas embusteiras e atentatórias da liberdade humana, que lhe deram nascimento. Com efeito, meu amigo, se é preciso reviver o zelo religioso, dêem ao povo uma instrução inocente e útil, que facilite e prepare os hábitos de trabalho; e, por outro lado, sejam os ministros do altar, os padres, verdadeiros servos de Deus, inteligentes e cultos, e não escravos da ignorância, da avareza torpe e de vícios mais torpes ainda. Seja o povo civilizado e trabalhador, e o padre um homem ilustrado, verdadeira imagem do ministro divino, como a compreendem e executam os sacerdotes ingleses. Ao contrário, porém, fundou-se, sobre a base do interesse pecuniário, uma propaganda, cujo fim é, não tornar o povo mais religioso, porém fazer a religião mais rendosa. Essa propaganda, meu amigo, que tem o seu clube na Santa Casa de Misericórdia, as suas filiais em todas essas irmandades e corporações religiosas que aí formigam, e os seus agentes no padre lazarista, na irmã de caridade, nos tesoureiros, procuradores, administradores, provedores, etc.; essa propaganda de crucifixos e enormes rosários pendentes, de opas, tochas e foguetes, filha legítima do cilício, do sambenito e da fogueira, essa propaganda sinistra está iminente sobre nossas cabeças ameaçando substituir o luzeiro da liberdade pela cegueira do fanatismo, e transformar a sociedade brasileira no vasto convento que já foi Portugal.

Nada é mais curioso do que o modo por que o fanatismo se tem insinuado. Há poucos dias, nesta própria Corte, uma menina, que brilhava na flor da mocidade e que podia preencher no mundo o lugar mais piedoso de mulher virtuosa de esposa dedicada, de mãe desvelada, uma menina de família distinta arrojava-se, com uma firmeza terrível, às sombras mortuárias do claustro. E isto aplaudiu-se, festejou-se e admirou-se! Disserte como queira o núncio da Santa Sé; nós conhecemos bem o fim último dessa teoria ascética, jesuítica e hoje lazarista, segundo a qual o mundo é um *lodo* que a *virgem*, branca pomba, não pode habitar — Qual é o Deus terrível, padre, que pode exigir a beleza, da mocidade e da virtude o sacrifício pagão de sepultar-se em um templo, impossível para o mundo e inútil para si mesma?

Quando eu medito em fatos desta natureza; quando considero no progresso espantoso do fanatismo ajudado pela ambição de influência e avareza de dinheiro; quando imagino que foi assim que essa verdadeira peste estragou, anulou e corrompeu o México, tornando impotentes os esforços generosos dos liberais para a reorganização de um país democrático; quando atento para o amargor e o perigo das lutas religiosas, em regra as mais sanguinolentas e as mais selvagens; quando, finalmente, estudo a feição reacionária do século em que vivemos, meu coração comprime-se, e um terror involuntário entristece minha alma. Levantemo-nos, meu amigo! e apressemo-nos em combater o inimigo invisível e calado que nos persegue nas trevas. Ele se chama o espírito clerical, isto é, o cadáver do passado: e nós somos o espírito liberal, isto é, o obreiro do futuro. C — 91/93

A liberdade, quero dizer, a ausência de ingerência do governo, é, para mim, a lei suprema e a primeira necessidade da indústria que se chama instrução. A instrução do clero, o ensino religioso, em teoria, está nas mesmas condições; isto é, deve ser dada em estabelecimentos não subvencionados pelo governo, não inspecionados por ele, mas sustentados pelos fiéis e dirigidos pelos bispos. Deste modo, em teoria, no meu sistema político-econômico, no domínio da liberdade real, não só o governo não tem estabelecimento algum de ensino, deixando livre o exercício dessa indústria aos particulares, como ainda nenhum estabelecimento de tal natureza, e portanto os mesmos seminários, recebe auxílios nem está obrigado à superintendência da polícia administrativa, como os não recebe nem lhe está sujeita qualquer oficina, qualquer empresa industrial. Torno a repetir, porém, que eu falo em teoria, isto é, sob o império de uma organização que só o futuro realizará. Entretanto, porém, na atualidade, a teoria sofre limitações. Em primeiro lugar, o Estado tem institutos seus de ensino; depois, ele auxilia a muitos outros, seculares ou religiosos; e, finalmente, as leis concedem-lhe uma grande influência nos estabelecimentos subvencionados e até naqueles que o não são. Ora, nesta última proposição compreendem-se também os seminários. Quando o Estado lhes presta auxílios pecuniários, ele reserva-se o direito, não só de regularizar o ensino, como de nomear os professores. Quando o seminário não recebe dinheiro dos cofres públicos, ainda cabe ao governo o mesmo direito de inspeção, que exerce relativamente a quaisquer escolas ou colégios particulares.

Antes de apoiar na lei escrita estas proposições e de deduzir as conseqüências que encerram contra a doutrina do Sr. Ministro do Império, permiti-me uma observação que explique melhor todo o meu pensamento, com a franqueza de que não usam os ultramontanos.

Eu penso como Lamennais, como Montalembert, como o conde de Cavour, como todos os adeptos do catolicismo, mas não do papismo. — A Igreja deve e há de ser um dia plenamente livre no exercício de sua missão religiosa; para ensinar e para oficiar, ela não precisará no futuro de encostar-se ao braço secular, ou de suportar a sua vigilância. Entretanto, porém, quando a Igreja não quer despojar-se do poder temporal na Itália, dos auxílios pecuniários do Estado em todos os países católicos, e dos privilégios de antiga intolerância que ainda sustenta sobre casamentos civis, etc.; entretanto, digo, é impraticável a máxima: Igreja livre no Estado livre. — A liberdade de ensino, como todas as mais, só pode caber à Igreja Católica quando ela se achar colocada no mesmo pé de igualdade perfeita com todas as outras perante o Estado. Para mim, a organização religiosa ideal é a dos Estados Unidos: Todas as seitas são permitidas, e nenhuma é subvencionada nem inspecionada. Eu compreendo, meu amigo, que os italianos prometam ao papa e aos cardeais pagar-lhes um grande estipêndio, uma vez que o Sumo Pontífice abdique o poder temporal: fazem eles um sacrifício pesado por uma grande vantagem no presente. Mas, em teoria, quero dizer, no futuro, nem esse mesmo privilégio pode pertencer à Santa Sé.

Assim, na atitude de desconfianças do Estado para com a Igreja, com os receios de uma reação ultramontana, teocrático-feudal, e na presença da pertinácia com que a Santa Sé defende todas as suas antigas pretensões, não faltam argumentos para sustentar nas mãos do poder secular as faculdades que as leis lhe concedem para vigiar ou dirigir o ensino religioso. Essas faculdades, relativamente à instrução clerical, poderiam e deveriam mesmo subsistir ainda quando se promulgasse a mais vasta liberdade para a instrução secular. É deste modo que eu encaro o nosso direito público eclesiástico sobre a questão vertente. C — 96/98

Ora, este direito de suprema vigilância sobre os seminários, que eu sustento como uma das atribuições do nosso poder civil, é o que se encontra em outros países, e particularmente em França. C — 102

Finalmente, julgar-se-á inútil, sem resultados práticos, a opinião em que estou insistindo? É fácil reconhecer o contrário. Meu fim é fazer valer a autoridade do governo nesses verdadeiros focos de fanatismo, e materialismo, que se chamam seminários. É preciso que, sobretudo quando o Estado os subvenciona, saibam os professores e saibam os bispos que a direção suprema pertence ao governo. É este o único remédio que eu descubro contra os perigos que ameaçam a sociedade de parte do ensino religioso. Faz-se necessário que o governo do país não se dispa dos meios de opor barreiras à propaganda reacionária que também já domina os seminários. Para expeli-la daí sobram-lhe armas na legislação. Não abdique o governo, antes faça valer os recursos que lhe fornece a lei.

Quem isto escreve não é um protestante. Vós podeis atestar a fidelidade que sempre consagrou ao catolicismo, e ainda consagra, vosso amigo, o *Solitário*. C — 104

A lei, isto é, o Alvará de 10 de maio de 1805 e o Decreto de 11 de outubro de 1851, dá ao governo uma grande ingerência nos seminários, e, quando são estes subvencionados, faz os professores dependentes do poder civil. Logo, concluímos nós, o professor de um instituto religioso que o Estado subvenciona, é com razão nomeado pelo governo; logo, é um funcionário público, haja ou não proposta do bispo, e seja ou não ela respeitada; logo, o professor depende só do governo; logo, só a este pode solicitar licenças; logo, para obtê-las, como para conseguir jubilação, só ao poder civil deve o professor dirigir-se; logo finalmente, é abusiva e condenável a prática, autorizada ou introduzida pelo aviso de 9 de dezembro último, de os bispos concederem a licença e darem apenas os ministros o assentamento.

Creio, meu amigo, que não podia ter colocado a questão de modo mais sério, nem expressado o meu pensamento com mais franqueza. Entretanto, sabeis do que me acusa o comunicante do *Jornal do Commercio*? De uma nova heresia, de tendências reformistas ou anglicanas, de pregar um novo cisma. C — 108

Não invoquem, muito menos, as nossas susceptibilidades e o nosso zelo de católico fiel. Este é um gênero de intriga que deixa claramente a descoberto a máscara da hipocrisia, que a tece. O catolicismo, como a verdade, não morrerá, apurar-se-á. Hoje ele atravessa o cataclisma de uma transição, mas não há força no mundo que possa esmagar o Filho de Deus. Ressurgirá enérgico, vivaz e em todo o seu antigo esplendor. Mas ressurgirá com as suas legítimas aspirações e tendências que os padres têm desvirtuado, a saber: proclamando a tolerância e a plena liberdade de crenças, porém incansável em combater o erro e em converter as ovelhas desgarradas, não à força — por meio da palavra que persuade, pelo exemplo que ensina, pela fé que inspira! *(Correio Mercantil;* outubro de 1861). C — 116/117

Eu não movo guerra ao catolicismo; combato as pretensões góticas do fanatismo. C — 117

Muitos entendem que, abolidas as diretorias já condenadas pela experiência, não é tempo ainda de libertar os índios da tutela tradicional, que não é oportuno estender-lhes o regime civil comum, que antes cumpre retroceder ao sistema colonial, confiar os indígenas à catequese do clero, organizar como outrora as missões dos índios e a redução do gentio, e que isto se deve fazer em uma vasta escala, sob a direção dos bispos, às expensas e com a proteção do Estado. Um recente aviso do Sr. Ministro das Obras Públicas autorizou a presidência do Amazonas a suprimir os diretores parciais de índios, e ordenou que a direção moral e material dos mesmos fosse incumbida aos missionários, sem tornar este serviço dependente imediatamente do bispo. Confesso que muito confio no zelo apostólico do digno prelado do Pará, caráter enérgico e homem de fé viva; mas não creio em tal sistema. O regime militar dos diretores atuais sucedeu às antigas missões dos padres, que se desacreditaram e às vezes embaraçavam a autoridade civil; em relação a elas, o regime das diretorias foi um progresso. Nos Estados Unidos e na República Argentina, onde os índios ainda vivem em tribos, não é o governo, nem é pelo auxílio do governo que a catequese se faz; ninguém acredita nesses países que possa um sacerdote ensinar agricultura e ensaiar nas indústrias a um indígena; apela-se para a ação do tempo e para a prática com a gente civilizada, que lentamente transformarão, se não os índios atuais, ao menos os seus descendentes. Que a Igreja, porém, pregue e exerça a catequese, nada impede; é o seu direito: mas não construamos sobre essa catequese uma esperança vã, não a reputemos medida administrativa, nem escola profissional.

Demais, o estado do clero no Amazonas excita ardentes queixas. Que pessoal! Que ignorância! Que depravação! Está a instrução pública geralmente confiada aos vigários na província do Alto Amazonas; entretanto, o que é essa instrução? Pelo que observei, nada poderia depor mais contra a incúria e a incapacidade dos padres. Se isto, que não é serviço penoso, e é remunerado pelos cofres provinciais, não prospera, o que se há de esperar da catequese nas brenhas? Contemplai o aspecto dessas miseráveis palhoças, a que na maior parte das povoações do Amazonas se chamam igrejas; elas ostentam a incapacidade do clero e a ausência do sentimento religioso; se há igrejas, é preciso que as venham construir engenheiros oficiais com dinheiro dos cofres. Se a religião é assim nos centros de população cristã, o que poderá ser nos desertos, nas florestas, entre o gentio? No próprio litoral do Amazonas, nas vizinhanças das capitais, que tarefa e que seara para o clero inteligente e honesto, para essa plêiade de jovens sacerdotes que o venerável atual prelado, porventura desenganado dos padres que encontrou, procura formar no rigor da disciplina, em Roma e nos seminários do Pará e Manaus! Mas recordai-vos daquele clima ardente, daquela geral dissolução de costumes, daquela moléstia endêmica da concupiscência, da estúpida inocência daquelas mestiças e índias, da embriaguez, do trabalho comum na pesca, das festas e pagodes de aldeia... Ponde no meio desses costumes, que o hábito não considera escandalosos, um sacerdote, um jovem, um filho dessa sociedade pouco severa, e dizei se o celibato resiste às paixões alvorotadas pelo espetáculo do escândalo.

Torno ao mesmo ponto de vista assinalado em outra ocasião. O celibato clerical. uma dolorosa utopia em toda a parte, o que será no vale do Amazonas? Uma causa fecunda de males, que o governo civil deve procurar remover.

É desagradável reconhecer a ineficácia da catequese; é tanto um dever confessá-lo, como render sincera homenagem à dedicação daqueles que nisso crêem, que ainda ousam renovar tão árdua empresa. V — 361/363

"Haverá para os emigrantes completa liberdade de cultos", diz terminantemente o decreto de 5 de setembro de 1865, sobre a imigração para o México, promulgado pelo inteligente príncipe que a sorte colocou à frente desse malfadado país.

Se a nossa venerável Constituição fosse elaborada alguns anos mais tarde, em vez do seu art. 5º, que, permitindo o exercício das outras religiões, comete a inconseqüência de limitá-las ao culto doméstico, conteria, em caracteres luminosos, estoutra disposição:

"É permitido livremente e garantido com igualdade o exercício de todas as religiões."

O espírito que mais tarde inspirou as sábias regras do código criminal sobre matéria religiosa, a tendência para a igualdade dos cultos diante da lei que aí domina, nos convence de que a geração revolucionária e reformadora de 1830 e 1831 não se apertaria na fórmula estreita dos legisladores constituintes.

A liberdade dos cultos, isto é, a mais elevada consagração da liberdade humana, quem a pode hoje contestar? I — 110

Certamente, um dos mais belos princípios da civilização é aquele que Jules Simon, retificando a fórmula de Cavour, exprimiu nesta sentença que percorre o mundo: "Igrejas livres no Estado livre." Insurge-se contra ele o ultramontanismo fanático; mas não há mais solene confissão da liberdade, que em vão reclama o catolicismo romano sob a forma odiosa de um privilégio exclusivo. Entretanto, perguntamos: enquanto a liberdade para todos não for garantida pela legislação daqueles mesmos países cujas constituições a prometem em tese; enquanto subsistir o privilégio do católico para o exercício de certos cargos políticos e até do magistério; enquanto se exigir o juramento religioso, mesmo na colação de graus científicos; enquanto o culto católico for o único público, mantido e largamente auxiliado pelo Estado, e os outros apenas tolerados em suas práticas domésticas; enquanto se não reconhecer a validade do casamento civil, nem se admitir a plena liberdade de ensino; enquanto, na frase de E. Picard, o Estado não for livre, há de sê-lo somente a Igreja? Beneplácito, investidura nos benefícios, recurso à coroa ou antes aos tribunais seculares, leis de mão-morta, inspeção do ensino eclesiástico, devem de vigorar enquanto prevalecerem os privilégios do catolicismo, tão odiosos à liberdade e tão opostos ao progresso da nação. Extinguir os direitos do padroado, sem abolir os privilégios exclusivos da igreja dominante, é perigoso e impolítico. Não é a sociedade civil que condena o direito comum, é a Igreja que repele-o. Quer o catolicismo alcançar aqui a independência dos séculos primitivos, a independência de que goza nos Estados Unidos? — Deixe consumar-se em paz a obra da liberdade religiosa. A imaginação antecipa o dia em que a liberdade será igualmente efetiva para todos: mas, quando troveja o Vaticano, vulcão da intolerância, aconselha a prudência que o Estado se não desarme diante da anacrônica restauração do regímen teocrático. P — 269/270

    Quando se pede a igualdade dos cultos perante a lei, não se promove, portanto, a indiferença em matéria religiosa. O privilégio de um culto é que surte sempre os mesmos efeitos do monopólio em todas as relações da vida: paralisa as forças da entidade privilegiada, e estende ao longe a sombra esterilizadora da desigualdade.

    Mas não é a questão de liberdade religiosa em tese que nos propomos discutir, nem é a reforma da Constituição que vamos agora solicitar. Nosso objeto é outro, e mais prático. Por amor da imigração protestamos contra a política contraditória que repudia uma das mais nobres conquistas da liberdade moderna, o contrato civil do matrimônio.

    Política contraditória, certamente. Desde alguns anos o Estado faz com o serviço dos cultos católicos uma certa despesa. Abra-se o último balanço impresso, o do exercício de 1863 a 1864, e na tabela 144 (terras públicas e colonização) ler-se-ão os algarismos das despesas efetuadas com as seguintes verbas:

"Pastores evangélicos e protestantes..................................	7:208$760
"Construção de capelas para o culto protestante...............	1:399$700
"Idem para o culto evangélico..	11:802$669

Já um decreto do corpo legislativo, de 16 de setembro de 1853, art. 2º, tinha autorizado o governo a despender uma quantia anualmente com o culto dos colonos estabelecidos em D. Francisca (Santa Catarina).

Pois se o Estado auxilia os cultos dissidentes, se para isso não o embaraça a religião do Estado, como pode ele impedir a constituição regular das famílias pelo casamento, questão suprema da moralidade em que o cristianismo inteiro, não esta ou aquela seita, é interessado?

A intolerância dos nossos neocatólicos não poderá ofuscar o bom senso do povo, nem dominará os sentimentos liberais, que neste mesmo assunto têm ostentado os estadistas brasileiros da grande escola e das grandes batalhas políticas de 1826, de 1831, de 1834, de 1840. I — 111/112

Em verdade, essa lei é digna de elogio e acatamento, porque reconheceu os efeitos civis (a indissolubilidade e a constituição da família) dos casamentos de pessoas não católicas; resolve, assim, uma parte das contestações sobre o matrimônio, e aproveita a uma porção considerável de famílias protestantes residentes no Império. Mas contém duas limitações, que podem produzir efeitos deploráveis.

Em primeiro lugar, o matrimônio dos não-católicos, que se celebrar no Império de ora em diante, para ser reputado legítimo, carece: 1º, que seja acompanhado do ato religioso; 2º, que este seja registrado; 3º, que o pastor que o celebrar esteja reconhecido pelo governo (art. 1º, § 3º da lei, e dec. de 17 de abril de 1863, art. 5º). Ora, o ato religioso nem sempre é praticável; ou porque o dispensem os costumes ou os ritos dos contraentes; ou porque não exista pastor que o celebre.

No primeiro caso, é uma crueldade impor o exercício de um ato religioso a quem o julga dispensável. Quanto ao segundo, é manifesto que essa falta de sacerdotes é comum no Brasil, e o sera principalmente sempre que os contraentes residirem longe das colônias do Estado ou das grandes cidades, onde unicamente há alguns ministros dos cultos dissidentes. Assim, em qualquer província do interior, em quase todas elas, ou não se celebrarão casamentos acatólicos pela falta de pastores, ou os que se celebrarem expõem-se à nulidade e às suas atrozes conseqüências. Portanto, a lei de 1861, em grande número de casos, será mais um embaraço à imigração, do que um favor; uma lei que ilude, que tem na sua letra a fórmula da liberdade, mas encerra em essência uma tirania, é odiosa.

Não é só isto: a outra limitação da lei é não reconhecer legítimo o casamento no qual se dê impedimento que obste ao matrimônio católico (art. 1º, § 4º). Ora, pelo direito canônico recebido no Império, um desses impedimentos é o de *cultusdisparitas*, a divergência de crenças entre os contraentes: isto é, os chamados casamentos mistos (entre católico e aderente de outro culto) ficam todos fora da lei. Entretanto, nas próprias colônias do governo, em que há confundidas famílias que professam cultos diferentes, quantas uniões desse gênero não se podem verificar! Em nome da lei, em vez de promovê-las e abençoá-las, ter-se-á que fulminá-las, reduzi-las ao concubinato... A palavra é esta, não devemos riscá-la.

A questão está, com efeito, colocada entre o concubinato e o casamento civil, na frase expressiva do nobre ex-Ministro da Justiça, o Sr. Conselheiro Nabuco de Araújo.

"Não é possível que venham para o nosso país os estrangeiros, acrescentava o nobre ministro, quando se lhes diz: Vós não podeis fundar uma família, ou não podeis ser chefe de uma família. As dificuldades com a corte de Roma nesta matéria não podem ter uma solução satisfatória, porque o número das dispensas da disparidade de culto e as condições estão muito longe das necessidades da nossa colonização (Disc. na Câmara dos Deputados, a 23 de março de 1866)".

A providência que cumpre tomar é, portanto, a seguinte: distinguir no casamento dos não-católicos e no misto o ato civil e o religioso; que aquele preceda a este, e seja logo seguido de efeitos civis, ainda que se não verifique o religioso, sendo todavia indissolúvel pela parte católica, ou por ambos os contraentes.

Tal era a conclusão energicamente formulada às Câmaras, em seu relatório de 1855, pelo mesmo ilustre estadista há pouco nomeado.

Não costumamos exagerar os defeitos da nossa legislação, assim como folgamos sempre de assinalar as suas disposições liberais. Uma dessas, uma verdadeira conquista, contém a mesma legislação sobre casamentos não católicos, cuja lacuna aliás acabamos de censurar. Essa conquista é a instituição da competência dos tribunais civis para julgarem a existência, nulidade e dissolução de tais casamentos (Dec. cit. de 17 de abril de 1863). Quando se pensa no mérito desta instituição, e nas suas salutares conseqüências, deve-se cobrar ânimo para esperar o complemento da generosa conquista.

Os espíritos inclinam-se a esta reforma. Sem falar na França e Itália, o exemplo recente de um país igualmente católico, Portugal, passará sem influir beneficamente. Quer o projeto do código civil português, no capítulo do casamento, quer o projeto especial do ex-Ministro da Justiça em abril de 1866, consagram em essência a doutrina da liberdade e tolerância neste assunto capital. Os debates que eles motivaram, esclareceram a opinião; e esta sociedade julgou prestar um serviço reimprimindo e distribuindo os *Estudos sobre o Casamento civil* do Sr. A. Herculano, que tratam o assunto em toda sua amplitude, nessa linguagem épica do historiador da Península.

Se tais reformas encontrarem embaraços, não será de uma parte do clero brasileiro, educado nas doutrinas da liberdade e na escola prática da tolerância, de que há exemplos respeitáveis.[1] Os discípulos do neocatolicismo, esses tentam debalde

---

[1] Citamos um fato de 1862, que honra ao clero de São Paulo, digno de sumo respeito por sua tolerância, espírito liberal e ilustração.

Lê-se na *Revista Comercial de Santos*:

"No ano próximo passado noticiamos ter o suíço protestante Guilherme Blathner abandonado a sua mulher Catarina Rechter, fambém suíça, com a qual é casado civilmente, segundo o rito de sua igreja, e tem dois filhos. O mesmo Blathner converteu-se ao catolicismo para entrar em novas núpcias com brasileira; e, tendo requerido ao governador do bispado desta província ordem ao pároco de Jaguari para ser recebido em matrimônio com uma católica, foi indeferido.

importar de Roma uma intolerância, que a sensatez e a índole benévola dos brasileiros não consentem.

As grandes reformas liberais não se fazem precipitadamente. Como aos infantes, não é sem perigo que de súbito se traz um povo da sombra à luz do sol, do privilégio à liberdade. Mas os estadistas são os mestres de uma nação, e nunca a política é mais nobre arte do que quando lhes permite, de espaço em espaço, recuar o ideal das populações, elevando-o e alargando-o.

Sejam dignos da sua missão os estadistas brasileiros, facilitando essa reforma reclamada pelos interesses da imigração e pelas supremas exigências da moralidade e da liberdade! Não se lhes pede muito, não se trata de descer ao fundo da questão religiosa, não se pretende uma reforma constitucional. Pede-se um esforço de lógica, um ato de coerência. I — 114/117

A decisão do governador do bispado é contrária a outra decisão que em caso idêntico foi proferida no bispado da Corte; mas, folgamos em dizê-lo, digno de um sacerdote ilustrado, que tem em vista a moral da sociedade e que entende que a conversão à igreja católica não é um meio para romper os laços sagrados do casamento, embora contraído segundo rito católico. Eis a sentença:

"Vistos estes autos, petição inicial à fl.... de Guilherme Blathner, em que pede que, tendo obtido licença para se casar na vila de Jaguari deste bispado, ordene-se ao pároco daquela vila o admita na forma da licença obtida: parecer do Revmo. Dr. promotor do juízo, ofício do vice-cônsul da Suíça em Campinas, declarando achar-se o dito Guilherme Blathner casado com Catarina Rechter por escritura pública; traslado dessa escritura e o mais que dos autos consta; mostra-se que o mesmo Guilherme Blathner casou-se com Catarina Rechter por escritura pública, lavrada pelo Tabelião de Notas da cidade de Campinas, em 18 de agosto de 1857; e que, como casado e na vida conjugal, permaneceram alguns anos, de cuja união tiveram dois filhos.

"Conquanto não esteja provado ser este procedimento permitido pela lei suíça, pátria dos contratantes, não o está também que seja reprovado, e por isso deve se supor que seja ao menos recomendado, ou tolerado, na falta de outros recursos, alterando-se à boa fé dos contratantes e mais pessoas interessadas neste ato. Conformando-me, portanto, com a opinião mais segura dos autores, e mesmo mais conforme ao direito canônico (Cemiliati, tratado 14 do matrimônio, cap. 7º § 8º, referindo a constituição de Bento XIV, datada de 4 de novembro de 1741, diz que por esta constituição foi declarado que, se os cônjuges, tratando dos hereges, voltarem para o grêmio da igreja católica, ficam inteiramente ligados com o mesmo vínculo que os ligava antes; mas que, convertendo-se um só, nenhum deles possa passar a outras núpcias enquanto o outro for vivo); julgo, pois, ao referido Guilherme Blathner impedido para passar às pretendidas núpcias, e mando ao mesmo Blathner, hoje no grêmio da igreja católica, que aplique os convenientes meios para que sua mulher siga seus louváveis exemplos na abjuração de seus erros e vivam no grêmio da santa igreja católica, e nos princípios desta santa e única religião verdadeira eduquem seus filhos, como já o prometeram no estado de heréticos. — Pague as custas. — S. Paulo, 11 de novembro de 1862. — *Joaquim Manuel Gonçalves de Andrade*".

Conquanto a Constituição, art. 95 § 3º, só tenha restringido ao cargo de deputado a inelegibilidade dos acatólicos, a escola ultramontana pretende ampliar a odiosa e impolítica exclusão a outros cargos eletivos, e já houve ministro "liberal" que a sustentasse e aplicasse a empregos da magistratura! Isto importa verdadeira perseguição por motivo de religião, aliás proibida pelo art. 179 § 5º da lei fundamental! Esta disposição, que garante e consagra, entre os direitos dos brasileiros, a liberdade religiosa, é constitucional, e deve prevalecer contra a do art. 95, que é meramente regulamentar e pode ser suprimida por lei ordinária. Nada mais urgente do que desenvolver em cada uma das leis orgânicas o princípio da igualdade dos cultos, francamente reconhecido pelo nosso belo Código Criminal. Às leis da reforma eleitoral e do ensino público e ao código civil principalmente incumbe garantir e assegurar, na família, na escola, no governo do Estado, essa inestimável liberdade religiosa, tão disputada por um inimigo mais pérfido que o fanatismo, a hipocrisia. R — 234

XII — *Reforma agrária*

Vedes bem, meu amigo, o lado por que encaro esta questão. Para mim, o emigrante europeu devia e deve de ser o alvo de nossas ambições, como o africano o objeto de nossas antipatias. Além de tudo, eu descubro ainda no desenvolvimento de emigração um grande resultado, que porventura poderia fixar ou mudar a face política deste país. O emigrante é, cedo ou tarde, o pequeno proprietário; e na pequena propriedade está o espírito de conservação e liberdade, que caracteriza os habitantes dos campos em todos os países. C — 166

Uma lei das terras não é medida de ocasião; suas disposições devem antes modelar-se pelas exigências do futuro do que pelas circunstâncias do presente. Na América é sobre a discriminação do domínio nacional que se funda a esperança de sua povoação pelos descendentes das raças civilizadas. J — 79

A nossa lei de 1850, tão notável aliás, não admitiu esse pensamento fundamental. Dentro da circunscrição das nossas atuais províncias estendem-se enormes territórios despovoados ou mal povoados, que não podem ser bem governados pela administração provincial; eles carecem de uma administração expedita, colocada no centro de cada um, e auxiliada nas localidades por corporações municipais eletivas, a exemplo das que se têm estabelecido provisoriamente nos núcleos coloniais. As províncias do Rio Grande do Sul, de Santa Catarina, do Paraná, de São Paulo, de Minas, da Bahia, de Pernambuco, de Piauí, do Maranhão, de Goiás, de Mato Grosso, do Amazonas e Pará, todas contêm extensos territórios que se acham nesse caso. A primeira medida, portanto, deveria ser, como nos Estados Unidos, transferir ao Estado (indenizadas as respectivas províncias) essas áreas despovoadas ou mal povoadas.

Demarcadas, e severamente inspecionada a sua ocupação, essas áreas receberiam gradualmente, por meio dos núcleos coloniais, uma corrente de imigração, que mais tarde deveria elevá-las à categoria de novas províncias à medida do seu desenvolvimento. Essa população, melhor educada e superior à das antigas províncias, exerceria sobre a destas uma ação eficaz e irresistível.

O resultado seria lento, seria apreciável somente no fim deste século. Mas, nestas grandes questões não se trabalha para o dia de amanhã; trabalha-se para um futuro longínquo, porém seguro.

Deploramos ainda a falta de um mapa geral das terras devolutas e dos mapas parciais das demarcadas, assim como das competentes memórias descritivas, que exigem a lei de 1850 e os regulamentos de 1854. Parece que ultimamente, segundo o relatório do Ministério das Obras Públicas, só havia prontos dois mapas de uma parte da província do Paraná e de outra do Espírito Santo e Minas.

Esta falta já não tem desculpa depois de tantos anos, e existindo medidas cerca de 907.704.400 braças quadradas (ou

1.092.400 acres) em diferentes províncias, área suficiente para o estabelecimento de 4.000 famílias.

Tais mapas e as respectivas memórias, por vezes reclamados na Europa, são indispensáveis para informação dos que pretendam emigrar. Com a falta deles, apesar de suas vivas instâncias, lutou a extinta associação central de colonização, como o referiu amargamente no Senado o seu ex-presidente.

É escusado insistir nisso. O sistema da lei de 1850 requer esse complemento, conforme exigem os regulamentos em vigor. I — 80/81

Alienação das penas públicas. Eis aqui um assunto que exige medida legislativa. Duas questões reclamam uma solução larga. A lei de 1850 estabeleceu que a aquisição de terras devolutas não se pode verificar "por outro título que não seja o de venda" (art. 1º). A mesma lei excetuou somente as situadas na zona de 10 léguas nas fronteiras do império, que podem ser concedidas gratuitamente. Pergunta-se: não há casos em que mais convenha ao Estado ceder gratuitamente a terra a quem de fato se proponha cultivá-la? Parece que sim. I — 82

Com efeito, por agora, enquanto não se forma a corrente de imigração espontânea, é preciso riscar essa preocupação de ganhar com as terras públicas, de tirar receita da sua venda. Isto será exeqüível mais tarde e em escala tal que compense toda a generosidade destes primeiros tempos.

A regra, portanto, deveria ser como acima dissemos: abaixar o preço da venda até o limite em que ele corresponda às despesas de medição e aos preparativos para instalação do comprador. E, se for preciso descer mais, esse limite mesmo seja transposto. I — 86

Um dos maiores obstáculos à imigração espontânea é serem possuídas pelos grandes proprietários vastas extensões das melhores terras, das terras vizinhas dos mercados e das estradas. Este resultado fatal do ininteligente sistema de doações empregado sem critério pelo governo da metrópole é também, além disso, um estorvo ao desenvolvimento do trabalho livre.

Para remover igual embaraço na Argélia, Napoleão III, depois de sua visita a essa possessão, reconheceu entre outras medidas para um plano de colonização, a necessidade do seguinte: "Estabelecer sem demora o imposto sobre as terras, tomando por base a quantidade do solo, quer esteja cultivado ou não, como é em França. Esta medida, reclamada pelos próprios colonos, obrigará os proprietários a cultivar os seus domínios ou vendê-los." *(Journal des Economistes,* novembro de 1865, p. 303: carta de Napoleão III ao marechal governador da Argélia.)

Na Nova Bretanha, depois que os caminhos dos colonos devassaram o interior, os grandes proprietários tiveram de suportar consideráveis imposições lançadas para determiná-los a explorarem os seus territórios ou vendê-los (Duval, p. 295).

"A Austrália ocidental, a mais atrasada das colônias dessa parte do mundo, diz o mesmo autor, sofre as conseqüências dos vícios do antigo sistema das grandes concessões; aos primeiros colonos doaram-se imensas propriedades, e a terra ficou inculta e estéril; sem poder cultivar ou arrendar os seus domínios, e sem querer vendê-los, os proprietários os retinham obstinadamente." Assim, essa parte da Austrália vegeta e suplica como um favor o triste auxílio da remessa de condenados, enquanto as outras crescem de dia em dia espantosamente.

Esses exemplos justificariam, parece, a criação do imposto territorial no Brasil. Para atenuar, porém, as queixas da lavoura, poder-se-ia ensaiar o imposto, limitando-o às propriedades situadas dentro de tantas léguas na zona das estradas de ferro e de rodagem, e dos rios navegados a vapor. Assim, o imposto cairia sobre os que já tiram proveito imediato dos sacrifícios do Estado para lhes dar boas vias de comunicação. Além disso, a ação do imposto exercer-se-ia sobre os territórios próximos do litoral onde justamente queremos que ele aproveite à imigração, promovendo a venda dos domínios incultos. O mesmo imposto, como contribuição direta, deveria ser cobrado pelas províncias, que aplicassem o produto ao melhoramento da instrução popular. I — 87/88

Providências legislativas e medidas administrativas, que evitassem e reprimissem os abusos, eram certamente indispensáveis, tanto mais que o mesmo sistema de parceria, aplicado algumas vezes em boas condições e executado com lealdade, continua a ser adotado na província de São Paulo, principalmente onde as respectivas colônias já influem na atração de emigrantes espontâneos para ali.

Formulando esse juízo sobre a parceria, não pretendemos contestar a manifesta preferência da colonização pelo sistema da pequena propriedade e venda de terras. Este último é o que o governo tem adotado, é o das colônias do Estado. Mas, uma vez que se não pode impedir aos particulares fazerem contratos de parceria, e sendo certo que os contratos desse gênero são há muito conhecidos no país entre os próprios nacionais, particularmente na Bahia, Sergipe, Alagoas e Pernambuco, onde também se pratica o sistema de cultura a salário por trabalhadores livres, o que cumpre fazer é melhorar a legislação a tal respeito, garantindo a sorte da mais fraca das partes contratantes.

Uma reforma, porém, neste sentido, deve de compreender os seguintes pontos:

1º Aplicar ao contrato de parceria as disposições das leis sobre locação de serviços;

2º Modificar alguma dessas disposições, sobretudo quanto à sua parte penal;

3º Declarar nulas certas cláusulas de tais contratos;

4º Aplicar o sistema dessas disposições e providências aos contratos seja entre nacionais, seja com estrangeiros. I — 100

Aconselhamos, porém, às províncias o lançamento do imposto territorial. Eis o seu grande recurso financeiro, até hoje desprezado, eis a base de um sistema de imposições diretas sobre a propriedade. Eminentemente local, variando conforme as circunstâncias dos municípios e províncias, tudo o recomenda às assembléias. Tendendo a reduzir as vastas áreas incultas, é ele o meio de fornecer terra barata, em boas condições de transporte, ao imigrante e ao liberto. Importar trabalhadores que não encontram onde comodamente se estabeleçam; emancipar o trabalhador nacional, mas impedi-lo de ser pequeno proprietário no município ou na província que habitara, ou nos territórios circunvizinhos; condenar uns e outros às solidões das florestas inacessíveis, quando aqui, à roda das grandes povoações, ostentam-se desertos centenares de léguas quadradas, é erro grosseiro em país que já demasiado sofre o inconveniente da dispersão dos habitantes. Mas não antecipemos o que cabe dizer no lugar próprio. P — 253/254

Acelerar a divisão das terras, combater a tendência para desmedidas propriedades incultas, é remover o mais formidável obstáculo ao estabelecimento de imigrantes espontâneos nos distritos próximos dos atuais mercados. Por outro lado, é acaso justo que proprietários beneficiados pelas vias de comunicação, construídas e mantidas à custa de todos os contribuintes, deixem de concorrer para novos melhoramentos materiais? Eis o duplo fim do imposto territorial que há muitos anos se tenta criar.

Em 1843 incluiu-se no projeto da lei das terras um artigo que o decretava; e foi a questão agitada até 1850, rejeitando-se afinal a medida. Adotando, com certas modificações, a proposta da comissão nomeada pelo ministro do império em 1849, renovamos em 1867 a mesma idéia.[1]

---

[1] Propusemos um imposto sobre terrenos cultos ou incultos, na razão seguinte:

— Por cada quadrado de cem braças de lado, ou superfície equivalente: 1º Na zona de 5 léguas de cada margem das estradas de ferro, estradas de rodagem, canais e vias navegadas a vapor, 2$000; 2º Nas demais terras de cultura, 100 réis; 3º Nos campos de criação, 100 réis.

— Por cada braça quadrada: 1º Nos subúrbios da cidade do Rio de Janeiro, dois réis; 2º Nos das capitais de província, um real; 3º Nos das cidades marítimas, meio real.

Em uma memória do Sr. I. Galvão lembra-se a taxa fixa de 50 réis por hectare, que corresponde a 250 réis por alqueire, e 50$ por sesmaria de meia légua em quadro. Esta taxa seria oito vezes menor do que a primeira do nosso projeto para a zona das vias de comunicação.

Divergem os diferentes projetos quanto às taxas propostas, o que se explica principalmente pela ausência de estimativas da renda da terra. Entretanto o imposto de que se trata não merece criar-se com taxas tenuíssimas, que mal preencham o alto fim econômico da sua instituição.

Talvez por se esquecer uma circunstância essencial, não se pôde graduar bem a tarifa da nova imposição. Na verdade, diferindo profundamente as condições econômicas da indústria agrícola, ou pelo menos em cada região do império, não fora nem prudente nem justo converter o novo tributo em renda nacional. Fácil é reconhecer que só as assembléias poderiam graduar a contribuição das terras pelo valor delas e pelo lucro do proprietário, afrouxando ou apertando a taxa conforme a capacidade da matéria contribuinte.

Que se não repute esta idéia fruto de opiniões sistemáticas. Vote-se um imposto geral sobre as terras, e logo se patenteará a grave ofensa da primeira das regras no lançamento de impostos, a proporcionalidade. Tudo quanto ponderamos a respeito dos inconvenientes da taxa nacional sobre a exportação (§ IV), se pode repetir aqui da mesma forma. Com efeito, quão desiguais os valores das terras nas diversas regiões do Brasil, dentro às vezes de uma mesma província! Quão diferentes as condições que aos proprietários faz a ausência ou a facilidade de meios de transporte! Um território cortado por estradas de ferro assemelha-se acaso aos municípios apenas servidos por algumas picadas e pontilhões? Um município produtor de algodão ou café compara-se, em riqueza e capacidade tributária, com os de gêneros alimentícios ou criadores de gado? A pequena propriedade agrícola do norte, do Ceará, por exemplo, deveria ser vexada por uma taxa igual à necessária para promover a diminuição das grandes propriedades do Sul mantidas com o trabalho escravo?

Outro inconveniente da conversão do novo imposto em

A revista do *Diário do Rio* de 23 de janeiro de 1869 lembrava a taxa uniforme, muito mais forte, de 500 réis por acre, igual a quase 6$000 por alqueire.

renda geral, seria impedir as províncias de abandonarem a taxa indireta sobre a exportação logo que adotassem a taxa direta sobre a propriedade. A primeira se escusa somente como substitutiva da segunda; podem ambas coexistir, mas, sem os recursos fornecidos pelo imposto territorial, não é lícito esperar que as províncias renunciem a uma de suas mais abundantes rendas.

Ainda quando não atingisse ao resultado de acelerar a divisão das propriedades e de impedir a posse de vastas áreas incultas, o novo imposto seria dos mais fecundos para as províncias, habilitando-as a empreender trabalhos de interesse geral.

À mor parte delas falecem terras que possam ser ocupadas por imigrantes, porque os possuidores atuais recusam vender as que reúnem as condições de fertilidade e proximidade das povoações e estradas. Ora, não há imigração sólida senão fecundada sobre a propriedade territorial. O que cumpre então fazer? Cumpre que cada província afronte a dificuldade, resolvendo a questão radicalmente: isto é, compre ou desaproprie desde já na direção das estradas de ferro em *estudo*,[2] lotes alternados, que se vendam unicamente a imigrantes. Para ocorrer às necessárias despesas, bastaria parte do produto do imposto, cuja criação propomos.

Apressem-se as províncias; porquanto, se forem negligentes, acontecerá coisa bem singular: a estrada de ferro, que deve de atrair imigrantes, há de afugentá-los pela exageração que comunica ao preço das terras. Não é paradoxo: prolongada, por exemplo, a estrada de ferro "Pedro II" até o vale do Rio das Velhas, um alqueire de terra que hoje custa 40$, preço tolerável para certa classe de imigrantes (quatro réis por braça quadrada), valerá dez vezes mais, ficando totalmenle acima do alcance mesmo daqueles que aportem com pequenos capitais. Então, para

---

[2] A lei de 27 de setembro de 1860 autorizou o governo a comprar terrenos nas proximidades das estradas de ferro para estabelecimento de colônias, ficando para isso em vigor o crédito especial de 1856. Se a aquisição de terras se reservar para depois de construídas as estradas, não se verificará nunca, atento o excessivo preço a que os novos meios de comunicação elevam as propriedades vizinhas.

determinar a divisão das áreas incultas, fora mister um imposto territorial exagerado, e os inconvenientes disto são manifestos. O remédio seria a terra devoluta, mas o Estado não a possui nessa região. Entretanto, Minas, como todo o oeste do Brasil entre o Alto S. Francisco e o Paraná, é um território fadado para a imigração européia. Não é triste que o regímen da centralização haja impedido as províncias de atenderem a este e outros assuntos de igual importância?

Nem a falta de terras será sensível somente para os colonos; sê-lo-á também, como em alguns distritos do sul dos Estados Unidos, para os emancipados que, reunindo algum capital, queiram estabelecer-se em propriedade sua. Ora, é do maior interesse nacional a generalização da pequena propriedade, tanto como a rápida conversão do simples trabalhador em proprietário, seja cada um isoladamente, seja por contrato de parceria ou outra forma cooperativa.

Mas onde encontrar, perto de rios e estradas, terras a preço módico, se todas estão apropriadas? Só o imposto territorial e a prévia desapropriação de áreas incultas, à margem dos futuros caminhos de ferro, podem resolver a enorme dificuldade que legou-nos a imprevidente política das prodigalizadas doações de sesmarias. P — 328/332

XIII — *Reforma eleitoral, institucional e territorial — Magistratura*

Com efeito, no sistema representativo, uma política nova, tenaz e forte não pode descender de um capricho do rei, como de D. José, no governo absoluto. Há de ela ser, porém, o efeito pacífico da opinião, da opinião esclarecendo-se lentamente e lentamente imprimindo a energia de suas convicções nos seus dois grandes mandatários, o parlamento e a imprensa. Ora, essa opinião existe já, como fora mister, constituindo uma maioria compacta e solidária?

Em qual indivíduo, ou nobre ou popular, no parlamento ou fora dele, essa opinião acha-se concentrada e individualizada? É este o lugar de responder tristemente, como Béranger:
"Il manque un homme en qui le monde ait foi!"
Por outro lado, um ministério que se propusesse já à realização de tais idéias, lutaria com duas grandes dificuldades: a de sua mesma composição e a da maioria das Câmaras. A primeira, proveniente da diversidade de opiniões entre os homens políticos; a segunda, do grupo, ainda forte, de conservadores *quand-même*, que ofereceriam batalha a qualquer tentativa de reformas profundas. M — 51/52

A centralização é essa fonte perene de corrupção, que envenena as mais elevadas regiões do Estado. Suponhamos o eleitorado melhor constituído e o voto menos sofismado pelo processo eleitoral. Não é tudo: falta que o sufrágio se manifeste livremente e tenha toda a sua eficácia. Mas, se deixais concentrada a polícia, o juiz dependente do governo, a guarda nacional militarizada, toda a administração civil hierarquicamente montada, o governo das províncias preso por mil liames ao governo supremo, as dependências da centralização, os interesses formados à sua sombra, todas essas falanges que marcham uníssonas à voz de comando, partidos cuja força local aviventa influências que se distendem do centro, todos, povo e estadistas, com os olhos postos na capital, que, como Bizâncio, projeta ao longe a sombra do seu negrume: — que é que tereis mudado na essência das cousas? Que é que tereis revolvido no coração da sociedade, se lhe conservastes afinal o mesmo mecanismo? Podeis ornar o pórtico do edifício, mas não deixará de ser a mesma habitação infecta, se não rasgastes aberturas para o ar e a luz, se não restabelecestes a circulação embaraçada.

Em verdade, que é o nosso governo representativo? Nosso parlamento? Nossas altas corporações? Tudo isto assenta no ar. E o cetro, que eleva os humildes e precipita os soberbos? Por baixo está o povo que escarnece. Pois que o ponto de apoio é o trono, quantas diligências para cercá-lo, para acariciá-lo, para prendê-lo aos antigos preconceitos, ou às idéias novas que vão rompendo. Jogo de azar torna-se política. Não é a nobre justa das grandes emulações, de que decide o povo soberano: o árbitro é outrem. E, posto que o maior interesse deste seja que o venerem por sua retidão, é ele porventura alheio à sorte comum da humanidade? A ambição vulgar de impertinente domínio, o ciúme da prerrogativa da realeza, o interesse dinástico, o veemente propósito de transmitir intacto o fideicomisso monárquico, nada cedendo às idéias novas senão quanto baste para melhor resistir-lhes, podem afinal trazer a um choque perigoso a nação e a coroa. Consumada prudência, favorecida por causas extraordinárias, poderá procrastinar o momento decisivo; mas jamais foi permitido a uma família de reis transmitir com o trono a sabedoria, essa virtude que se volatiliza na sucessão. Um dia estala a tempestade; a pirâmide invertida voa em pedaços. P — 37/39

A execução da lei de 1840 excedeu da expectativa dos seus autores. Apurou-a, requisitou-a o Conselho de Estado na mesma época restaurado. Instituição alguma, neste segundo reinado, há sido mais funesta às liberdades civis e às franquezas provinciais. Dali Vasconcelos, Paraná e outros estadistas, aliás eminentes, semearam com perseverança as mais atrevidas doutrinas centralizadoras. Fizeram escola, e tudo que de nobre e grande continham as reformas, perverteu-se ou desapareceu. Nos Estados Unidos há um tribunal, a corte suprema, que preserva a inviolabilidade da constituição, já impedindo que as assembléias dos Estados transponham a sua esfera, já opondo-se às invasões do congresso. Mas a corte suprema oferece as garantias de um poder independente: o nosso Conselho de Estado, porém, criatura do príncipe, dedicou-se à missão de ajeitar as instituições livres ao molde do imperialismo.

Amesquinhar o poder criado em 1834 foi o pensamento constante da reação. P — 96

A ilegalidade das doutrinas e dos precedentes estabelecidos

pelos governos conservadores não é mais duvidosa para nenhum espírito esclarecido, para alguns dos nossos próprios adversários. Alargou-se a tarefa dos liberais da nova geração. Cumpre-lhes agora, não já disputar ao Conselho de Estado e aos avisos do governo fragmentos de concessões liberais; cumpre-lhes propor o regresso ao espírito genuíno do ato adicional, cumpre-lhes exigir as conseqüências lógicas que dele souberam tirar algumas províncias antes de 1840.

Quanto a nós, não nos limitaremos a pedir a execução da lei e o abandono de práticas perniciosas; vamos também propor o complemento do sistema esboçado no ato adicional. Este sistema supõe nas províncias um poder legislativo e uma administração próprios: que falta para que funcionem com regularidade? Até onde devemos chegar no empenho de reabilitá-los? Quais as circunscrições da descentralização que os liberais promovem?

Responderemos apresentando, uma a uma, cada instituição provincial, não conforme uma teoria preconcebida, mas segundo os traços que nos legaram os estadistas de 1831. Tal é o nosso método. Em vez de oferecer reformas sem filiação histórica, preferimos inspirar-nos nas tradições de um passado memorável. Em questões que interessam à liberdade, reconhecida e consagrada outrora, mas aniquilada hoje, imensa força tem o partido que clama pela restauração das leis mutiladas. Se faltassem exemplos, o da Hungria contemporânea patentearia a vantajosa posição de um povo que exige, em nome do direito antigo, não em nome somente da teoria política, o restabelecimento de suas instituições esmagadas.

A doutrina liberal não é no Brasil fantasia momentânea ou estratagema de partido; é a renovação de um fato histórico. Assim considerada, tem ela um valor que só a obcecação pode desconhecer. Como a França voltando-se agora para os princípios de 89, nós volvemos a um ponto de partida bem distante, o fim do reinado de Pedro I; queremos, como então queriam os patriotas da independência, democratizar nossas instituições.

É tempo! De sobra temos visto uma nação jovem oferecer aos olhos do mundo o espetáculo da decrepitude impotente. Na

América, onde tudo devera de ser novo, pretendem que o despotismo se perpetue perpetuando a centralização. O que somos nós hoje? Somos os vassalos do governo — da centralização. Ouçamos o que da sua pátria dizia em iguais circunstâncias o autor da *Democracia na América:*

"Algumas nações há na Europa", escreve Tocqueville, "onde cada habitante considera-se uma espécie de colono indiferente ao lugar que habita. Sobrevêm as maiores mudanças no seu país sem o seu concurso; não sabe mesmo precisamente o que é passado; tem disso apenas uma vaga idéia; por acaso ouviu ele referir-se o acontecimento. Ainda mais: a prosperidade da sua povoação, a polícia da sua rua, a sorte da sua igreja e do seu presbitério, não lhe importam; cuida que essas cousas todas lhe não respeitam de nenhum modo, e que pertencem a um estrangeiro poderoso chamado governo. Quanto a ele, o habitante, goza de tais bens como usufrutuário, sem espírito de propriedade, sem projeto algum de melhorá-los... Quando as nações chegam a tal ponto, é forçoso que mudem de leis e de costumes, ou que pereçam; pois a fonte das virtudes cívicas está nela esgotada; aí se encontram vassalos, já não se vêem cidadãos. Tais nações estão preparadas para a conquista. Se não desaparecem da cena do mundo, é que semelhantes ou inferiores a elas são as nações que as cercam... Mas," acrescenta o mesmo ilustre publicista, "se não depende das leis reanimar crenças que se extinguem, das leis depende interessar os homens nos destinos do seu país. Das leis depende despertar e dirigir esse vago instinto da pátria que jamais abandona o coração do homem, e, prendendo-o aos pensamentos, às paixões, aos hábitos diurnos, fazer desse instinto um sentimento refletido e duradouro. E não se diga: é tarde demais para tentá-lo: pois as nações não envelhecem da mesma sorte que os homens. Cada geração que surge no seio delas é como um povo novo que vem oferecer-se à mão do legislador." P — 112/114

A assembléia e o governador, dois poderes que se completam, não podem descender de origens opostas. Se a fonte donde emana o segundo dá-lhe absoluta independência em relação ao primeiro, este fica nulificado. Por isso é que o parlamento com rei absoluto é, na frase de Cromwell, *casa para alugar;* por isso é que nas monarquias constitucionais o ministério é comissão do parlamento, que de fato o nomeia. P — 123

Estes são, em verdade, princípios diametralmente opostos. Assembléia eleita pelo povo exige, como complemento, administração que se possa remover conforme o voto do povo ou dessa assembléia . Vários projetos se ofereceram em 1832 e l834 para que o presidente fosse eletivo. Por lei, porém, ficou este ponto resolvido de modo incongruente com a idéia da reforma constitucional. Ao passo que se consagrava a autonomia legislativa da província confiava-se o poder executivo a um delegado do governo central. Só os vice-presidentes entraram na esfera provincial, sendo bienalmente escolhidos pelas assembléias, concessão aliás que a reação não se esqueceu de suprimir, arrancando-lhes esta faculdade, que representava, inda que parcialmente, um grande princípio. Assim pediam as províncias e deu-se-lhes poder legislativo independente para prover aos seus interesses meramente locais; careciam, mas recusou-se-lhes poder executivo próprio para cumprir as suas leis particulares, relativas a esses interesses locais.

Fácil fora prever a desordem gerada por tamanha inconseqüência. A experiência das estéreis lutas entre as assembléias e os delegados do imperador tem de sobra patenteado o engano daqueles que reputaram feliz combinação de dois princípios antinômicos: uma legislação local executada por funcionário estranho à localidade.

Urge obviar tão notório inconveniente. Para os conservadores, o remédio consiste em aperfeiçoar-se a obra reacionária de 1840, anulando-se indiretamente as assembléias, ou extinguindo-as resolutamente. Para os liberais, a solução está, convém repeti-lo, em aceitarem-se francamente as conseqüências lógicas do sistema adotado, restaurando-se a assembléia do ato adicional, e dando-se-lhe por complemento o presidente eletivo.

Seguramente, erguer-se-á aqui o fantasma da anarquia, com que se intimida o povo e afugenta qualquer idéia nova. O estado presente é que é a anarquia. Suponha-se, como ainda há pouco, a coexistência de presidentes conservadores com assembléias liberais. Quantas lutas inconvenientes! Que espetáculo oferecem os poderes públicos à população maravilhada! O menor prejuízo é a total paralisia da administração. P — 124/126

Uma lei se encontra em nossos códigos, de cuja existência pudera duvidar a posteridade. É esse ato violento de um partido vitorioso, a lei de 3 de dezembro de 1841. Em virtude dela, o código de 1832, monumento da revolução de 7 de abril, ficou mais do que mutilado, aniquilado, ao menos na parte primeira, a da organização judiciária.

O código do processo reconhecera que a polícia local deve de pertencer a uma autoridade local e eletiva, e incumbiu-a ao juiz popular, o juiz de paz. A lei de 3 de dezembro centralizou o império nas mãos do ministro da justiça, generalíssimo da polícia, dando-lhe por agentes um exército de funcionários hierárquicos, desde o presidente de província e o chefe de polícia até ao inspetor de quarteirão. P — 159

Rever a lei de 3 de dezembro de 1841 é sem dúvida das mais urgentes reformas, aquela que primeiro invocam liberais, aquela por que derramaram sangue.

Semelhante ao regímen francês, do inspetor de quarteirão sobe gradualmente nossa polícia até o ministro de Estado. Se há centralização bem caracterizada, é essa hierarquia policial; se podem resistir-lhe a liberdade do voto e a independência do cidadão, digam os espetáculos que se patenteiam aos nossos olhos. Acabemos com este despotismo! P — 161

Mas instituições há que o tempo condena irrevogavelmente. Nascidas muita vez na mais bela quadra da vida das nações, a experiência vem depois assinalá-las como concepções falsas, ou denunciá-las como elementos de corrupção e tirania. Nação em armas, a guarda nacional foi um belo sonho da democracia moderna: mas, quantas decepções! O despotismo europeu, na França e na Prússia, não apóia-se somente nos exércitos permanentes; rodeia-se também da guarda nacional.

Façamos do Brasil um povo livre. O primeiro escravo a emancipar é o sufrágio, é o próprio cidadão cativo de instituições compressoras, como a lei da guarda nacional. Transformemos a face da nossa sociedade política, mudando-lhe as bases. Libertando o voto, pacificaremos a nação. Não há paz senão na liberdade. P — 184/185

Certo, as aspirações do Brasil não chegam tão longe; aqui não se trata de copiar o sistema dos Estados Unidos. Se bem as interpretamos, quanto ao poder judicial, limitam-se nossas aspirações a dois pontos capitais: magistratura independente do poder executivo, garantias à liberdade individual.

Consagrando os princípios da independência pessoal dos magistrados, da dependência do poder judiciário e unidade da sua jurisdição; estabelecendo a incompatibilidade absoluta dos juízes com os cargos de eleição; separando a polícia da justiça; extinguindo os juízes comissários do poder executivo; repelindo a falsa doutrina das jurisdições administrativas contenciosas; prescrevendo regras criminais a bem da liberdade do cidadão; criando relações em todas as províncias: o excelente projeto do processo de reforma judiciária pelo Centro Liberal proclamado pretendeu resolver as dificuldades do momento, satisfazendo às pretensões mais gerais.

Mas contentar-se-á o futuro com a conquista destes princípios? Combatendo a reforma eleitoral de 1855, Eusébio de Queiroz exprimia uma grande verdade neste aviso ao poder: O espírito de reforma é insaciável; a democracia exigirá em breve muito mais do que lhe concedeis agora. — O que o estadista conservador receava, é o que justamente constitui o progresso, a transformação sucessiva de instituições transitórias. Nada há de definitivo no desenvolvimento humano: na política, como na ciência, as idéias propagam-se em círculos concêntricos, mais e mais vastos. Quem pode descrever a periferia do círculo derradeiro? Caminham as sociedades, como os homens, para o desconhecido; o que conforta a umas e outros é essa vaga confiança nas eternas leis da providência. Anima-nos a crença de que a doutrina liberal tende a converter-se em outra muito mais larga, não simplesmente descentralizadora, a doutrina federal. Pudéssemos alumiar a ponte que liga as duas margens opostas, centralização monárquica e autonomia federativa!

No assunto que nos ocupa, sem um pouco desse federalismo que Benjamin Constant recomendava a França, nada se terá feito eficazmente pela liberdade. Queremos premunir o cidadão contra o poder, e exigimos a independência do magistrado: mas que valor intrínseco tem esta sonora garantia, se é o magistrado criatura e cliente do poder? Eis onde estacam todos esses planos de reformas; eis onde revelam a sua lacuna fundamental. Círculo vicioso, garantias aparentes, são essas liberdades que nos prometem: para zombar de tão brilhantes conquistas, aí tem o poder um agente, um cúmplice, na entidade que figurais paladino da liberdade, escudo do cidadão. Enquanto, hierarquicamente organizada, com a simetria do resto do funcionalismo, a ordem judiciária descender das mãos do imperador, nem confiança ao povo, nem receio ao poder, há de ela inspirar jamais.

Os autores do ato adicional bem o sentiram; descentralizando a magistratura, dividindo-a em juízes provinciais e juízes nacionais, ensinaram o caminho que desgraçadamente abandonamos, perdendo com ele a liberdade. P — 187/189

Deferindo às províncias tão amplas faculdades, convertendo em autoridades locais alguns dos funcionários gerais, transformando o presidente em delegado do povo, acaso supomos que possa coexistir com essa reorganização a atual divisão do Império?

Problema rodeado de inúmeros tropeços, demandando sério estudo de nossa geografia política, não cabe aqui tratar-se senão mui imperfeitamente. Não nos parece, entretanto, temerário afirmar que um dos erros da constituição foi dividir o Brasil em províncias politicamente iguais, com as mesmas instituições e a mesma representação. Os autores do ato adicional viram-se forçados a contemporizar com o fato consumado. Não lhes foi dado seguir o sábio exemplo da União Americana, onde os territórios do deserto, se possuem instituições municipais e legislatura local, não têm representação no congresso: por comissários do presidente da república são administrados, até que, povoando-se e prosperando, sejam admitidos no grêmio da União como Estados perfeitos.

Quem considerar atentamente a nossa carta política, cujas linhas caprichosas só encontram semelhança nos labirintos das duas de nossas cidades edificadas à toa, perceberá desde logo estes dois vícios principais: — há grandes províncias mal traçadas, com dimensões irregulares e prolongamentos arbitrários, que em demasia prejudicam aos interesses dos povos; — há, por outro lado, verdadeiros desertos, com muitas dezenas de milhas de léguas quadradas, convertidos em províncias ou incluídos nelas, quando melhor fora reparti-los em certo número de distritos administrativos. P — 356/357

Concluamos com uma derradeira advertência. A repartição de duas províncias (Amazonas e Mato Grosso) em certo número de territórios, e a conversão em outros das seções que confinam com o deserto ou são desertos, não importa somente à boa administração, mas também à liberdade política. Os distritos eleitorais chamados do sertão, os das duas mencionadas províncias, de Goiás e outras, não são, porventura, *bourgs-pourris*, usufruto de cada ministério por seu turno? Aí as candidaturas oficiais são infalíveis; aí não há ilustração, riqueza pessoal, que possa sobrepujar ou empecer a torrente do poder. O candidato oficial não tem aí competidor. O que ganham os partidos com esta falsificação do sistema? Cada qual abusa por sua vez desse fácil triunfo, e por sua vez desmoraliza-se recorrendo a um triste expediente.

A atual divisão do Império incorre, portanto, nesta dupla

censura: embaraça a reforma descentralizadora e falsifica o sistema representativo. P — 362

Relevem os nossos amigos a nova temeridade ou a ingenuidade com que nos abalançamos a desenhar, para alguns raros leitores, a idéia, a forma e os complementos da grande medida política que preocupa a nação.

Defendemos uma causa que desde 1861 advogamos? e que nunca desistimos de apoiar: a necessidade da eleição direta.

Não é isto tudo, já o dissemos algures; mas é o primeiro passo para se desarmar o poder monstruoso que subjugou e comprime a nação.

Entretanto, se não for decisiva e completa a reforma parlamentar, mui amarga será a decepção; pois a simples mudança do voto direto, em si mesma tão útil como urgente, não basta infelizmente para atingirmos o alvo definitivo dos nossos esforços: a liberdade e sinceridade da eleição, a independência do parlamento, o comedimento do governo pessoal, o equilíbrio dos poderes políticos, a fundação de um verdadeiro sistema representativo.

Isto explica a desagradável extensão deste trabalho. As multíplices combinações exigidas por bem do voto livre e da supremacia do parlamento elevam às dimensões de código o que se desejara circunscrito em uma dúzia de artigos.

Demais, não é uma lei que estamos efetivamente propondo; apenas coordenamos, para facilitar o exame do assunto, as providências que reputamos mais necessárias ajuntando-lhes as indicações aproveitáveis de idênticos trabalhos.

Nada obsta, porém, que medidas desta natureza sejam iniciadas nas câmaras, quando devam sê-lo, umas após outras, gradual e sucessivamente, segundo a ordem lógica das matérias e a sua importância relativa: questão de tática parlamentar, que hão de resolver as conveniências do momento. R — 169/170

Em cada paróquia ou município, cria o presidente da província um *influente*, entregando-lhe a polícia e um destacamento. O influente despacha os eleitores; e assim, por intermédio de meia dúzia de agentes seus, designa o governo os deputados de cada distrito. Um deputado da nação é a escolha do presidente, ratificada por alguns delegados de polícia.

Para quem apela o governo, quando dissolve a câmara? Para quem apela o deputado que se rebela contra o governo? Ao apelo do governo responde a unanimidade da polícia; à rebeldia, a pena de exclusão. Eis o nosso parlamento! O ministério que o fabrica, não vive da sua confiança; conta com o seu servilismo. O ministério unicamente depende da coroa, que assim como o tira do nada, assim pode devolvê-lo à poeira da terra.

Deve então maravilhar que, descridos, intimidados ou saciados de farsa tão repugnante, desde algum tempo grande número de cidadãos se abstenham sistematicamente de intervir nas eleições, e que delas se apoderassem os mais perigosos e os mais torpes caudilhos das localidades? Que desertassem da polícia ou a evitem cautelosamente homens ilustres e prestimosos, cujo elevado entendimento e nobre altivez se não compadecem com essa triste perversão do nosso sistema de governo?

Por esse enfraquecimento do espírito público, por essa indiferença geral, por essa abstenção crônica, nossas instituições corromperam-se, transformaram-se; de governo representativo passamos a ter governo pessoal do Imperante; e esta mudança da forma de governo operou-se lentamente, logicamente, digamos assim, e está consumando sem outro embaraço mais que os impotentes protestos de uma oposição, que debalde apelará para o povo excluído de votar e indiferente aos negócios públicos.

Por isso mesmo, igualmente, a decadência das altas corporações do Estado, do parlamento, do ministério, de dia em dia se faz sentir inda mais. A política está quase interdita aos cidadãos de mérito, aos homens de bem. A vida pública não é mais o estádio da honra e da glória, aberto às nobres ambições; é mercancia de grosso trato.

Todos esses males não os curaria certo a simples supressão do primeiro grau da eleição, mas removeria grande parte deles, atenuando os restantes. Não teria a mais benéfica e decisiva influência na política um corpo eleitoral permanente, existindo *jure proprio*, em vez desses raros eleitores amovíveis periodicamente, a capricho da potestade de aldeia ou do presidente que a mantém? Em contato com o país real, diante da nação, não cresceriam os brios do deputado, o sentimento da responsabilidade, o estímulo para o bem público? E o governo do Estado, então, guiar se-ia somente pelas inspirações pessoais do Imperante?

Seja permanente e inamovível o corpo eleitoral, seja direta a eleição, e marcharemos para a extinção dos abusos, para as reformas que devem avigorar o elemento democrático da constituição, dando à nossa forma de governo o caráter representativo que apenas tem na aparência. R — 171/174

O votante constitucional, ou o nosso eleitor direto, é todo o cidadão que exerce efetivamente uma profissão. Pesem-se as frases da lei fundamental: renda líquida de 100$000 *por bens de raiz, indústria, comércio ou emprego*. Os obreiros do progresso, da riqueza, da civilização da pátria, em qualquer esfera que se achem, na mais alta como na mais humilde, os homens que trabalham e vivem do seu trabalho, eis os eleitores, eis o povo soberano. Não há, queremos crê-lo, base mais nobre para as instituições políticas de um povo; e não haveria maior injustiça que privar da legítima e necessária intervenção nos públicos negócios os que mais sofrem os inconvenientes das más leis e dos maus governos, os menos felizes da sociedade, a multidão, em suma, que paga o imposto e contribui com o sangue. Assim, se podemos e convém suprimir a nomeação especial de eleitores, o segundo grau do processo eleitoral, devemos e cumpre manter o direito de voto a quem a Constituição o deu.

Ora, é missão da lei regulamentar das eleições designar o *fato* e prescrever a *prova* do fato, que revela ou determina a capacidade eleitoral. P — 184

Dos problemas do processo eleitoral nenhum demanda tão séria consideração como o modo prático de assegurar às minorias representação no parlamento e corporações eletivas: grave questão, porque entende com os alicerces do governo livre a cuja importância não é talvez excedida por nenhuma outra, nem mesmo pela da forma de governo. Esposamos inteiramente, já se vê, a elevada doutrina de Stuart Mill sobre a estrita justiça e imperiosa necessidade de um contraste permanente para a maioria predominante, único meio de corrigir ou impedir o despotismo do número no sistema democrático.

Representação nacional não é o mesmo que representação somente da opinião em maioria ou do partido elevado ao poder, que pode ser e é muita vez uma minoria audaz ou feliz. Governe a maioria, governe a opinião dominante; mas nas assembléias políticas não seja ela a única representada.

Esbulhar do direito de representação a outra ou outras secções da nação que dissentem da maioria real ou oficial, é o propósito de todas as tiranias: calar as oposições, subjugá-las, exterminá-las ou lançá-las na via fatal das conspirações, nisto consiste a habilidade dos despotismos perversos ou temerários. E quantas vezes o erro em maioria, o erro partilhado quase unanimemente por um povo, impediu, oprimiu, retardou ou proscreveu a verdade apenas conhecida ou professada por uma minoria! A história o atesta e o lamenta em páginas hediondas. Tal princípio moral ou político, tal invento, tal progresso humano, que formam o grande cabedal da civilização, foi um dia a concepção de um homem de gênio ou de alguns espíritos excelentes, que pagaram à intolerância e à obcecação do erro vulgar o tributo do martírio. P — 188/189

O governo não é só uma força organizada, como a mais concentrada de todas, e decerto opera geralmente com muito mais regularidade e eficácia que a força dispersada e muita vez antagônica dos partidos que o combatem. (...)

O processo do quociente, porém, é o meio eficaz de assegurar a cada partido o resultado que justamente lhe compete, de realizar a *representação proporcional da maioria e das minorias.* R — 194

Ah! como é que, depois de tão belos exemplos, vimos reabrir-se a voragem que 1864 devera ter cerrado para sempre! Por que fatalidade, repudiando o seu nobre papel de observador imparcial, lança o poder moderador um partido contra o outro em 1868 por questão de prerrogativa, e, o que é muito pior, arma duas vezes a metade de um mesmo partido contra a outra, como em 1866 e em 1872, não tanto por divergência em matéria política, mas por preferências pessoais? Que cruel destino, depois de cinqüenta anos de experiências parlamentares, dissipa de repente a grata visão do governo representativo que íamos tocar, e nos submete novamente à humilhação de um longo período de governo áulico?

O instinto dos partidos e a experiência dos seus chefes, desde muito, desde 1841, deveriam ter reprovado para sempre, como funestíssima para eles próprios e a mais perniciosa à causa pública, a insensatez política das reações.

É tempo que os homens de estado, unânimes, condenem essa perversão do poder, essa afronta nacional. Não é à coroa, por seus ministros, que compete nomear o parlamento. Se tão bradante escândalo não é para sempre reprimido, ai das instituições! Condene-se e puna-se por lei o que possa caber na alçada da lei; denuncie-se e proflige-se da tribuna o que excede da autoridade do legislador: sobretudo dêem-se praticamente exemplos de tolerância, de continência e de moralidade.
R — 205

Entretanto, os idólatras do governo forte, pai das câmaras e tutor da nação, perguntam desdenhosamente se queremos reduzir o poder, durante a luta eleitoral, ao papel de vítima expiatória? Se, inibindo-o de manejar as armas de que dispõe, queremos entregá-lo imbele à piedade dos seus adversários? Porventura será preciso mostrar que, ainda sem praticar nenhum dos excessos que profligamos, ainda mesmo sem o emprego de nenhuma das faculdades interditas durante a crise da soberania nacional, é e será sempre o governo, não só uma grande influência, mas a mais poderosa influência da sociedade?

Quantas ocasiões de angariar aderentes! Quantos meios de intimidar os espíritos fracos! Quantos recursos para falar a essa parte ignorante, fátua e volúvel da população, que por seus hábitos mercantis ou por sua estulta indiferença segue invariavelmente a causa do poder do dia! Infelizmente, sobrarão sempre ao governo, por mais previdente e severa que a lei seja, os meios de vender mui cara a vitória. R — 210/211

  Hoje, pois que desejamos salvar o governo representativo por meio de eficazes reformas, adotemos, não um método imperfeito, mas o princípio verdadeiro: a verificação de poderes, questão de fato e de aplicação de lei, não é atribuição própria do poder legislativo, senão do judicial. Constituído este, como deve sê-lo, decidam os tribunais, com as garantias e solenidades do direito, aquilo que nas assembléias políticas se resolve segundo a paixão ou o interesse de partido. Na própria Inglaterra, durante o século passado e no começo deste, ocorreram fatos mui semelhantes àqueles que ainda hoje lamentamos aqui; lá também se viu a intolerância dos partidários ou a influência direta dos ministros expelirem da câmara os eleitos do povo: mas lá os abusos tiveram um termo; o regimento alterou-se repetidas vezes, até que, por um *bill* recente, as eleições duvidosas passaram a ser apuradas por um tribunal privativo de três juízes. Aqui, porém, prosseguem sem paradeiro os escândalos parlamentares, quase sempre promovidos diretamente pelos ministros interessados em aumentar o número de seus clientes.
  Acabemos com isso! Se convém refrear o poder durante a luta eleitoral, cumpre também evitar que ele depare na sua maioria um tribunal de apelação para atenuar-lhe os desastres. A um parlamento desconceituado por tais excessos, nada o poderia reabilitar; entretanto, ainda quando livre expressão do sufrágio, as assembléias carecem de garantias prévias de sua honestidade e independência. É assim indeclinável a medida das incompatibilidades, ponto em que todos os partidos parecem de acordo. R — 213

Pretende-se, porém, que por um favor da Providência nos foi preservada a vitaliciedade do senado nestes tempos de rude provação, quando o poder expele da outra casa do parlamento todos ou quase todos os seus adversários. Sem denegar os grandes serviços que à causa liberal prestam alguns senadores preclaros desde que o poder impõe à câmara temporária a mordaça da unanimidade, queremos crer que muito mais eficaz seria para a fundação do sistema representativo o espetáculo de igual unanimidade no senado. Não ressaltaria então evidentemente a feição absolutista da nossa monarquia? Não reconheceria logo o povo, no silêncio aterrador da tribuna, a metamorfose das suas instituições? Ao ver baquearem, diante dos ignóbeis excessos do governo, as candidaturas dos seus mais notáveis estadistas, insignes oradores, ex-ministros, ex-presidentes do conselho, anciãos prezados por seu saber e experiência, e veneráveis por suas virtudes e serviços, não seria muito mais duradoura e profunda a emoção do país do que o é pelo naufrágio dos jovens parlamentares da câmara temporária? E esses chefes políticos, chefes de partido, pessoalmente ameaçados pelas fraudes e violências da autoridade, não lhe venderiam cara a vitória e, combatendo à frente dos seus amigos em cada província, não intimidariam o poder, excitando também seu partido a redobrar de esforços? Sim! Se nas reações políticas estivesse também envolvida a sorte pessoal dos senadores, a luta seria tremenda, decisiva para o futuro das nossas instituições, e o poder renunciaria para sempre aos funestos hábitos da intervenção eleitoral.

Vede, finalmente, o papel reservado para um gabinete liberal pela vitaliciedade de um senado composto de conservadores, muitos deles conselheiros de estado, igualmente perpétuos e de fato inamovíveis, e quase todos amigos dedicados do Imperador, que os escolheu, os cobre de honras e enche de proveitos!... Se não conta homens de boa têmpera, verdadeiramente populares, mal poderá esse gabinete lutar com a inércia (basta a inércia) do senado, esfinge que se encarregará de devorá-lo, antes mesmo que o enleiem os escrúpulos do Imperador.

Francamente o dizemos: quer o rigor dos princípios, quer a

situação política do Brasil, demandam que o mandato do senador seja temporário.

Nossos adversários já começam a sentir a verdade que temos sempre apregoado: atesta-o o livro do deputado conservador, que há pouco também propunha um senado temporário, eleito pelas assembléias provinciais, como nos Estados Unidos. Demais em vários países monárquicos, onde aliás existem antigas aristocracias, já deixou o senado de ser vitalício. Era temporário, sendo doze anos o prazo do mandato, pela constituição espanhola de 1868; o é, e por nove anos, na Suécia, o é igualmente na Bélgica e na Dinamarca por oito anos, renovando-se de quatro em quatro, e podendo ser dissolvido; o é, finalmente, em todas as colônias inglesas que adotaram instituições representativas.

Oito anos pareceu-nos período assaz largo para o mandato do senador, e bastante para preservar-lhe a independência. R — 222/223

Do quadro que deixamos esboçado ressaltam os benefícios da reforma que intentamos os liberais, reforma tão fecunda e completa, como estéril e deficiente é a mistificação planejada pelo governo.

A reforma que expusemos suprime o restrito corpo eleitoral designado periodicamente pela polícia, e o substitui pela massa permanente dos cidadãos ativos, o povo soberano.

Expele dos comícios o vagabundo, o ocioso, o desordeiro e o sicário, que neles introduziu uma funesta caricatura do sufrágio universal, e os enche de todos quantos exercem uma profissão na sociedade, desde a mais humilde até à mais nobre.

Obsta à arbitrariedade na qualificação, e tanto previne as inscrições indevidas como as eliminações violentas.

Garante a regularidade do processo eleitoral, e assegura a dignidade dos comícios.

Contém, previne e pune os abusos das mesas.

Evita as câmaras unânimes, não somente por virtude do

próprio voto direto, como ainda pela representação proporcional de todas as opiniões.

Restringe a influência do poder, reprova a sua intervenção, ampara e excita a liberdade do voto.

Subtrai às facções o grave negócio da verificação de poderes.

Restabelece o prestígio do parlamento, impedindo a corrupção pelas incompatibilidades.

Alarga a representação nacional, e a reparte com igualdade.

Consolida a situação do senado, renova-lhe o espírito e aumenta-lhe a autoridade pelo mandato temporário.

Não é, pois, uma lei eleitoral somente que pretendemos, é uma verdadeira lei orgânica do Estado.

Corresponde o projeto do governo a esse largo *desideratum?* Ele mantém o processo indireto, as qualificações arbitrárias, os vícios e as fraudes notórias, e aumenta e provoca fraudes e vícios novos; retrocede para as eleições por lista de província, conserva e fortifica a prepotência do governo. Para melhor julgar da insuficiência desse projeto, encare-se a misérrima ruína do nosso sistema político, que, em vez de ser a escola de educação do povo, é máquina que fabrica e propaga a sua perversão.

Entretanto, não basta a própria lei que propomos, por mais completa e previdente que seja.

Suponhamos que, adotada essa indeclinável medida, funciona, um novo parlamento, o primogênito do voto livre. Qual a missão do parlamento reformado? Promulgar os complementos dessa grande reforma política.

O primeiro, primeiro de todos, o mais urgente, parte integrante do sistema, é a nova constituição da magistratura, assunto digno do mais detido exame, para que ousamos contribuir com o esboço anexo a este opúsculo.

O segundo é a organização militar, dispondo-se o recrutamento forçado e a guarda nacional, e formando-se o verdadeiro exército nacional e a sua reserva.

Vem em terceiro lugar a reforma administrativa, que deve limitar o arbítrio do padroado pela escolha dos funcionários, mediante exame em concurso, e formar sólidas instituições locais por meio da descentralização.

Simultaneamente com o exame desses graves assuntos, ao novo parlamento, reunido sob as bênçãos da nação emancipada, incumbe votar uma medida capital, a lei do conselho de ministros, que há de estabelecer no Brasil o chamado "governo de gabinete". É nessa lei que cabe fazer, como seu fecho, a declaração, mais que nunca necessária, de que aos atos do poder moderador são aplicáveis as disposições dos artigos 102 e 135 da constituição, como já o é a do art. 132, e responsáveis por tais atos os ministros na forma da lei de 1827; fórmula que, evitando questões de maior indagação, não excede da competência da assembléia ordinária.

Restituir ao parlamento a consideração, a autoridade e a força que carece ter no sistema constitucional, é o objetivo que cumpre atingir a todo transe. No ponto de desgoverno e corrupção política e administrativa a que chegamos, não pode deixar de ser vasta e complexa a tarefa dos que se propõem tão grande reforma.

Que a incredulidade dos indiferentes em matéria política não esmoreça aos estadistas que a empreenderam! Não são somente os destinos de um partido, são os do Brasil que se acham empenhados na luta das reformas; os destinos do Brasil mais caro, sem dúvida, que os da sua forma de governo.
R — 225/227

Paládio dos direitos civis e políticos do cidadão, o poder judicial, legítimo guarda da liberdade do voto, é, pelo projeto que esboçamos, o fiscal da lei que a consagra.

Como, porém, desempenhar tão alta missão sem as garantias necessárias?

Mero prolongamento do Executivo em cuja dependência vive, o poder judicial, por sua atual constituição, indiferente ou tímido perante os abusos do governo, foi e é suspeito à liberdade. As honrosas exceções que o país conhece e tem aplaudido deveram de ser, mas não são a regra.

Demais, incompatibilizando a magistratura com as funções da política ativa, a lei deve compensar as restrições que lhe impõe.

As garantias e vantagens concedidas à ordem judiciária no ensaio que em seguida publicamos, parecem-nos satisfazer esse duplo intuito. R — 305

O amor dos estudos da sua nobre profissão, a séria aplicação ao desempenho dos seus altos deveres, é o que cumpre incutir na magistratura bem como em todas as classes do funcionalismo. Mas o único meio eficaz de consegui-lo seria prover os diversos graus da ordem judiciária por exame em concurso: se nossos hábitos não permitem adotar esta regra absoluta, ao menos não deixemos de consagrá-la no provimento dos graus inferiores.

Assim, em nosso projeto, as nomeações de juiz municipal e juiz de direito da 1ª entrância dependem de exame em concurso, além de provas de noviciado, requisitos em que com tanta razão há anos insiste o Sr. Nabuco.

Finalmente, engrandecendo a missão da magistratura na sociedade, dilatando a sua influência moral e aumentando a sua responsabilidade, poderíamos nós esquecer a insignificância dos seus atuais vencimentos, que decididamente não remuneram o trabalho do juiz, que o não abrigam das privações, que o fazem aborrecer o presente e temer o futuro, e, o que é mais, repelem dessa triste carreira os moços idôneos e de verdadeira vocação? Nosso projeto devia atender e atende a essa urgente necessidade pública.

Muito folgaremos que esta tentativa de formação da magistratura no sentido liberal, elemento essencial das outras reformas, seja examinada sem a aferirem pelos prejuízos conservadores, que se insinuam muita vez e são proclamados como princípios da nossa escola. R — 307

XIV — *Monarquia e república*

Depois, os chefes do movimento de 1822, educados nas trevas de Coimbra, eram eivados de aspirações, sentimentos e prejuízos republicanos à guisa da Grécia e Roma, cujos heróis e cujos feitos citavam a propósito de tudo. Quando se considera nessa viciosa educação clássica e juvenil admiração dos heróis antigos, já assinalados pelo Sr. J. J. da Rocha; quando se pensa nas suas conseqüências anacrônicas e deletérias, como o demonstrou F. Bastiat, admira sem dúvida ter nascido dessas cabeças pejadas das recordações de César e Pompeu não só a nossa sensata, nacional e gloriosa constituição de 1824, como, sobretudo, o Projeto elaborado na Assembléia Constituinte. M — 32

Por mais difícil que a julguemos neste país, suponhamos, contudo, que, agora ou logo, se ajuntem loucura e força bastantes para produzir e fazer vingar uma revolução. Aonde pararia ela? Numa monarquia extremamente livre, como depois de 7 de abril de 31? Ou numa república formal? (...)
Que seria a república? Vejamos.
As paixões acesas pela revolução; os interesses privados; as companhias e as empresas infelizes, ambicionando indenizar-se à custa do erário, como em França, em 48; e a socialista demanda de empregos, desmoralizariam a república. As lutas de predomínio entre os chefes dividi-la-iam. A reação dos partidos vencidos opor-lhe-ia uma dificuldade perene e todo o dia crescente. Debilitada no interior, a república seria o ludíbrio do estrangeiro. A França adiantar-se-ia das Guianas até o Amapá, até o Araguari, e, anexado o Equador, como projeta, desceria até o Amazonas. Abatido o comércio, e perdida a reputação alcançada de uma certa sensatez política, embalde invocaríamos o auxílio das armadas de Inglaterra, que poderia estender-nos o protetorado das ilhas Jônias.
Proclamada, a república não encontraria chefe capaz, nem servidores dignos do governo. A demagogia poderia apenas

invocar, em vez de Washington ou Lafayette, o frenesi dos demolidores, dos carbonários, de Manin, de Mazzini... Deus!, a rude lição de 48 e 49 seria tão cedo esquecida?

O segundo dia da república havia de ser o primeiro da anarquia e a véspera da exaltação de um déspota. Os caudilhos suceder-se-iam aos caudilhos, como no México, sobre cuja carta Luís Bonaparte traça os limites de uma nova possessão, como no Rio da Prata, cujas ondas cristalinas refletem agora, ainda uma vez!, a lança e a bola, os instrumentos bárbaros da guerra civil. No primeiro abalo que a revolução sofresse, ela mesma, como em França, abandonar-se-ia aos braços de ferro de um chefe, um déspota, que embora a aniquile, lhe dê o prazer de esmagar os seus adversários, os parlamentares, os amigos das instituições livres, mas ordeiros.

O que dá relevo original às instituições judiciárias dos Estados Unidos não é somente o cuidado com que formou-se ali um poder independente da ação do governo, mas a parte importantíssima que da política e na administração cabe aos juízes. É o poder judicial encarregado principalmente da defesa da constituição; é o grande moderador da sociedade, preservando a arca da aliança de agressões, ou venham do governo federal ou dos governos particulares. É, demais, o fiscal da lei na mais vasta acepção, conhecendo das queixas contra os administradores negligentes, e punindo os agentes culpados. Mas não é esta alta missão constitucional? aliás característico de uma verdadeira república, que carecemos tornar saliente; propomo-nos somente assinalar a composição da magistratura americana. P — 59

Sem o mais completo sistema de garantias individuais, sem a supremacia do parlamento, sem governo responsável, sem descentralização, sem este vivaz organismo anglosaxônico, nada está construído solidamente, nada preserva os povos da ruína e da miséria. Abstraindo de instituições que eficazmente assegurem a liberdade, monarquia e república são puras questões de forma. "Não há mais que duas espécies de governo," observa o Sr. Odilon Barrot, "quaisquer que sejam aliás suas formas extrínsecas: governos que absorvem as forças individuais, ou que lhes deixam pelo contrário a mais plena expansão: governos que têm a pretensão de tudo governarem, ou que muito confiam da espontaneidade individual."

Os destinos da monarquia no mundo moderno dependem da habilidade com que saibam os seus mentores convertê-la em instrumento flexível a todas exigências do progresso. Enquanto ela se não congraçar cordialmente com as tendências do século, não é acaso justa a imprecação dos povos exprobrando-lhe a tremenda responsabilidade de haver impossibilitado a fundação de instituições livres? Não basta para sua defesa alegar que algumas destas são incompatíveis com a forma monárquica, ou supõem a república: da necessidade faça a monarquia virtude; porquanto, se tais instituições não se lhe acomodam, sendo todavia necessárias à prosperidade geral, desapareça a monarquia por amor dos povos, e não se sacrifiquem os povos a interesses dinásticos. Mas essa incompatibilidade é meramente suposta: mostrem as colônias inglesas se a forma de governo da sua metrópole obstou às amplas instituições democráticas e à autonomia dos membros de um grande império. P — 68/69

Não, não nos achamos em situação normal e tranqüila, atravessamos, pelo contrário, a crise da constituição em luta com a revolução.

Governo sinceramente parlamentar ou república, eis o dilema imposto pela tempestade que, formada lentamente desde 1862, agora ruge assustando os mais animosos.

Todos os problemas do governo do Estado se complicaram, tornando-o suplício para as próprias eminências políticas. Comovendo os interesses materiais, sacudindo e desorganizando os partidos, exagerando os encargos e as dificuldades do poder, a recente lei abolicionista lançou-nos no meio do tufão. Sei bem que ao especto do perigo as faculdades humanas se aguçam: mas, sem intenção de propagar o pânico, não poderei advertir que situações extraordinárias demandam meios e homens extraordinários?

Dos estadistas contemporâneos, muitos sem dúvida possui o Brasil, que, por seu gênio e pelos preciosos recursos de uma longa experiência das coisas públicas, conseguiriam dominar o perigo que correm nossas instituições, introduzindo nelas as reformas de que carecem. Sem se refugiarem no desânimo e na indiferença, teriam eles o necessário prestígio para conterem a impaciência dos sôfregos; e com uma perseverança varonil saberiam rejeitar a oferta do poder pelo poder, votando seus corajosos esforços à substituição do governo pessoal pelo governo parlamentar.

Se, reprimindo impaciências e resistindo a seduções, os chefes liberais determinassem apregoar o velho programa radical, seu triunfo, eu o creio, não se faria esperar muito tempo.

Para promovê-lo, aí temos o recurso infalível que sua carta aconselha quanto às medidas eleitorais: travemos "com energia e certa ostentação" o combate das reformas.

Resiste-lhes o monarca? Redobremos de esforços: o interesse dinástico falará por último. Demais, é por nós o direito das nações livres, a lição da história, a propaganda republicana.
S — 148/149

Somos uma democracia, não fantasiada ou criada pela lei, mas real, hereditária, histórica. Daí o caráter necessário das nossas instituições; daí essa idéia de *monarquia democrática*, que parece ser missão original do Brasil. Como desempenhá-la com a viciosa organização dos poderes constitucionais, cujo modelo fora a monarquia mista da Inglaterra de Jorge IV?

Interpretar a carta de 1824 quanto ao exercício do poder moderador, ampliando-se aos atos deste a iniciativa e a responsabilidade dos ministros, que os artigos 102, 132 e 135 da mesma carta parecem reservar às funções do executivo, sólida base (ou base legal) em que, segundo os seus defensores, descansa o governo pessoal; organizar o conselho de ministros, que deve de funcionar sob a direção imediata do seu presidente, reduzidos os casos de despacho imperial; renovar periodicamente o Senado, elegendo-o diretamente as assembléias provinciais; igualar a representação das províncias nessa câmara, nomeando cada uma dois ou três dos seus membros e alterar o número dos deputados segundo a marcha da população atestada pelos censos decenais; decretar as incompatibilidades parlamentares; constituir a independência real da magistratura, não só desviando-a da política e garantindo-lhe generosamente vantagens especiais, mas principalmente tirando ao executivo e moderador a escolha dos juízes, sua promoção, suspensão e amovibilidade, pela intervenção combinada dos tribunais superiores e dos corpos legislativos, a exemplo das constituições anglo-americanas e da belga; ab-rogar as leis centralizadoras restaurando o ato adicional, ampliando as faculdades das assembléias, deferindo-lhes a proposta ou a escolha do presidente, limitada a autoridade deste à esfera provincial, estabelecendo, em suma, a autonomia da província, condição essencial do êxito das reformas políticas: parecem-me, Sr. Conselheiro, indeclináveis necessidades da situação a que chegamos, e que cumpre afrontar e resolver. S — 152/153

"São as necessidades e condições sociais" — pondera o Centro Liberal no seu memorável manifesto — "que vão dando objeto e oportunidade para aplicação dos princípios liberais, *criando novas situações, exigindo novos programas"*.

Não tocamos, porventura, a uma dessas situações novas? Dois fatos parecem assinalá-la: a esplêndida vitória da política imperial e a marcha acelerada das doutrinas republicanas.

Que nos dita cada um desses graves acontecimentos?

Já a experimentávamos, desde muito, essa calamidade do governo pessoal; mas não atingira ainda o grau de franqueza e audácia da última campanha legislativa. S — 157/158

E eis que, surgindo do nada, súbito a idéia republicana afirma audazmente a sua existência em todos os ângulos do Brasil, como agouro deste regímen falsificado, e ironia da fraqueza que ainda hesita em combatê-lo.

Nomes ilustres, cujo pronunciamento será a eterna dor do

Partido Liberal, acabam de proclamar princípios de severa escola republicana. Acompanham-nos conservadores da nova geração. Na própria Câmara temporária reboaram eloqüentíssimos protestos, que, excedendo do poder pessoal, atingiam a própria instituição monárquica. Na ocasião justamente em que ostenta a maior pujança, atravessa a monarquia os piores dias do segundo reinado.

Importa considerar atentamente as causas do rápido incremento da idéia republicana. Serão, porventura, seus únicos fatores os últimos sucessos da sessão legislativa? Não o favoreceu também o resfriamento da oposição liberal, que desde meados de 1869 é acusada de diluir a ardente inscrição — reforma ou revolução? Tão inesperado esmorecimento depois do primeiro arrojo consternou os espíritos mais impacientes, que enxergaram uma nova mistificação em perspectiva; e, reputando em perigo a causa da liberdade, galgaram a extremidade oposta, envolvendo na mesma condenação a monarquia e os partidos monárquicos.

Desde então sente-se geral tendência do povo para as idéias extremas. O público não se interessa senão pela linguagem mais ardente ou pelas doutrinas mais avançadas: difícil empresa é hoje moderar a opinião, que decididamente repele a política liberal-moderada ou liberal-conservadora.

Veja-se São Paulo, por exemplo. Que sobressai aí? Ocupa o primeiro plano da cena a luta intestina dos amigos do governo com os próprios correligionários, e no fundo um embrião, é certo, um embrião de doze meses, que ali já se chama Partido Republicano. Não se fazem representar na imprensa os liberais...

E é em São Paulo, onde florescem alguns dos nossos mais ilustres amigos, a província de cuja fidelidade à velha bandeira estão cheios os anais do Brasil!

Adesões após adesões, aí se está formando, à custa do Liberal e do Conservador também, o novo Partido Republicano. Favorece-o a quietação dos liberais, não menos que a ruidosa dissidência dos nossos adversários. Ele ergue uma bandeira americana: pede a federação tão simpática às províncias Marcha, desdobrando aos ventos do futuro, pendão que traz cores de 1831. Evocam as mais nobres recordações desta terra aqueles moços temerários.

Que lhes opomos? Um compromisso provisório entre as duas seções do nosso partido, aclamado há dois anos e meio e já minguado pelo plágio dos conservadores. Há aí, por certo, úteis e urgentes medidas, sãos princípios, idéias de progresso, doutrinas essencialmente liberais; mas, seja por seu limitado alcance ou pela adesão que lhes prestam nossos adversários, quer ministeriais, quer dissidentes, não bastam para acentuar e realçar a fisionomia do partido, habilitando-o a afrontar o desdém dos malévolos e a desviar a corrente da popularidade que leva triunfante a propaganda republicana.

Em verdade, o êxito com que se estréia esta opinião política, fato que não podemos obscurecer, assinala uma fase nova ao Partido Liberal.

Em 1869, quando o nosso programa se elaborava, não prevíamos o fato; diante da realidade, vendo tudo mover-se à roda de nós, desconheceremos o efeito do próprio impulso que desde 1857 temos dado a opinião, e imóveis ficaremos à beira do caminho que traçamos à geração presente? Não! Cumpre agir com resolução e coragem. Renunciando a uma fácil vitória sobre o poder esquivo, recobremos em todo o seu vigor a popularidade, que é a força real, a majestade dos partidos.

Atendamos seriamente à gravidade da situação política.

Pode o sistema constitucional degenerar inteiramente em governo de exclusiva iniciativa imperial, sem a fiscalização de partidos distintos por suas doutrinas e fins.

Pode o capricho dos sucessos permitir que o republicano venha a ser o único partido de oposição verdadeira, recolhendo, não só os adversários sistemáticos da monarquia, como os espíritos sérios, já rudemente experimentados pelas decepções políticas ou abaladas na fé monárquica, e que não se acomodem às vagas nuanças inventadas para distinguirem, sob o regímen imperial, conservadores-progressistas de liberais-moderados.

Podem as oscilações das idéias, as incertezas da marcha

política e as dissenções que o ameaçam, dissolver o Partido Liberal ou, pelo menos, expô-lo novamente à desgraça da impopularidade.

Em tão graves circunstâncias, Sr. Conselheiro, falta ao nosso partido essa força centrípeta de coesão, que evita ou detém o despedaçamento prematuro dos corpos políticos.

Aclamar, em numerosa assembléia dos delegados de todas as províncias, a bandeira com que devemos pugnar pela ascensão pacífica da democracia: eis a medida urgente que a observação dos fatos aconselhou aos nossos amigos do Club da Reforma. S — 163/166

Mas, embora circunscrita a esse programa, importa muito que a reforma seja profunda e contenha todas as providências acessórias, ao invés dessas segundas edições das leis reacionárias que os ministros estão a exibir cavilosamente sob um nome usurpado.

Ao elaborar tão importante medida, cumpre relembrar o estado do país e consultar os órgãos da opinião. O que pretendem, o que reclamam, não somente por amor da liberdade, mas para salvação das instituições, os mais ilustres oradores do parlamento, sem distinção de partidos, e a imprensa política de todas as cores?

Querem todos restabelecer o equilíbrio dos poderes, que é o eixo da Constituição, e impedir que, a despeito dela, se consolide a mudança operada em nossas instituições pelo incontrastável domínio do Imperador; querem mui patrioticamente evitar a solução revolucionária da república a que aliás nos ia arrastar fatalmente a paródia da idéia napoleônica no Brasil; querem e esperam assentar o governo representativo em base mais sólida que as boas intenções do Príncipe, a saber: a liberdade do sufrágio, a influência e popularidade do parlamento.

Árdua empresa, decerto; mas muito mais o foi a dos imortais brasileiros que sonharam, prepararam e efetuaram a independência, exigiram e alcançaram uma constituição, combateram e depuseram o príncipe que traiu a pátria. Eles arriscaram a vida, e muitos com ela pagaram a sua temeridade: nós não carecemos nem aventurar as honras e vantagens obtidas. Dentro do curto período de dez anos constituíram eles o Brasil e o libertaram do príncipe estrangeiro; nós em menos tempo, com um milésimo dos seus sacrifícios (e basta fé como um grão de mostarda e a perseverança dos homens de boa vontade), nós poderemos reparar o edifício que eles nos legaram, e que por nossa pusilanimidade ameaça esboroar-se.

No estado embrionário de nossa sociedade há, é certo, altos problemas morais e sociais que interessam igualmente, ou muito mais, à sorte do povo: a instrução, o trabalho livre, liberdade dos cultos, por exemplo; mas todos dependem da solução dada à forma de governo, questão prévia que domina as outras.
R — 176

É certo, senhores, com efeito que a nossa vida constitucional funciona de maneira estranha. É o caso de repetir-se aquela anedota espirituosa, referida por Boccacio. Um judeu prometera a um amigo converter-se ao cristianismo, mas adiou a conversão para depois de sua viagem à corte de Roma. O amigo dissuadiu-o desse intento, receoso de que o espetáculo da Roma dos Borgias demovesse o judeu daquele santo propósito. Não obstante ele partiu, e na volta, com grande espanto do amigo, lhe disse: "Sou cristão; converti-me; uma religião que pode subsistir apesar de tantos vícios e crimes, deve ser a mais santa das religiões."

Alguma coisa desta sentença pode aplicar-se ao nosso governo constitucional: deve ser um governo perfeito, muito necessário à felicidade deste país, aquele que pode resistir e tem resistido a tantos abusos conspirados para a sua ruína. Envidemos tudo, senhores, para que essa convicção geral da nação, de que a monarquia constitucional é indispensável ao país, se radique ainda mais, se é possível. Tal é o fim a que eu ouso propor-me, submetendo à Câmara um projeto de lei regulamentar da presidência do Conselho e do Conselho de Ministros...

Não se diga que eu venho combater o governo pessoal. Não: eu quero impedir que a monarquia constitucional, forma de governo indispensável para o Brasil, se alua e esboroe ao peso ingente de uma responsabilidade gigantesca. Nossa felicidade depende do jogo sincero das nossas livres instituições; demos realidade, portanto, às teses constitucionais. Depois de haver mantido a ordem com uma moderação exemplar, o maior título de glória de um príncipe seria, senhores, fazer funcionar seriamente esse admirável sistema político, que os heróicos revolucionários de 1831 souberam preservar, ao mesmo tempo que sustinham e restituíam ao Imperador infante o trono do Imperador banido...

Em uma palavra, o nosso dever supremo e comum a todos é contribuir para a restauração da vida constitucional neste país, sem isso não há salvação possível: atrás do sofisma constitucional vem o desespero, e o desespero não está muito longe da revolução! D — 9/6/1868 — 600, 603, 605

XV — *O índio no Amazonas*

Desde o tempo das primeiras descobertas, os espanhóis se esforçaram por sujeitar a um regime forçado, ou fosse pelo governo militar, ou pela catequese sacerdotal, o trabalho dos índios. Daí perpetuou-se na tradição dos governos cristãos a idéia de um despotismo organizado, como meio de educação e incentivo de trabalho para os índios. O que esse sistema produziu em nosso país, a opressão, as matanças e os roubos que o acompanharam, nossa história, como a de todos os Estados americanos, o refere largamente. Deste bárbaro sistema pouco resta hoje, assim como poucas tribos povoam o nosso território. Nas vastas planícies do Solimões (Alto Amazonas) apenas se contam cerca de 17.000 mil índios de diversas tribos aldeadas. Quem estuda a índole dos índios, reconhece logo quanto fácil é aos seus diretores oprimi-los e corrompê-los. O índio é trabalhador, pacífico, humilde, de uma boa fé infantil, de um desinteresse incrível, sóbrio e vigoroso. Mas o recrutamento, a guarda nacional, as eleições, o delegado, o comandante, o regatão, o vendilhão, o traficante de crianças, o vexam, estragam e amedrontam. Trabalha rudemente, mas é explorado e roubado, é perseguido e infamado. V — 357/358

A legislação em vigor sobre os índios, sua catequese e aldeamento, propunha-se um fim proveitoso: regularizar o trabalho; mas produziu o que se não devia esperar, a espoliação do índio. O diretor de índios é seu ladrão oficial. V — 358

Muitos entendem que, abolidas as diretorias já condenadas pela experiência, não é tempo ainda de libertar os índios da tutela tradicional, que não é oportuno estender-lhes o regime civil comum, que antes cumpre retroceder ao sistema colonial, confiar os índios à catequese do clero, organizar como outrora as missões dos índios e a redução do gentio, e que isto se deve fazer em uma vasta escala, sob a direção dos bispos, às expensas e com a proteção do Estado. Um recente aviso do Sr. Ministro das Obras Públicas autorizou a presidência do Amazonas a suprimir os diretores parciais dos índios, e ordenou que a direção moral e material dos mesmos fosse incumbida aos missionários, sem tornar este serviço dependente imediatamente do bispo. Confesso que muito confio no zelo apostólico do digno prelado do Pará, caráter enérgico e homem de fé viva; mas não creio em tal sistema. O regime militar dos diretores atuais sucedeu às antigas missões dos padres, que se desacreditaram e às vezes embaraçavam a autoridade civil; em relação a elas, o regime das diretorias foi um progresso. Nos Estados Unidos e na República Argentina, onde os índios ainda vivem em tribos, não é o governo, nem é pelo auxílio do governo que a catequese se faz; ninguém acredita nesses países que possa um sacerdote ensinar agricultura e ensaiar nas indústrias a um indígena; apela-se para a ação do tempo e para a prática com a gente civilizada, que lentamente transformará senão os índios atuais ao menos os seus descendentes. Que a igreja porém, pregue e exerça a catequese, nada impede; é o seu direito: mas não construamos sobre essa catequese uma esperança vã, não a reputemos medida administrativa, nem escola profissional. V. — 361/362

Não terminarei sem falar no tráfico de índios selvagens que, raptados das tribos ou permutados por seus pais e chefes, vão em nossas povoações ou nos arredores servir sem salário, como se fossem escravos.

Desde tempos imemoriais servem-se os brancos dos índios, que recolhem em suas casas e educam nos hábitos da sociedade. Não é desses, porém, que falo: falo dos que são roubados ou comprados nas tribos para servirem nas plantações e nas feitorias. No Solimões há mercadantes ou regatões que, carregando nas canoas machados, missangas, aguardente, etc., sobem os rios desertos, o Japurá, o Içá e outros, e a troco desses objetos ou à força conseguem trazer índios selvagens aos povoados do litoral. onde os cedem (ou os vendem) a quem os deseja. Quando passei em Tefé (13 de novembro de 1865) o juiz municipal formava processo a um negociante português, que praticara esse comércio criminoso, punido por nossas leis, no rio Japurá. Ouvi ali nomear diversas pessoas, a quem se imputava cumplicidade nesses atos. Dizem que no Alto Japurá se compra um índio por um machado; os próprios pais os vendem aos traficantes. Em Coari, Tefé, Tocantins, S. Paulo, encontram-se os miranhas do Japurá e do Içá reduzidos à servidão desde longa data. Alguns deles são trazidos das tribos que habitam o território de Nova Granada, circunstância que um dia poderá ocasionar desinteligências e queixas desagradáveis para o nosso pundonor nacional. Cumpro um dever acrescentando que as autoridades da comarca e da província procuram reprimir estes fatos, mas é lícito supor quanto difícil seja alcançar ali as provas de um crime inveterado e a condenação pelo júri, onde os juízes são porventura os cúmplices dos réus. Mas há um motivo que deve também acender o zelo dos altos funcionários e fazer avivar este delicado negócio na lembrança do governo imperial: a saber, a lamentável mortandade que dizima os índios reduzidos à servidão. Como sucedia com os negros importados da África, ou seja por causas morais, ou seja por maus tratamentos em uma longa e penosa viagem, chegam os índios fracos e abatidos: uma profunda nostalgia, moléstias e sevícias arrebatam por centenas os miranhas empregados nos estabelecimentos de Tefé. Não pretendo exagerar as proporções deste crime, mas as informações que consigno hão de servir para estimular o zelo do governo, a quem não escaparão as tristes conseqüências dessas atrocidades.

Com o índio sujeito a trabalho sem salário, coexiste no Amazonas o negro escravo. O primeiro abuso será extirpado facilmente pela intervenção das autoridades, que façam respeitar a lei contra a redução de pessoas livres ao cativeiro. O segundo, porém, não é tão fácil de desaparecer, porque carece de lei. Ora, o vale do Amazonas só tem escravos nas duas províncias brasileiras; o último dos estados limítrofes, a colônia holandesa, já viu promulgada a abolição. No território do Brasil cortado pelo grande rio, não há mais de 31.000 escravos sobre um população livre de 220.000 habitantes. Na mais remota das duas províncias, a do Alto Amazonas, há somente 880 escravos sobre 39.500 livres, ou 1:45. Nas províncias fronteiras, estou convencido de que cumpre abolir desde já a escravidão quanto aos recém-nascidos, e dentro de um período curto quanto a todos os escravos existentes. Nisso interessam a segurança do Império e a sua dignidade. Eu não acredito que a abolição seja acompanhada das desgraças irreparáveis que alguns figuram, se ela se verificar com prudência em qualquer parte do Império, ou em todo ele simultaneamente. E tenho por certo que no vale do Amazonas não só se pode efetuar a abolição sem abalos, como que se pode ela fazer mais depressa que em qualquer região.
V — 365/368

TÍTULO III
O SOCIAL-LIBERALISMO DE TAVARES BASTOS

CAPÍTULO III

O SOCIAL-LIBERALISMO
DE OS ARTE-BASTOS

1. Na história das idéias políticas brasileiras, talvez seja Tavares Bastos considerado como o adepto mais perfeito do pensamento liberal clássico, tanto político como econômico, de cunho individualista e absenteísta, do século XIX. Muitos foram os discursos liberais entre nós durante o Império, bastando lembrar os Andradas, Feijó, Bernardo de Vasconcelos, Pimenta Bueno, Paulino Soares de Souza, Joaquim Nabuco, Rui Barbosa, como os mais importantes. Toda a doutrina teórica de Tavares Bastos realmente parece levá-lo a um liberalismo radical. As suas leituras, os seus autores prediletos, quer franceses, ingleses ou americanos, os seus exemplos históricos, tudo, enfim, coloca o grande alagoano no centro mesmo do liberalismo clássico, vitorioso por toda a parte depois de 1789. Não há como negar que foi essa a sua concepção do mundo e da vida, a sua forma de ser e de pensar desde os seus primeiros escritos de 1861. E nem ele gostaria, conscientemente, de estar admitido em outra categoria de pensamento social.

Mas uma coisa é certa: realista como era, pragmatista mesmo, não sacrificaria a sua pregação aos princípios das suas doutrinas teóricas. Nunca seria capaz de, em defesa radical de suas teorias, em casos de desajuste entre elas e os fatos, exclamar: "pior para os fatos", como tantos outros o fizeram e o têm feito. Não, primeiro os fatos, a realidade, para só então construir depois sobre eles a sua hipótese de trabalho, a sua teoria, que, como a faca, deveria antes provar que corta. Esse o seu critério de verdade, esse o seu critério lógico de validade da qualquer teoria.

Mais tarde, viria Rui, seu grande admirador, a fazer as mesmas concessões ao seu reconhecido liberalismo. Livre-cambista quase ortodoxo durante o Império, quando Ministro da Fazenda, viu-se Rui obrigado a baixar medidas protencionistas da indústria nacional. O capítulo sobre a reforma da tarifa é um dos pontos mais bem elaborados do Relatório de Rui (1891). Abandona o livre-cambismo teórico para se colocar à disposição da nação, "pondo as necessidades do país acima de teorias abstratas, e evitando os extremos de escola". E escrevia, com grande clareza e coragem: "A solução liberal, neste assunto, logo que se desça ao terreno das exigências da administração pública, há de forçosamente entrar em repetidas transações, atendendo, por um lado, a certas conveniências econômicas da posição de cada país, com especialidade ao estado de suas indústrias, por outro, às necessidades do seu Tesouro". (Cf. Obras Completas de Rui Barbosa, *Relatório do Ministro da Fazenda*, vol. XVIII, 1891, t. II, Rio de Janeiro, vol. I.)

Em 1919, quando da sua segunda candidatura à Presidência da República, volta Rui a ceder em seus princípios liberais e a propugnar pela intervenção do Estado a favor dos trabalhadores mediante uma legislação especial. O contrato de trabalho deixa de ser um negócio privado entre dois particulares para interessar à ordem pública e ao bem comum. O Estado deixa de ser absenteísta. (CF. *A Questão Social e Política no Brasil*, LTr. Editora e Casa de Rui Barbosa, 1988, com Introdução de Evaristo de Moraes Filho.)

2. Pois bem, ademais dessa concordância com os fatos, com os dados concretos da realidade, aferíveis pela observação objetiva, pela estatística e até pela análise matemática, Tavares Bastos não se deixava prender pelo dogmatismo, pela solução única e infalível, se, na conjuntura, outra devesse ser a solução aconselhada. O que ele queria era resolver o problema sem sacrifício de uma certa coerência lógica. E é sob esse ponto de vista que escreve em uma das Cartas: "O público, depois de um longo debate,

dispensa-nos de insistir em discursões abstratas. Hoje, infelizmente, já não é disso que se trata: trata-se de saber se, sob a pressão dos perigos iminentes, não convém ceder alguma causa das teorias consagradas". E no *Vale do Amazonas*: "A salvação da sociedade está justamente nessa incontestável tendência para as coisas úteis, para as reformas necessárias, irresistível corrente a que se não pode pôr de frente ninguém, ninguém, quer cinja a coroa dos louros civis, ou cingisse embora o diadema real".

3. Desde os tempos universitários, ainda adolescente, teve Tavares Bastos a sua atenção voltada para a questão do chamado elemento servil, para a escravidão, para as suas conseqüências morais, sociais e econômicas. De acordo com a sua orientação metodológica, este problema nunca permaneceu isolado em sua mente, sempre o tratou como um dos aspectos da sociedade arcaica em que vivia.

Adepto das mudanças graduais, mais de uma vez cedeu diante da realidade e das circunstâncias do País, aceitando reformas parciais e aparentemente pequenas como etapas necessárias às suas metas mais ambiciosas. Assim aconteceu com a escravidão, com a liberdade de cabotagem, com a imigração, e assim por diante. Frase sua bem significativa: "Uma medida parcial decretada hoje é um prefácio, tenho disto toda a certeza, para uma forma satisfatória e completa num futuro muito próximo", dizia em discurso de 25 de julho de 1863.

Vale repetir um parágrafo da nossa *Apresentação*, bem dentro do assunto que vamos tratando: "Para ele, a emancipação do trabalho escravo importava toda uma reforma social e econômica, de estrutura, que iria desde o regime das terras, passando pela imigração, pela instrução, pela descentralização, pela federação, chegando até à reforma eleitoral, política e mesmo religiosa. A sociedade seria atingida como um todo, e como tal deveria preparar-se para a abolição. A reforma agrária, como o novo regime de terras, extinção do latifúndio, incremento da pequena propriedade, com auxílio do governo central e provincial — aqui como na instrução, o liberal admitia e achava necessária a intervenção do Estado, — fixação do imigrante, tudo isso devia vir sendo feito à medida que se ia libertando o braço escravo e o substituindo pelo braço livre. Devia o Governo distribuir as suas terras ou vendê-las a preço barato a quem delas quisesse fazer bom uso, imigrante, liberto ou africano livre. Pregava a criação do imposto territorial, como medida eficaz contra o latifúndio improdutivo ou como tributo que deviam ao Estado os proprietários de terras vizinhas de estradas ou de vias navegáveis."

Dentro do seu método globalista e estruturalista, nunca considerou uma reforma isolada, já que uma se prendia a outra numa inextricável reação em cadeia. Escrevia em *Os Males do Presente e as Esperanças do Futuro*: "O estado político-social revela-se em tudo e estende-se a tudo." E em *A Província*: "Uma lei de divina harmonia que preside o mundo prende as grandes questões sociais, emancipar e instruir é a forma dupla do mesmo pensamento político. O que haveis de oferecer a esses entes degradados que vão surgir da senzala para a liberdade? O batismo da instrução. O que reservareis para suster as forças produtoras esmorecidas pela emancipação? O ensino, esse agente invisível, que, centuplicando a energia humana, é sem dúvida a mais poderosa das máquinas de trabalho."

Segundo essa concepção globalista, apresentava Tavares Bastos o rol das reformas necessárias. Tendo sempre em vista a carestia da vida e a sorte do povo, do consumidor, pregava a modernização do País, guiada pela liberdade e pelo progresso contra a escravidão, o analfabetismo, o despreparo técnico e profissional, as eleições indiretas, os privilégios de cabotagem e de navegação, no litoral e no Amazonas. Os meios de comunicação — marítimos, fluviais e terrestres — deviam ser incrementados, permitindo maior e melhor circulação dos bens produzidos. Devia toda a Nação ligar-se entre si e às demais nações do continente e do mundo pelas linhas telegráficas.

Para isso tornava-se necessário quebrar a simetria imposta ao País, de cima para baixo, nos serviços administrativos e na organização política, com a burocracia, a centralização e a sufocação das Províncias, com a nomeação dos seus presidentes pelo poder central, nem sempre pessoas competentes e conhecedoras dos problemas locais. Devia o País desembaraçar-se das peias que o freavam e o impediam de desenvolver-se livremente com o concurso de todas as suas forças. A reforma de um ponto prendia-se à reforma de todos os pontos num processo circular, necessário e irresistível de mudança, mas o que não era possível seria pretender-se atacar um só deles sem que toda a sociedade o acompanhasse no mesmo sentido.

No centro dos problemas nacionais, padrão do seu atraso, encontrava-se a escravidão. Era preciso levar adiante a paulatina substituição do trabalho escravo pelo trabalho livre, e principalmente pelos imigrantes. Escrevia nas *Cartas*: "E os fatos demonstraram ainda que a emigração forçada africana deteve e embaraçou a corrente espontânea, que começava a romper, da emigração européia. A sombra do braço negro seria uma imagem repulsiva do trabalho livre."

Nas *Reflexões sobre a Imigração*, de 1867, assim começava um longo período de medidas gerais: "Com efeito, combinai desde já um sistema de medidas, que, reconhecendo o princípio da liberdade natural de todos os nascidos no Império, extinga a escravidão dentro de um período razoável." Deve ser aqui recordado que essa emancipação da escravatura até sua total abolição devia correr paralelo com aquelas medidas já referidas de reforma do campo e da preparação do escravo para a vida livre do trabalho assalariado ou do colonato.

4. Além da reforma agrária propriamente dita, inclusive a favor da pequena propriedade para o maior número, pregava ainda Tavares Bastos outras medidas práticas e urgentes para a substituição do trabalho servil pelo trabalho livre, para o aperfeiçoamento do trabalhador, livre ou escravo, branco ou negro, menor ou adulto, dentre as quais se destacava, como medida básica, a educação *primária, elementar e profissional para todos, como tarefa do governo central, provincial ou municipal*. Que se fizesse antes o censo desses trabalhadores, escravos ou livres, por idades e profissões. Que se criassem, para isso, serviços de estatística nas províncias. Nada deveria ser feito sem estudos prévios, empiricamente. (Grifo nosso.)

Alguns trechos significativos: "A escola para todos, para o filho do negro, para o próprio negro adulto, eis tudo! Emancipar e instruir são duas operações intimamente ligadas. Onde quer que, proclamada a liberdade, o poder viu com indiferença vegetarem os emancipados na ignorância anterior, a abolição, como nas colônias francesas, não foi mais que o contentamento de vaidades filantrópicas, não foi a reabilitação de uma raça... Ei-lo, portanto, assaz indicado o alvo dos nossos esforços: emancipemos e eduquemos. A despesa que com isso fizermos, civilizando infelizes compatriotas, é muito mais eficaz para o nosso progresso do que a difícil importação de alguns milhares de imigrantes." (A *Província*, ed. de 1937, Brasiliana, pp. 250, 251.)

No mesmo livro, pp. 215-6, já havia escrito: "Comecemos pelo interesse fundamental dos povos modernos, a instrução. Escusado fora discutir os obstáculos que nesta matéria tem a centralização oposto às Províncias, e que já citamos a propósito de graus literários, cadeiras de ensino secundário, penas para a sanção de regulamentos, etc. Nosso fim aqui é outro: é indicar as medidas principais, que devem as assembléias adotar, com a máxima urgência, para elevarem o nível moral das populações mergulhadas nas trevas.

"Em verdade, o mais digno objeto das cogitações dos brasileiros é, depois da emancipação do trabalho, a emancipação do espírito cativo da ignorância. Sob o ponto de vista da própria instrução elementar (e não falamos do estudo das ciências), nosso povo não entrou ainda na órbita do mundo civilizado. É o que atesta a freqüência das escolas primárias."

Aconselhava, então, a criação da taxa escolar para manter os serviços da instrução elementar e profissional, inclusive a "instrução primária dos adultos"; "ensino primário completo, como nos Estados Unidos, único suficiente para dar aos filhos do povo uma educação que a todos permita abraçar qualquer profissão, e prepare para os altos estudos científicos aqueles que puderem freqüentá-los". Aconselhava escolas profissionais, e dentre elas, "são as agrícolas sem dúvida que mais precisamos". E concluía: "Não menos úteis e urgentes parecem as escolas de minas, e, todavia, mais de uma Província possui tesouros imensos que apenas aguardam uma indústria menos imperfeita e um trabalho mais inteligente. Tudo nos falta, de tudo carecemos neste ramo principal dos interesses sociais, a instrução do povo."

5. Para a gradual substituição do trabalho servil pelo trabalho livre deviam ser proporcionadas aos colonos as melhores condições possíveis para o exercício da sua atividade. Condições estas que não se assemelhassem em nada às do aviltante trabalho escravo. O colono livre — imigrante estrangeiro, nacional de qualquer origem, branco ou negro — devia sentir-se à vontade, como um contratante em pé de igualdade, pelo menos juridicamente, com o proprietário das terras. Era preciso não confundir a meação, a parceria agrícola, com a locação de serviços; a autonomia com a subordinação; a liberdade com a submissão. Os direitos de parceiro, não proprietário, são bem inferiores aos deste.

O imigrante, principalmente vindo de terras onde imperava a liberdade, trazia consigo este mesmo espírito, ficando sempre receoso de ser confundido ou tratado como escravo, já que este era o regime dominante, com todos os seus maus costumes e péssimos hábitos, de qualquer natureza e espécie. No discurso de 18 de julho de 1861, dizia, interpelando o Sr. Ministro do Império: "Sr. Presidente, enquanto o Parlamento não votar leis muito liberais em favor dos estrangeiros residentes no Brasil, não podemos esperar uma abundante corrente de imigração. Entre essas leis contemplo a de que acima trato (casamento de acatólicos), assim como aquela que deve regular os contratos de parceria. O nobre Ministro da Justiça, tão versado na jurisprudência, sabe como defectiva, controversa e iníqua é a lei de 11 de outubro de 1837, promulgada para reger a locação de serviços, sempre que se pretende estendê-la aos supraditos contratos de parceria. Se em si mesmo o regime de parceria é fértil de abusos e pouco praticável entre nós, pior se torna quando as suas contestações decidem-se conforme o disposto na lei citada. O nobre Ministro faria, pois, um serviço notável, ocupando-se de tal questão."

Em discurso de 30 de janeiro de 1864, volta a abordar o assunto por outro ângulo, mas sempre pregando as mesmas medidas: "O que estimula a emigração é a preferência de trabalho e lucros. Acaso no Brasil há preferência de trabalho e lucros? A emigração procura os países que lhe oferecem leis verdadeiramente executadas, liberdade prática, comunicações desenvolvidas, liberdade de cultos. São estas vantagens que convidam o estrangeiro a deixar a sua pátria e a arrostar os males associados à emigração."

Nas *Reflexões sobre a Imigração*, demora-se mais no assunto, dedicando-lhe todo o capítulo VI. Inicia-se assim: "Os contratos de cultura pelo sistema de parceria ou a salário carecem com urgência de medidas legislativas."

Depois de mostrar os prós e os contras de tais sistemas, os bons e os maus resultados obtidos no País, refere-se aos estudos que o Governo havia levado a efeito e indica, entre outras, as seguintes medidas: "Providências legislativas e medidas administrativas, que evitassem e reprimissem os abusos, eram certamente indisponíveis, tanto mais que o mesmo sistema de parceria, aplicado algumas vezes em boas condições e executado com lealdade, continua a ser adotado na Província de São Paulo, principalmente onde as respectivas colônias já influem na atração de emigrantes espontâneos para ali.

"Formulando esse juízo sobre a parceria, não pretendemos contestar a manifesta preferência da colonização pelo sistema da pequena propriedade e venda de terras. Este último é o que o Governo tem adotado, é o das colônias do Estado. Mas, uma vez que se não pode impedir aos particulares fazerem contratos de parceria, e sendo certo que os contratos desse gênero são há muito tempo conhecidos no País entre os próprios nacionais, particularmente na Bahia, Sergipe, Alagoas e Pernambuco, onde também se pratica o sistema de cultura a salário por trabalhadores livres, o *que cumpre fazer é melhorar a legislação a tal respeito, garantindo a sorte da mais fraca das partes contratantes.* (Grifo nosso.)

"Uma reforma, porém, neste sentido deve compreender os seguintes pontos: 1º) Aplicar ao contrato de parceria as disposições das leis sobre locação de serviços; 2º) Modificar algumas dessas disposições, sobretudo quanto à sua parte penal; 3º) Declarar nulas certas cláusulas de tais contratos; 4º) Aplicar o sistema dessas disposições e providências aos contratos, seja entre nacionais, seja com estrangeiros." Merecia ser grifado todo este período, altamente tutelar ou protecionista, bem à maneira da legislação do trabalho, praticamente inexistente, mesmo na Europa, ao tempo de Tavares Bastos.

No regulamento a ser baixado pelo Governo, segundo suas sugestões, deverão ser fixadas "despesas como adiantamentos para instalação dos engajados", sendo proibido pedido maior ou satisfação de dívidas pelos engajados, além dessas taxas marcadas. Não pode "uma das partes contratantes proibir à outra a compra de mercadorias a terceiros, nem se reconhecerá nas respectivas vendas preço maior que o do mercado". Isto é, proibia-se o *truck-system*, o regime do colonato, prática hoje vedada em todo o mundo, inclusive entre nós, pelo qual o locatário de serviços ou proprietário obriga o locador de serviços ou o parceiro a adquirir bens de consumo somente em seus armazéns, depósitos ou lojas comerciais.

Já se antecipando à Justiça do Trabalho, acrescentava: "O Governo é autorizado a nomear para cada Termo, Comarca ou Província um juiz especialmente incumbido de fiscalizar o cumprimento de tais contratos. Esse juiz terá competência exclusiva para conhecer, processar e julgar definitivamente e sem recurso as ações respectivas, ou seja, os contratos celebrados com nacionais ou estrangeiros, ou seja, com ingênuos, africanos ou libertos."

A transferência dos contratos é permitida, "mas se os locadores ou trabalhadores parceiros o exigirem, não valerá sem a homologação do juiz, que pode impedi-la ou anulá-la". Ao locador ou parceiro é livre, "antes de findo o prazo do contrato, despedirem-se, pagando as despesas (preço da passagem e demais gastos, ou a parte que estiverem a dever, e avisando ao outro contratante um mês antes pelo menos". Já "o proprietário não poderá em caso algum despedir o colono antes de findo o contrato, mas sempre recorrerá ao juízo para a sua rescisão, sob pena de multa de 50$ a 100$ em benefício do colono."

Muitos dos institutos jurídicos modernos da legislação do trabalho já aparecem na regulação de Tavares Bastos, por nós muito resumida: não confundir parceria com locação de serviços; proibição do *truck-system*, da transferência do parceiro ou locador sem a sua anuência, da dispensa injusta deles; instituição de um juiz especial para fiscalizar a execução de tais contratos e dirimir as contendas, com rito sumário; aviso prévio quando do afastamento do engajado.

6. Minudente, preciso, atento às realidades concretas, como vimos no parágrafo anterior, de tudo se ocupava Tavares Bastos, quando da descrição da aplicação dos seus projetos, teóricos ou legislativos. Discutindo as doutrinas do Conselho de Estado, a seu ver contrárias à índole das instituições provinciais, dá como exemplo, entre outros, "os embaraços postos às leis provinciais que, sob proposta das municipalidades, *mandam nos domingos fechar oficinas e casas de comércio*".

"*Estas moralizadoras medidas* pertencem à polícia local, argumenta Tavares, e sua legitimidade parece incontestável, quando a regra não se estende aos chamados dias-santos. Reduzidas ao domingo, têm elas *caráter meramente higiênico*, sem intenção religiosa, nem ofensa da liberdade dos cultos." (Grifos nossos.)

E prossegue: "É por haver deslocado a questão, que o Conselho de Estado as considera privativas do poder geral com acordo do eclesiástico, conforme os decretos da Igreja admitidos no Império. Decretos da Igreja invocados hoje para regularem interesses temporais sujeitos ao governo civil de cada localidade!

"Constituída nas Províncias uma administração separada, a quem pertence senão às assembléias, sob proposta das câmaras, regular as *questões concernentes ao trabalho, suspensão dele no dia de descanso, número de horas segundo as idades, higiene das oficinas, e polícia da indústria* e *do comércio?* Não o permite, porém, a centralização atual; e de fato não há administração separada, nem as Províncias se governam por si mesmas. Cargos e funções, negócios municipais ou interesses provinciais, tudo lentamente foi absorvido na monstruosa jurisdição central."

E, em nota: "A Câmara Municipal do Rio de Janeiro, em recente edital (15 de novembro de 1869), parece duvidar da sua competência, limitando-se a 'convidar' os seus municípios à guarda do domingo; e, pela mesma confusão de idéias do Conselho de Estado, apelando para o sentimento religioso dos católicos, estende o convite aos dias santificados."(Os grifos são nossos). Cf., "Reflexões sobre a Imigração", *in Os Males do Presente e as Esperanças do Futuro,* vol. 151, Brasiliana, São Paulo, 1939, pp, 98/106; *A Província,* 2ª ed., vol. 105, Brasiliana, São Paulo, 1937, pp. 102-5.

É este o utopista, o idealista delirante, esquiando no Anel de Saturno, alheio à realidade do seu tempo, como querem alguns? Nunca; pelo contrário, em sua análise, desce aos pormenores do interesse coletivo, ocupando-se e preocupando-se com questões que viriam a ser discutidas e debatidas, entre nós, quase meio século depois, e, verdadeiramente reguladas, como dever do Estado, mais de 60 anos após. A sua linguagem e a sua política social parecem dos nossos dias.

7. Outra questão, da maior importância, enfrentada por Tavares Bastos foi a da *nacionalização do trabalho.* Como é sabido, com a Independência, muito se exacerbou o chamado movimento nativista, manifestando-se em todos os campos da atividade nacional — na literatura, na política, nas forças armadas, no trabalho. Já havia alguém advertido que, quando da elaboração do projeto da Constituição, pela Assembléia, em 1823, sempre que se falava em estrangeiro, lá estava o fantasma do português, antigo colonizador. Na verdade, este mesmo sentimento atravessou grande parte do século XIX, quase até sua década final.

No que nos interessa, são em grande número os movimentos locais contra a concorrência lusitana na propriedade e na direção dos negócios comerciais, em detrimento do nacional da terra. O governo imperial não deixou de estar atento ao problema, acabando por baixar a Lei nº 396, de 12 de setembro de

1846, regulando a espécie. No artigo 12 condenava o empregador a pagar 120$000 de multa, correspondente a cada empregado estrangeiro, além dos dois permitidos em cada estabelecimento.

Esse monopólio do comércio foi uma das causas, expressamente declaradas, do movimento praieiro na cidade de Recife, no ano de 1848. Por duas vezes, naquele ano, levantou-se a representação liberal de Pernambuco na Assembléia Geral na questão da nacionalização do comércio, propondo pelo menos um caixeiro brasileiro em cada loja, ou então determinando como "privativo do cidadão brasileiro o comércio a retalho".

No célebre Manifesto ao Mundo, de 1849, assinado pelos sete caudilhos do Norte, chefes da Revolução Praieira, a única verdadeiramente popular do Império, segundo Nabuco, entre dez reivindicações, pleiteava-se: "3º.) o trabalho como garantia de vida para o cidadão brasileiro; 4º.) o comércio a retalho só para os cidadãos brasileiros". Eram então os portugueses chamados popularmente de "marinheiros".

Pois bem, o assunto não escapou dos cuidados de Tavares Bastos, embora tenha escapado do registro de seus estudiosos, e aqui, ao que nos parece, *vai tratado pela primeira vez entre nós*. E a razão é muito simples: não se encontra em nenhuma publicação sua, sob forma de livro ou de artigo. *Encontram-se abundantes elementos nos cadernos e nas notas manuscritas que nos deixou*, organizado e metódico como era. Vamos aqui transcrever na íntegra todo o conteúdo dos manuscritos, para melhor conhecimento dos interessados e como testemunho dos minuciosos cuidados com que Tavares Bastos estudava as questões atinentes aos seus projetos, legislativos ou meramente doutrinários. Sob o título de "Comércio a retalho e caixeiros nacionais", vem datado de 1869, quando não mais era deputado:

"Remédios contra a concorrência estrangeira, a bem do nacional no comércio.

I — Isenção absoluta dos caixeiros nacionais, assim dos grandes como dos pequenos estabelecimentos, de grosso trato como a retalho, 1º.) do recrutamento e qualquer ônus do serviço militar; 2º) da guarda nacional e do serviço de polícia local; 3º) de qualquer imposto lançado para a isenção desses serviços;

II — *Os patrões são obrigados a fazerem os adultos cursar as aulas noturnas;*

III — *Todo o que receber um menor de dez anos, mande-o à escola primária;*

IV — *Não há trabalho no domingo;*

V — *Os menores não podem trabalhar além das 6 horas da tarde.*
(N.B. — Distinguir destas medidas as que são provinciais e quais as municipais.)

Ver, sobre este assunto, o que advirto a propósito de impostos interiores, no Cap. 6º, § 2º, de A *Província;* aí diz que as Províncias, como o fizera a Bahia, podem lançar uma taxa sobre casas de comércio que mantenham caixeiros nacionais, ou que os tenham estrangeiros somente. A limitação da faculdade provincial é: 1º) não ser proibitivo o imposto; 2º) não fazer exceção entre casas nacionais e estrangeiras, por ser isto contrário à igualdade garantida pelos tratados (p. 343, nota, da obra citada).

Comércio a retalho — Compensação para os brasileiros depois da emancipação. *Abrir-lhes esta porta.* — Popularidade para o governo emancipador. (Grifos nossos.)

Base do projeto:

1º. Imposto de 500$ (?) sobre toda a loja de comércio a retalho, de qualquer gênero que seja (alimentício, bebidas, fazendas, armarinhos, etc.), pertencente a estrangeiro, embora cidadão naturalizado. Este imposto desde já, sobre todos, ainda que associados a brasileiros.

Aplicação do imposto: — *escolas, fazendo parte da contribuição para esse fim:* — polícia local;

2º) *Proibição, doravante, do estabelecimento de tais lojas a estrangeiros: não se lhes dará mais licença.*

3º) *Penas contra a fraude,* a *pretexto* de nomes e associações.

Este imposto, desde já, e a *proibição futura* tornam o Governo o mais popular diante dos homens de cor, esses brasileiros deserdados pelos portugueses.

Notas — Comércio a retalho; *proteção aos nacionais*, etc. Consta-me que, pelo Tesouro, se publicavam em 1870 consultas do Conselho do Estado (de Alves Branco e outros) sobre essa grave questão debatida de 1845 a 1848 — Ver.

As leis de 1860 — Bases da Reforma — V. Cap. 3º Parte III, da obra A *Província*.

Ainda mesmo assunto: Efeitos dessa legislação em relação às Províncias e seus melhoramentos materiais: V. Cap. V, Parte III, § 1º.

Polícia de comércio. Fechamento de oficinas e lojas, no dia de descanso, e não nos santificados; regulamento de número de horas, segundo as idades: higiene das oficinas, etc., etc. São medidas de polícia municipal, dependentes das câmaras e das assembléias provinciais. V. pp. 98 e 99 da obra A *Província; V.* a nota à p. 99."

Aqui encerram-se as notas de Tavares Bastos, mas o tema prossegue logo adiante: (Grifos nossos.)
"Comércio a retalho e caixeiros nacionais, medidas que me ocorrem:

Art. 1º Os estrangeiros que exercem comércio (disto ou daquilo, indicar), vulgarmente comércio a retalho, são sujeitos, da mesma forma que os nacionais:

§ 1º — A — Ao serviço da guarda nacional; B — Ao da força policial das localidades; C — Ao serviço militar.

§ 2º Ficam, porém, inabilitados:

I — Para serem jurados, se reunirem os requisitos da lei;

II — Para votarem e serem votados nas eleições de juízes de paz e vereadores.

Art. 2º Os estrangeiros que exercem as profissões de caixeiro e mais prepostos do comércio (Tít., do Código do Com.) em casas comerciais que não forem exclusivamente de *grosso trato* (ou de importação e exportações diretas?), sejam estas casas nacionais ou estrangeiras, ficam igualmente sujeitas às disposições do artigo precedente, § 1º, gozando também dos mesmos favores do § 2º. Excetuam-se os bancos.

Comentários — Destarte, não se proíbe ao estrangeiro o comércio a retalho nem a profissão de caixeiro: aos que o exercerem, porém, *são extensivos os mesmos ônus dos nacionais*, ônus que colocam a estes em pé de lastimável inferioridade, inibindo-os de concorrer com os estranhos. Em compensação, a estes se estendem os direitos de julgar e de intervir nos negócios da localidade onde residirem, medida liberal de que há exemplos em outros países de imigração (Uruguai, creio, e nos Estados Unidos). (Grifos nossos.)

Esta solução é menos odiosa que a da p. 11: restabelece a igualdade; não contém impostos proibitivos; não repele a ninguém. Pelo contrário, estende generosamente ao estrangeiro grandes favores de Direito Público, o júri e a eleição local — aliás, novos ônus para o nacional.

Consultar

1º) Os projetos de Nunes Machado e emendas votadas em 1848, sobre caixeiros e comércio a retalho (V. Cad. 2º, dos Impostos, pp. 4-7).

2º) A consulta do Conselho de Estado sobre o projeto de regulamentação do Art. 12 da Lei de 12 de setembro de 1846, que impôs 120$000 sobre as casas, quer nacionais, quer estrangeiras, que tivessem mais de dois caixeiros estrangeiros na Corte, e mais de um nas Províncias; projeto sobre o qual teve voto em separado Alves Branco: — V. a Res. de 12 de dezembro de 1846; Vol. 2º, das Consultas de Fazenda do Conselho de Estado, ano de 1946, pp. 142-156.

Há, porém, um ponto de meu projeto que cumpre verificar: — Impedem os Tratados com a França que outros nacionais sejam sujeitos ao serviço militar? ao policial? — verificar.

Consultar a Lei de 20 de outubro de 1838, Art. 19, e a Portaria de 15 de outubro de 1839, que estabeleceram disposição idêntica à da Lei de 1846; — citadas pelo M. de Olinda na referida consulta de 1846.

A Lei de 1846, aliás revogada em 1847, foi regulada pelo Decreto de 10 de março de 1847."

Um pouco mais tarde, em outra parte dos manuscritos, anotava: "*Os homens de cor e os emancipados e os livres pobres, quase sem trabalho* e repelidos da carreira comercial, porque tanto importa fechar-lhes a porta, a do comércio a retalho. Idéia de imposto proibitivo do comércio a retalho exercido por brasileiro ou estrangeiro naturalizado. V. Cad. do Comércio Livre, pág. 11." (Grifos nossos.)

7.1 Esta última indicação de Tavares Bastos foi exatamente a que aqui se encontra transcrita quando do início da sua tratação. Aí estão, de maneira insofismável e bem clara, os hábitos e os cuidados de pesquisa e de estudo do autor de *Os Males*. Investigava, verificava, colocava contra si próprio as questões adversas, com cautela e segurança. Não era um emotivo nem um improvisador nos seus assuntos de reforma do País. Embora impressionado vivamente com a questão, à qual não faltou a nota dos "homens de cor, dos emancipados e dos pobres livres" desempregados, evidentemente por discriminação, ainda assim prefere uma solução fora do que chamava de "imposto proibitivo", inclinando-se, quando do seu projeto definitivo, para uma solução liberal, dentro da sua doutrina, segundo a sua concepção da vida social e política. Integrava o estrangeiro à Nação brasileira, como se brasileiro fosse, com algumas regalias locais, desde que cumprisse certos ônus de serviço público à comunidade nacional.

Com esta ou aquela solução, pouco importa. Tivemos em vista somente — e ao que nos parece pela primeira vez — chamar a atenção para o nome de Tavares Bastos como precursor de Direito do Trabalho no Brasil, em capítulos que se enquadram no que se convencionou chamar de tutela geral e especial do trabalho (duração do trabalho, descanso semanal, higiene, trabalho do menor, nacionalização do trabalho, trabalho rural, fiscalização, além da justiça do trabalho). Em tudo isso, como veremos no final deste ensaio, há um grande abrandamento nos seus princípios liberais, *em favor da intervenção do Estado*, decididamente, no mercado da mão-de-obra em favor da parte mais fraca, o hipossuficiente econômico e social. Se há um direito que rompe com a utilidade comum é o Direito do Trabalho, que, na conhecida frase de Gallart Folch, procura compensar, com uma superioridade jurídica, a inferioridade econômica do trabalhador. E Tavares Bastos não só já sabia disso, como procurava transformar esse cânone em realidade; logo ele, um liberal.

8. Já nos últimos anos de vida, com a saúde abalada, insistia o nosso autor no assunto que sempre o ocupara, desde a mocidade: o da eleição direta e o sistema proporcional de representação. O sistema representativo ideal para o Brasil constitui o tema permanente da sua meditação política. Escrevia em *A Situação e o Partido Liberal*, de fins de 1871 e início de 1872: "Por melhor que seja uma reforma eleitoral, o poder saberá auferir das atuais instituições a necessária preponderância sobre o ânimo dos eleitos, em compensação da força que perder sobre as urnas. Um Senado, escolhido pelo Imperador, vitalício e quase composto de Conselheiros de Estado e altos funcionários ou de aspirantes, um poder judicial dependente do Executivo, uma centralização policial administrativa e política que lhe assegura a obediência da Nação, bastam, com o auxílio das corporações militar e religiosa, para consolidar a supremacia do Executivo, isto é, a dominação do soberano."

No intento de dar maior autonomia e autenticidade de representação, elaborou Tavares Bastos um possível projeto de representação profissional, inspirado em Stuart Mill, um dos seus autores prediletos. O projeto encontra-se inacabado entre os seus papéis, mas dá bem a noção do que pretendia fazer. Deve ser de 1873. Traz o título: "Aumento da representação nacional". Apesar de rascunho evidente, vale a leitura de alguns dos seus dispositivos:

"Conservar o número atual dos representantes dos distritos; aumentado com os delegados das (no manuscrito estava a expressão *classes sociais*, inutilizada com um traço de tinta) diversas instituições sociais; assim: (Grifos nossos.)

Art. — Darão três deputados todos os distritos eleitorais. § Excetuam-se as Províncias cujo recenseamento não atingir

100.000 habitantes. §§ A Comissão Parlamentar (incumbida dos regulamentos para a execução da presente lei) dividirá novamente os distritos com atenção à sua situação geográfica e à população (creio que desta medida resultará pequeno aumento, de 10 a 12 talvez).

Art. — As associações comerciais ou praças do comércio das Províncias do Pará, Maranhão, Ceará, Santos e Rio Grande do Sul, organizadas conforme o Cód. Com., art. , elegerão um deputado cada uma. As da Bahia e Pernambuco, dois. A do Rio de Janeiro, três. § Votam nestas eleições todos os comerciantes matriculados que forem sócios efetivos das Praças do Comércio de uma Província. §§ Nas Províncias onde houver mais cada uma, cada qual forma um colégio, e a administração da Praça do Comércio da capital ou do porto mais importante apura a eleição 15 dias depois. §§§ Só podem ser eleitos nestas eleições comerciantes matriculados. §§§§ Havendo mais de um deputado a eleger, cada eleitor nomeia mais um deputado a eleger, sendo declarados deputados os mais votados.

Art. — As Faculdades de Direito do Império elegem, pela mesma forma que as Praças de Comércio, três deputados. § Cada Faculdade forma um colégio eleitoral. §§ Nela tem voto os diretores, os lentes catedráticos e substitutos, e os secretários e os bibliotecários, os professores de cursos preparatórios, e os doutores em Direito que residirem na cidade sede da faculdade, e os professores de liceus e colégios de instrução secundária, sejam públicos ou particulares. Quanto aos professores e lentes, quer sejam efetivos, quer aposentados. §§§ A apuração é feita pela Faculdade de Recife, quatro dias depois. §§§§ São elegíveis os que tem votos."

Em tom excessivamente casuístico, vão sendo convocados nos dispositivos seguintes, para essa representação profissional: as Faculdades de Medicina; a escola central; as militares e a de ciências, o observatório astronômico, o museu nacional, as associações científicas subvencionadas pelo Estado e o Colégio Pedro II; os institutos agrícolas; os Tribunais da Relação e o Supremo Tribunal de Justiça; o Conselho Supremo Militar e o Conselho Naval, o funcionalismo, e assim por diante.

E ele, como sempre cuidadoso, apontando as suas fontes de estudo e inspiração: "V. as indicações do Stuart Mill, cap. XIII. Citar o Grey. Qual a forma de voto? Voto cumulativo: cada profissão dá dois ou mais deputados." O cap. XIII, de Stuart Mill, a que se refere Tavares Bastos, só pode ser o do seu livro sobre o *Governo Representativo*, aparecido na Inglaterra em 1861 (*Considerations on Representative Government*), já em 3ª edição em 1865 e logo traduzido para o francês por Dupont-White. Procurava Mill, aí, temperar o sufrágio universal com a representatividade plural das forças vivas da nação, segundo critérios de grau, de inteligência, de profissão, e assim por diante. Essa representação, mais técnica e profissional, seria o controle da maioria, eleita pelo sufrágio universal. Apesar de o tema ainda estar em aberto, tal critério sempre pareceu antidemocrático, rompendo com o princípio do sufrágio universal puro: "um homem, um voto". Cf. Gerhard Leibholz, *Das Wesen der Representation und der Gestaltwandel der modern Demokratie*, Verlag C. F. Müller, Karlaruhe, 1958; T. B. Bottomore, Seymour M. Lipset, Talf Dahrendorf, F. G. Bayley e R. Aron, "Industrial Society and Representative Government", *Archives Européenes de Sociologie*, t. I, n. 1, 1960.

8.1. Os manuscritos de Tavares Bastos, a seguir, não se encontram em bom estado de conservação, mas permitem uma leitura praticamente total do seu conteúdo. Pela própria redação e pela sua apresentação, conclui-se que se trata de simples rascunho, para desenvolvimentos e aperfeiçoamentos futuros. Pelo que ficou exposto, apresenta-se muito elitista essa representação profissional, com a exclusão das camadas populares, que foram a permanente preocupação de Tavares Bastos. Não sabemos se seriam incluídas as associações e instituições representativas dessas camadas, que à época eram poucas e mal organizadas. As constantes do projeto são todas ou quase todas de nível superior, ou de fortuna, das classes dirigentes do País.

Embora parcial, vale essa tentativa pelo seu pioneirismo, antecipando-se às indicações posteriores de Sílvio Romero (1900), de Alberto Torres (1914) e de Afrânio de Melo Franco

(1916), além da Constituição de 1934. Nestas quatro faziam-se representar praticamente todas as forças sociais, através de suas entidades de classe.

9. Retomando as primeiras afirmações deste breve ensaio, voltamos a dizer que, dentro do seu realismo e do seu pragmatismo político, em diversas oportunidades o liberalismo político e econômico de Tavares Bastos cedeu diante da magnitude do problema a ser enfrentado na sociedade do seu tempo. Até mesmo a sua descentralização teve de ceder, em face da impossibilidade de poderem as províncias e os municípios dar solução a problemas — complexos, gerais e excessivamente onerosos — de interesse de toda a nação. Aí então fazia-se necessária uma política central, pelo menos em suas diretrizes gerais e programáticas. Tais foram, entre outros: o da reforma agrária, da reforma da propriedade rural e da imigração; o da instrução pública; o do trabalho.

Alguns exemplos. Como concepção geral, escrevia no seu livro de estréia, de 1861: "Na época de renovação e transição, por que estão passando os povos civilizados, a melhor garantia e o bem mais apetecido é o de um governo forte, porém democrata"... "Não desejamos dissimular o erro daqueles que tudo esperam dos governos. Mas, certamente, mesmo num país formal como a Inglaterra, em que tudo procede da independência do cidadão, do movimento da liberdade, do *self-government*, a energia e prodigiosa atividade são condições de vida para o poder.

"Quanto mais ativo não deve ser ele no Brasil! Um jornalista de elevada intuição histórica e bom senso político, querendo caracterizar o estado do espírito público na reação saquarema de 50 e 52, disse: 'Ao governo se dirigem todos os votos, todas as aspirações a melhoramentos; o governo é por todos invocado, até quando se quer, para divertimento da Capital, contratar cantoras e bailarinas!'

"Em circunstâncias tais, a maior necessidade deste país, o seu remédio infalível, as suas esperanças mais ardentes resumem-se com razão num governo sábio e forte, qual ideamos. Pode ele, porém, fazer tudo, curar todos os vícios, num só dia, numa hora, por encanto? Não dizemos isso; mas, a sua energia e moralidade, atividade e inteligência poderão assentar certas bases às quais descanse e se fortifique o edifício social."

Em discurso na Câmara, de 25 de julho de 1867, lamentava que entre nós não fosse o governo "o iniciador de todas as grandes medidas". Revelava-se inerte, parado, atrasado.

O capítulo III das suas *Reflexões sobre a Imigração* leva o título de *Ação de governo*, cujos primeiros parágrafos são estes que se seguem: "Há neste assunto uma questão capital, que antes de tudo é mister encarecer. Deve o governo promover a imigração? Ou deve ela ser abandonada a si mesma, às causas naturais?

"Algumas pessoas opinam que tudo depende de uma boa lei de terras, da severa administração da justiça, do aumento da riqueza e do melhoramento das comunicações internas. Parece que não se deve ser exclusivo nesta matéria. Nos Estados Unidos, sim, a intervenção do governo é inútil. Aqui, porém, há um motivo poderoso, uma razão de alta política, para se recomendar que o governo continue a intervir, que as administrações geral e provinciais se apressem em criar a corrente de emigrantes para o Brasil.

"Esse motivo é a crise que durante um certo período sucederá à inevitável abolição da escravidão. Será preciso, na verdade, auxiliar aqueles que reclamarem braços, facilitando-os, ou, pelo menos, será preciso que o governo, alvo de violentas agressões durante a crise, possa oferecer essa corrente como compensação dos escravos que gradualmente se forem emancipando. Os imigrantes, aumentando a soma dos produtores, dos consumidores, dos contribuintes, atenuarão os efeitos da crise. Transposto esse período, a missão do governo simplificar-se-á; a imigração ficará dependente das causas naturais, que a promovem nos Estados Unidos. Entretanto, cumpre hoje reconhecer que o *regime servil exige este sacrifício dos princípios da ciência, a intervenção do Estado.*" (Grifos nossos.)

E no mesmo ensaio, pouco adiante, dando a iniciativa tanto ao governo central como aos locais: "A imigração para o

Brasil é, como a instrução do povo, um serviço comum às administrações geral e provinciais. No Paraná, em Santa Catarina, no Espírito Santo, onde agora não abundam os recursos, seja o governo geral o promotor principal ou exclusivo. Nas outras, desperte e provoque a intervenção dos governos locais."

Em *A Província*, sobre a educação: "Para manterem escolas normais dignas deste nome, deveriam as províncias mais vizinhas estender-se, associando-se por grupos, o que lhes fora muito mais proveitoso que a ação isolada de cada uma.

"Preferimos, em regra, a iniciativa do governo local à ação coletiva, a variedade à centralização, porque esta conduz quase sempre à inércia, e a variedade da iniciativa provincial fomenta incessantes aperfeiçoamentos, desperta o zelo e a emulação entre as províncias. Todavia, estamos de tal sorte convencidos de que não há salvação para o Brasil fora da instrução derramada na maior escala e com o maior vigor, que para certos fins aceitaríamos também o concurso do próprio governo geral, ao menos em favor das menores províncias e durante o período dos primeiros ensaios. Assim, para se criarem verdadeiras escolas normais, instituições cuja utilidade depende de subvenções generosas, fora bem cabido um auxílio do Estado, cuja missão aliás — não o desconhecemos — é propriamente reerguer ou antes fundar os estudos superiores."

Quanto à questão de trabalho nos campos, como já o fizera em relação ao trabalho urbano, não hesita em pregar "providências legislativas e medidas administrativas, que evitassem e reprimissem os abusos, são certamente indispensáveis" na regulação do sistema de parceria. É o que afirma nas *Reflexões*, já aqui tantas vezes referidas, de 1867.

10. Não quisemos, de propósito, nos demorar na exposição dos temas mais conhecidos e corriqueiros de Tavares Bastos, encontradiços na sua obra *A Província*, de 1870. Os seus temas da descentralização já são quase folclóricos na ciência política brasileira. Interessava-nos somente destacar alguns aspectos de

sua obra, praticamente desconhecidos ou não devidamente difundidos, mas praticamente não expostos, tais como os que dizem respeito à intervenção do Estado e até mesmo do governo central a favor da reforma agrária, da abolição da escravatura, da imigração, da educação e da proteção do trabalho. Ninguém foi mais consciente do que ele do jogo gestaltista de fundo-figura, sempre tomando a sociedade brasileira como um todo indivisível em suas condições morais e materiais, para usar uma expressão muito sua.

Talvez pelas leituras de Bentham e de Stuart Mill defendeu sempre um social-liberalismo ou um liberalismo-social, como hoje o fazem muitos cientistas políticos contemporâneos, dentre os quais destacaremos Norberto Bobbio. O liberalismo de Tavares Bastos não era meramente individualista, entregue a vida econômica ao livre jogo do mercado, enriquecendo uns cada vez mais e empobrecendo outros também cada vez mais. Afinal todos faziam parte da mesma pátria comum. Sua pregação era sempre de melhoria e progresso para o todo, procurando eliminar o manto de chumbo da miséria que impedia o verdadeiro progresso do país como um todo. Cabe-lhe sem deixar resto a distinção feita por Bobbio (embora outros já o tivessem feito antes, mas sem a sua precisão) entre *liberdade negativa* e *liberdade positiva*. A primeira considera o indivíduo isolado, enquanto que a segunda o considera como membro de uma coletividade. Pergunta a primeira: "Que significa ser livre para o indivíduo considerado como um todo em si mesmo (*a sé stante*)?" E a segunda: "Que significa ser livre para um indivíduo considerado como parte de um todo?" Enquanto a primeira permanece na doutrina liberal, a segunda caminha para uma doutrina democrática (Cf. N. Bobbio, *Da Hobbes a Marx. Saggi di storia della filosofia*, 2ª ed., Morano Editore, 1971, p. 149).

Inúmeras foram as passagens constantes desta antologia, nas quais, numa concepção holista da sociedade, Tavares Bastos jamais considerou um fato social isolado, bastando a si mesmo. Antes, via em cada acontecimento, em cada indivíduo, um elo da corrente inextricável do todo. Se não admitia o Estado como produtor em prejuízo da iniciativa privada, via-o como provedor do bem comum, das necessidades sociais indispensáveis. Foi pena haver J. G. Merquior se limitado a estudar no seu livro *O Liberalismo Antigo e Moderno* (1991), somente dois autores latino-americanos, e ambos argentinos: Sarmiento e Alberdi. Pelo seu talento e pela sua argúcia, por certo teria classificado Tavares Bastos na categoria do social-liberalismo, como o fizemos.

Sua preocupação com o bem-estar coletivo e com a distribuição da riqueza era constante. Bastam duas passagens, bem significativas. Na *Carta XXV*: "O que distingue o grande século democrata, em que vivemos, é essa tendência de todos os espíritos para acharem a pedra filosofal do bem-estar. Produzir muito, comprar barato, eis a economia das sociedades contemporâneas, eis a ciência do bom homem Ricardo, protótipo do povo, eis o fim da toda a atividade."

E na *Carta VIII*, de 28 de outubro de 1861: "Sim, há uma coisa que se esquece muito no Brasil, é a sorte do povo; do povo que não é o grande proprietário, o capitalista riquíssimo, o nobre improvisado, o bacharel, o homem de posição. Fala-se todo o dia de política, canta-se a liberdade, faz-se de mil modos a história contemporânea, maldiz-se dos ministérios, e evoca-se a constituição de seu túmulo de pedra. Ora-se a propósito de tudo, menos a propósito do povo. Escreve-se a respeito de Roma e Grécia, de França e Inglaterra; mas não se escreve acerca do povo. Enviam-se os sábios do país a estudar a língua dos autóctones, a entomologia das borboletas e a geologia dos sertões; mas não se manda explorar o mundo em que vivemos, não se observam os entes que nos rodeiam, nem se abrem inquéritos acerca da sorte do povo.

Queixava-se Bastiat, aquele homem de coração, que os jornais importantes em 1849 se agarrassem exclusivamente à política militante e estéril dos partidos, e se esquecessem de agitar as questões de fundo, as questões sociais. Eu dirijo a mesma queixa à imprensa e aos homens do nosso tempo."

Poderíamos ainda continuar a transcrever o final dessa *Carta*, abrangendo a condição do escravo e do "miserável africano livre de nome somente"... "Comecemos pelo quadro que parece mais tristonho; comecemos pelas sorte dos negros. É justo, meu amigo, que nos lembremos primeiro daqueles que são mais infelizes, daqueles para quem justamente se escreveram estas palavras de fogo: *Lasciate ogni sp'ranza!*"

Falando ainda "da miséria prematura das cidades com a sua prostituição", parece que Tavares Bastos está escrevendo para os dias de hoje. O seu sonho, o seu idealismo utópico, segundo uns, se houve, foi o de um Brasil melhor, democrático, progressista e livre, no qual todos pudessem participar do bens da vida em igualdade de condições, com plena cidadania, segundo seus talentos e suas virtudes. Utopia? Sim, talvez; mas, afinal de contas, nas palavras de Anatole, é sempre no futuro que a humanidade coloca os seus sonhos...

markgraph
Rua Aguiar Moreira, 386 - Bonsucesso
Tel.: (21) 868.5802   Fax.: (21) 270.9656
Rio de Janeiro - RJ